10분 만에 완전절친되는

OPIc
Advanced AL

The One 더원

OPIc 시험 미리보기

오픽 시험방법과 유의사항을 숙지하고 공부하면 효과가 배가 됩니다. 학습 전 [OPIc 시험 미리보기](본 교재 16쪽)를 먼저 읽어 보세요. 여러분의 이해를 돕기 위한 강의 영상도 제공합니다. 표지와 본문의 [오픽 가이드 바로보기] QR코드를 스마트폰으로 찍으면 확인하실 수 있습니다.

원어민 음성으로 문제와 샘플답변을 듣는 법

하나, 스마트폰 이용 학습자를 위해 본 교재에는 QR코드가 있습니다. 스마트폰으로 QR코드를 찍으세요. 둘, 컴퓨터 이용 학습자를 위해 자사 홈페이지에서 MP3파일을 제공해 드리고 있습니다. global21.co.kr 에 접속하여 학습자료실에서 다운받으실 수 있습니다.

10분 만에 완전절친되는

OPIc Advanced AL

초판 1쇄 발행 2019년 2월 1일

지은이 글로벌21 어학연구소
감수자 전미성
기획 및 편집 오혜순
디자인 김효진, 이미경
영업마케팅 정병건

펴낸곳 ㈜글로벌21
출판등록 2019년 1월 3일
주소 서울시 종로구 삼일대로15길 19 글로벌빌딩
전화 02)725-8282 팩스 02)753-6969
www.global21.co.kr

ISBN 979-11-965975-0-4 13740

머리말

다음 주에 중요한 면접이 있다고 가정해 봅시다. 여러분은 관련 정보를 찾고, 선배의 조언을 구하고, 예상 질문을 뽑아 실제 면접처럼 시뮬레이션도 해 볼 것입니다. OPIc은 이러한 면접 상황과 유사합니다. 여타 시험과 달리 딱히 정답이 없고, 규제가 적은 시험이며, 방대한 문제은행에서 응시자마다 어떤 문제가 출제될지 아무도 모릅니다. 설문조사의 선택항목을 위주로 준비할 수 있지만, AL 등급이 목표인 분들에게는 돌발주제의 출제비율이 더 많습니다.

이렇듯 OPIc 기출문제와 답변유형을 들여다보고 준비한 응시자와, 사전 학습 없이 시험장에 들어가는 응시자 사이에는 큰 차이가 있습니다. 평소 영어를 유창하게 하지는 못해도 나만의 답변을 진지하게 생각해 본 응시자는, 영어를 잘한다고 하는 응시자보다도 높은 등급이 나올 수 있습니다. 예를 들어, 문제에서 상황을 충분히 제시해 주지 않는 롤플레이 문제의 경우, 응시자 스스로 미리 설정해야 하는 부분이 있습니다. 영어를 잘하는 사람이라고 해도 그런 준비가 없다면 답변은 부실해지고 맙니다. 이런 차이로 AL 등급이 결정될 수 있습니다.

어떤 주제에 대해 우리말로 1분 스피치를 해야 한다고 하면, 모국어인 우리말이기 때문에 스피치가 쉬울까요? 그렇지 않습니다. 어떤 말을 할지 서론－본론－결론의 뼈대를 잡고, 내용을 추가·삭제하는 준비 과정을 거쳤을 때 스피치라고 할 만한 결과가 나오는 것입니다. OPIc도 마찬가지입니다. 시중의 많은 OPIc 교재와 강의는 교재의 답변을 그대로 외우게끔 합니다. 하지만 수준이 높은 응시자는 자신만의 답변이 체계적인 구성을 갖추었을 때 AL 등급에 도달할 수 있습니다.

준비하는 사람을 따라올 수는 없습니다. 돌발질문에 순발력을 발휘할 수 있는 것도 선행된 학습이 있기 때문입니다. 본 책 『10분 만에 완전절친되는 OPIc Advanced』로 나만의 OPIc 답변을 구성하고, 그 수준을 AL 등급으로 끌어올릴 수 있는 팁을 얻으실 수 있을 것입니다. 아무쪼록, 목표에 다가서는 여러분의 길에 마지막까지 흔들림이 없기를 바랍니다.

글로벌21 어학연구소

CONTENTS

OPIc 시험 정보
OPIc 시험 미리보기
OPIc 목표 달성 꿀팁

CHAPTER 1
개인신상

자기소개_학생과 직장인

UNIT 01 학교 생활과 수업   36

UNIT 02 직장 생활과 업무   40

UNIT 03 사는 곳과 주변 사람들   44

UNIT 04 프로젝트 경험   48

UNIT 05 테크놀로지   52

개인신상 콤보문제

CHAPTER 2
설문주제

UNIT 01	영화 보기	60
UNIT 02	콘서트 보기	63
UNIT 03	박물관 가기	66
UNIT 04	공원 가기	69
UNIT 05	캠핑하기	72
UNIT 06	스포츠 관람	75
UNIT 07	카페/커피전문점에 가기	78
UNIT 08	SNS에 글 올리기	81
UNIT 09	음악 감상하기	85
UNIT 10	악기 연주하기	88
UNIT 11	배드민턴	91
UNIT 12	조깅	94
UNIT 13	헬스	97
UNIT 14	집에서 보내는 휴가	100
UNIT 15	국내/해외 여행	103

설문주제 콤보문제

CONTENTS

CHAPTER 3
롤플레이

UNIT 01   예약/예매 하기   110

UNIT 02   주어진 상황에서 질문하기   114

UNIT 03   상황 설명하고 도움 요청하기   118

UNIT 04   상황 설명하고 대안 제시하기   122

UNIT 05   불만 제기하기   128

롤플레이 콤보문제

CHAPTER 4

돌발주제

UNIT 01   어학원   136

UNIT 02   환경문제   139

UNIT 03   재활용   142

UNIT 04   지형   145

UNIT 05   휴일·명절   148

UNIT 06   산업   151

UNIT 07   가전기기   154

UNIT 08   패션·의복   157

UNIT 09   교통수단   160

UNIT 10   전화   163

UNIT 11   인터넷 서핑   166

UNIT 12   TV·DVD   169

UNIT 13   음식·외식   172

UNIT 14   여가활동   175

UNIT 15   독서   178

UNIT 16   약속   181

UNIT 17   쇼핑   184

UNIT 18   건강   187

UNIT 19   호텔   190

UNIT 20   은행   193

돌발주제 콤보문제

이 책의 구성

UNIT 주제별 유닛 소개로 OPIc 문제유형에 대한 이해를 돕습니다.

미리 생각해보기 주제별로 시험 전에 미리 생각해볼 내용들을 제시합시다.

기출문제 최신 OPIc 기출문제를 분석하여, 출제 빈도가 높고 AL 수준에서 꼭 다루어야 할 문제들로만 구성했습니다.

샘플답변 OPIc의 특성상 한 가지 답변만 있을 수는 없습니다. 하지만 문제의 의도를 반영하여 AL 수준에 충분한 답변을 실었습니다.

UNIT 01
학교 생활과 수업

학생인지 묻는 설문조사 2번에서 [네]를 선택할 경우, 학교 생활과 전공, 수업에 관한 문제가 출제됩니다. 나의 전공이나 좋아하는 수업 등 '나'에 관한 문제가 대부분이지만, AL 수준으로 올라갈수록 학교와 사회 전반에 관한 문제로 출제 범위가 확장됩니다.

미리 생각해보기

- 학교와 전공을 선택한 이유
- 좋아하는 선생님과 수업
- 학교의 첫인상과 캠퍼스의 모습
- 친구와 친해진 계기, 친구와 있었던 문제
- 학교의 최근 이슈

기출문제 가장 좋아하는 수업 ◀ MP3 003

You indicated in the survey that you are a student. What classes are you taking now? What is your favorite class and what do you like about it? Please tell me in detail.

당신은 설문에서 학생이라고 했습니다. 지금 어떤 수업을 듣고 있습니까? 가장 좋아하는 수업은 무엇이며, 그 수업의 어떤 점이 좋습니까?

샘플답변

My major is in Korean literature and I take many classes that are required for graduation such as Korean grammar and ancient Korean poems. But this semester, I am taking an elective course that has nothing to do with what I major in.

It is a philosophy class. And I would have to say, it is one of my favorite classes of all the classes I have taken in college so far. I really enjoy it. Maybe because it is so different from what I normally study. I love the novelty of it. I really like the topics we discuss and the new perspectives I gain from those discussions. For example, we talk about the purpose of life from the perspective of different religions. I am having a blast in these discussions and debates.

I hope that I do well on the final report for this course so I get a high grade.

학생으로서 나의 전공으로 시작하고, 자연스럽게 현재 듣고 있는 수업을 언급합니다. 전공과 관련이 없는 교양수업에 대해 이야기할 수도 있습니다.

▶ **좋아하는 이유**
문제에서 원하는 대로 좋아하는 수업을 밝히고 그 이유로 그 수업의 특징과 가장 마음에 드는 점을 이야기할 수 있습니다. 구체적인 예(For example)를 드는 것이 좋습니다.

AL Expression
have nothing to do with ~와 관련이 없다
I would have to say ~라고 말하고 싶다
have a blast 즐거운 시간을 보내다

저는 국문학을 전공하고 있으며, 국문법과 고대 한시와 같은 졸업을 위해 필요한 수업들을 많이 듣고 있습니다. 하지만 이번 학기에 저는 제 전공과 아무런 관련이 없는 선택과목을 하나 수강하고 있습니다. 바로 철학 수업인데, 저는 이 수업이 지금까지 대학에서 들은 모든 수업 중 가장 좋아하는 수업이라고 말하고 싶습니다. 그 수업 정말 즐겁습니다. 아마도 그 과목이 제가 주로 공부했던 것과 많이 다르기 때문일 수 있습니다. 저는 그 새로움이 참 좋습니다. 수업시간에 토론하는 주제들이 너무 좋고, 토론을 통해서 새로운 관점을 얻을 수 있다는 점이 아주 마음에 듭니다. 예를 들어, 수업시간에 각각 다른 종교적 관점에서 삶의 목적에 대해 이야기합니다. 저는 이러한 토론이나 논쟁을 매우 즐기고 있습니다. 이 수업의 기말 보고서를 잘 써서 높은 점수를 받기를 바랍니다.

기출문제 가장 친한 친구　　　　　　　　　　　　　　🔊 MP3 004

Please tell me about your close friend at school. When did you meet for the first time? How did you become friends? What does he or she look like? What kind of person is he or she? Why do you think he or she is close to you?

학교에서 친한 친구에 대해 말해주세요. 언제 처음 만났습니까? 어떻게 친구가 되었습니까? 그 친구는 어떻게 생겼으며, 어떤 사람입니까? 왜 그 친구와 당신이 친하다고 생각합니까?

샘플답변

My friend Rebekah is a Canadian who came to Korea to study. She was one of many exchange students for the study abroad program. We first met at the school festival. My department was having a "one-day snack bar". She came to eat and was having trouble using chopsticks. So I helped her figure out how to use them.

Rebekah is really humorous and easygoing. We quickly became friends because we shared so much in common. One of them is that we have the same birthday! We do a lot of things together. We take two classes together. We often go shopping at Dongdaemun. And every Tuesday, Rebekah and I go to learn Korean sign language at a church near our school. We have a lot of fun doing that.

I am sad she has to leave soon to go back home to Canada. I hope we can keep in touch and stay friends forever.

가장 친한 친구의 이름과 그에 대한 객관적인 사실들로 답변을 시작합니다. 그 친구를 처음 만난 상황과 친해진 계기가 무엇인지 밝힙니다. 끝은 그 친구에 대한 감정과 우정에 대해 언급하면서 마무리합니다.

▶ **친구의 성격과 친한 이유**

그 친구의 성격과 함께 그 친구의 어떤 점이 좋은지, 그리고 그 친구와 만나면 하는 일에 대해서 두세 가지 준비하여 답합니다.

AL Expression

have trouble -ing –하는 것을 어려워하다
figure out how to –하는 법을 알다
share so much in common 많은 것을 공유하다

제 친구 레베카는 공부하기 위해 한국에 온 캐나다인입니다. 그녀는 유학 프로그램을 위해 온 많은 교환 학생들 중 한 명이었습니다. 저희는 학교 축제에서 처음 만났습니다. 학과에서 '1일 스낵바'를 열고 있었습니다. 그녀도 먹기 위해 왔는데 젓가락을 사용하는 것을 어려워했습니다. 그래서 저는 그녀가 젓가락 사용하는 방법을 알아낼 수 있도록 도와주었습니다. 레베카는 아주 유머러스하고 느긋한 성격을 가지고 있습니다. 저희는 공통점이 많아서 빨리 친구가 되었습니다. 그 공통점 중 하나가 생일이 같다는 것입니다! 저희는 많은 일을 함께하는데, 같은 수업을 두 개 수강하고 있습니다. 종종 동대문에 쇼핑하러 같이 가기도 합니다. 그리고 화요일마다 저와 레베카는 학교 근처에 있는 교회에서 한국어 수화를 배우러 다닙니다. 저희는 수화를 배우는 게 아주 즐겁습니다. 그녀가 곧 고향인 캐나다로 떠나야 한다는 것이 슬픕니다. 계속 서로 연락하고 영원한 친구가 될 수 있기를 바랍니다.

+ PLUS Mind Map

⊙ 친구 소개하기

친한 친구에 대해 이야기할 때는 그 사람의 이름으로 시작하고, 처음 만나서 친해진 배경에 대해 육하원칙에 맞추어 이야기합니다. 이어서 그 사람의 외모나 성격에 대해 묘사합니다.

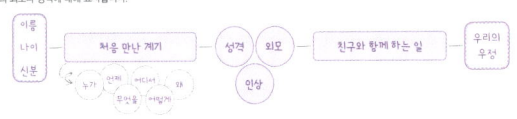

UNIT 01 학교 생활과 수업　37

이 책의 구성

PLUS

PLUS

스스로 만드는 나만의 답변에 도움이 되는 팁을 드립니다.

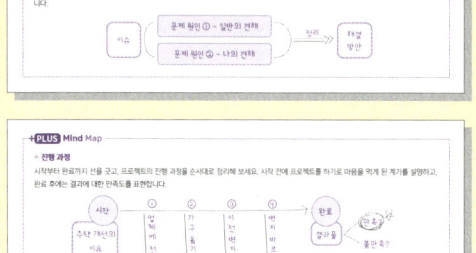

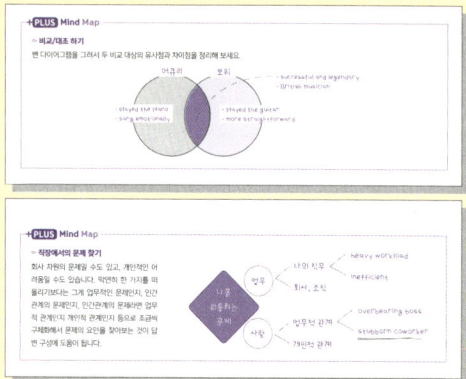

Mind Map 답변 전체 구성과 답변 필수 요소, 그리고 소재 찾기와 논리 전개하기, 생각 정리하기, 답변 구체화하기 등 AL 답변을 위한 브레인스토밍 팁을 제공합니다.

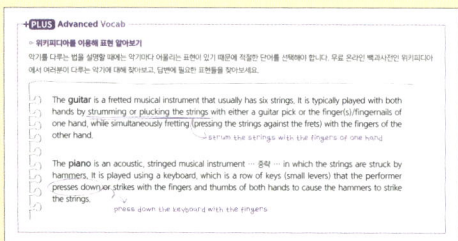

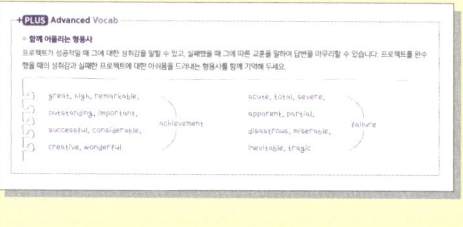

Advanced Vocab 주제별로 유용한 구문 표현과 핵심 문장을 비롯해, 답변을 만들 때 응용할 수 있는 어휘 학습의 예시를 보여줍니다.

샘플답변 따라 하기 샘플답변을 그대로 이용해서 답변을 만들 수 있는 문장 틀을 제시합니다.

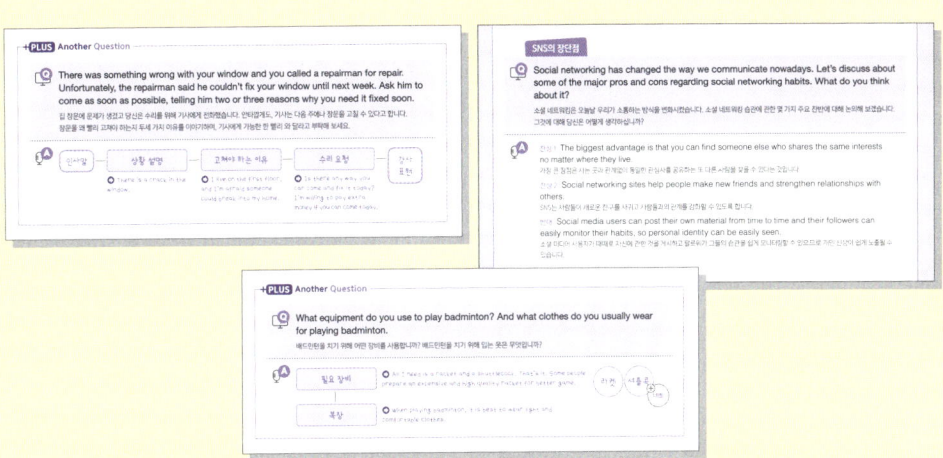

Another Question 기출문제를 추가로 제공하여, 답변을 구성하는 데 도움이 되는 브레인스토밍 및 답변 필수 문장을 제시합니다.

콤보문제

· 주제별 콤보문제 예시를 통해 기출경향을 파악할 수 있도록 돕습니다.
· 유닛을 마무리할 때마다 책 이외의 주제에서 콤보문제를 제공합니다.

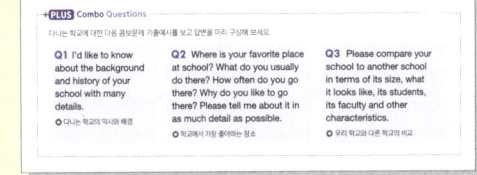

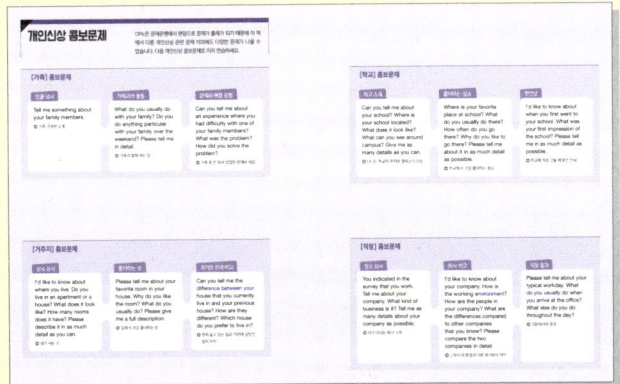

OPIc 시험 정보

OPIc 이란?

OPIc은 면대면 인터뷰인 OPI를 최대한 실제 인터뷰와 가깝게 만든 iBT기반의 응시자 친화형 외국어 말하기 평가입니다. 단순히 문법이나 어휘 등을 얼마나 많이 알고 있는가를 측정하는 시험이 아니라, 실생활에서 얼마나 효과적이고 적절하게 언어를 사용할 수 있는가를 측정하는 객관적인 언어평가도구입니다. 국내에서는 2007년 시작되어 현재 약 1,700여 개 기업 및 기관에서 OPIc을 채용과 인사고과 등에 활발하게 활용하고 있습니다.

시험 형식	iBT기반(컴퓨터 기기를 이용한 시험)		
시험 시간	오리엔테이션		약 20분
	본 시험		최대 40분
문항 수	12~15문항(난이도 설정에 따라서 개인마다 다름)		
문제 유형	- 설문조사를 통한 개인 맞춤형 문제 - 직업, 여가생활, 취미, 관심사, 운동, 여행 등에 대한 문제		
특징	- 응시자 개인 맞춤형 말하기 시험 - 실제 인터뷰와 근접한 시험 - 문항별 성취도 측정이 아닌 종합적인 시험 - 회화 능숙도를 평가하는 시험		
평가 등급	총9개 등급		
	Novice (초급)	Intermediate (중급)	Advanced (상급)
	3개 등급	5개 등급	1개 등급
응시료	78,100원(VAT 포함, 2018년 기준)		

OPIc은 절대평가방식입니다.
응시자의 녹음 내용은 ACTFL 공인평가자에게 전달되며, 이는 'ACTFL Proficiency Guidelines Speaking (Revised 2012)' 말하기 기준에 따라 절대평가되어 Novice Low에서 Advanced Low까지의 등급을 부여받게 됩니다.

OPIc 특징

오픽은 다른 말하기 시험과는 다른 몇 가지 독특한 특징을 갖고 있습니다.

1 **총체적인 평가로 실질적인 어학능력 측정**

OPIc은 응시자가 외국어를 활용해 어떤 일을 할 수 있는지, 실생활의 목적에 맞게 언어기술을 사용할 수 있는지를 측정하는 시험입니다. 문법과 어휘, 발음 등은 평가영역 중 일부에 불과합니다.

2 **응시자 친화적인 말하기 평가**

시험 전 오리엔테이션 시간에 설문조사(Background Survey)를 통하여, 응시자가 하는 일, 경험, 관심 분야, 선호도 등의 문제 출제 범위를 고를 수 있습니다.

3 **답변 시간 조절이 자유로운 시험**

OPIc은 12~15문제가 출제되는데, 총 시험 시간은 40분입니다. 이 시간 이내로만 모든 답변을 끝내면 됩니다. 답변 시간과 점수가 비례하는 것은 아니기 때문에 억지로 길게 답변할 필요가 없습니다.

4 **응시자가 직접 난이도를 설정하는 시험**

시험 직전에 응시자가 직접 난이도(1~6단계)를 선택할 수 있고, 그에 따라 문제의 수준과 개수가 달라집니다. 예를 들어, 초급(2단계 이하)일 경우 12문제가 출제되고, 문제를 비교적 또박또박 들려줍니다.

5 **문제를 두 번 들을 수 있는 시험**

문제가 컴퓨터 화면에 제공되지 않기 때문에 응시자는 오로지 듣기에만 의존해야 합니다. 이때 다시듣기(Replay) 버튼을 눌러 다시 한 번 문제를 확인할 수 있고, 더불어 답변을 준비할 시간도 벌 수 있습니다.

OPIc 시험 정보

OPIc 등급 체계

OPIc의 평가는 ACTFL Proficiency Guidelines–Speaking에 따라 절대평가로 진행되며, 이는 말하기 능숙도(Oral Proficiency)에 대한 ACTFL의 공식언어능력기준입니다. 일상생활에서 해당 언어를 얼마나 효과적이고 적절하게 구사할 수 있는가를 측정합니다.

Advanced	Low	AL
Intermediate	High	IH
	Mid	IM
	Low	IL
Novice	High	NH
	Mid	NM
	Low	NL

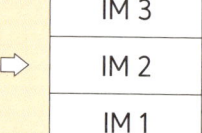

※ IM등급은 다시 IM1 < IM2 < IM3으로 세분화됩니다.

OPIc 시험 요약

오리엔테이션(약 20분)

볼륨 조절 시험 녹음 〉 설문조사 선택하기 〉 난이도 선택하기 〉 화면 안내 따라 하기

본 시험(최대 40분)

자기소개 〉 첫 번째 세션 〉 난이도 재조정 〉 두 번째 세션

OPIc
접수 Q/A

응시에 제한이 있나요?

연령 등의 응시자격에 관한 제한은 없으나, 한 번 시험 본 뒤 25일이 지나야 다음 시험에 응시할 수 있는 '25일 응시제한 규정'이 있습니다. 다만, 25일 이내에 재응시할 수 있는 기회가 150일마다 한 번씩 부여됩니다.

언제, 어디에서 시험을 볼 수 있나요?

시험 접수는 오픽 공식 홈페이지(www.opic.or.kr)에서 온라인으로 접수할 수 있습니다. 정기시험은 거의 매일 치러지며, 시험 시간과 장소는 응시 지역의 상황에 따라 달라질 수 있습니다. 자세한 내용은 공식 홈페이지를 참고하세요.

시험 당일에 필요한 게 있나요?

시험 당일 규정 신분증을 반드시 지참해야 합니다. 신분증을 지참하지 않은 경우 시험에 응시할 수 없습니다. 일반인은 주민등록증, 운전면허증, 기간만료 전의 여권, 공무원증, 장애인 복지카드가 규정 신분증이며, 그 외 초/중/고등학생, 군인 등은 공식 홈페이지를 참고하세요.

시험 도중에 필기도구를 사용해도 되나요?

부정행위 예방을 위해 컴퓨터 책상 위에는 규정 신분증 외에는 어떤 것도 올려놓지 않는 것이 원칙입니다. 휴대전화를 꺼야 하고, 종이를 내 놓거나 필기도구를 사용할 수 없습니다. 같은 맥락에서 대리응시 예방을 위해 시험 직전 모니터에 내장된 카메라로 응시자의 얼굴을 촬영합니다.

아무 자리에나 앉으면 되나요?

시험장에 들어서기 전에 수험표와 신분증을 제시하면 감독관이 자리 번호를 지정해 줍니다. 그 자리에 앉아 지시에 따라 헤드셋을 착용하고 오리엔테이션부터 시작하면 됩니다. 오리엔테이션 중에 감독관이 해당 시험의 고유번호를 알려주니, 제때 컴퓨터에 입력하세요.

출처_www.opic.or.kr

OPIc 시험 미리보기

오픽가이드 바로보기

📄 오리엔테이션(약 20분)

> "지금부터 시험 진행을 위한 오리엔테이션을 시작하겠습니다."

🔗 볼륨 조절과 시험 녹음 Setting Volumes

감독관의 지시에 따라 헤드셋을 끼고 오리엔테이션을 시작합니다. 이상이 있을 때에는 바로 감독관에게 알려 조치를 취하게끔 합니다. 이상이 없으면 Next 버튼을 눌러 계속해서 진행하세요.

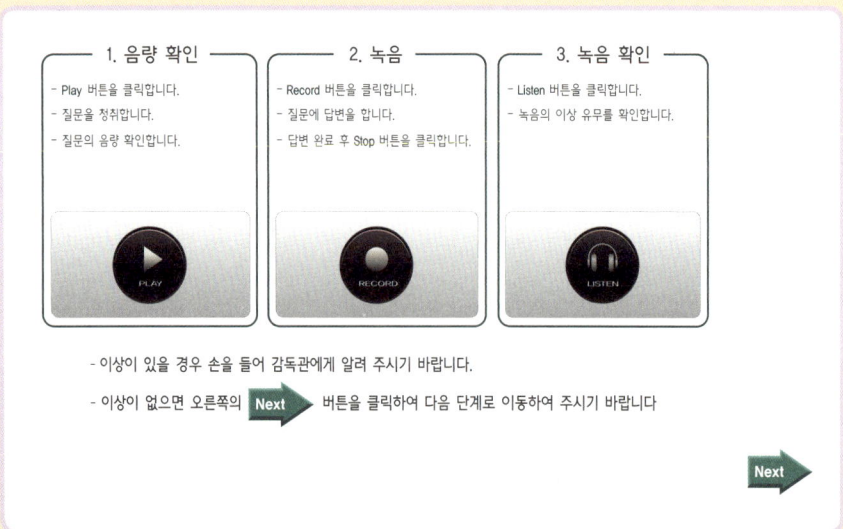

---

1 **음량 확인** 우선 Play 버튼을 눌러 음량이 적당한지 확인합니다.
"Hello. My name is Eva. What is your name?"이라는 음성이 나옵니다.

---

2 **녹음** 답변 녹음이 제대로 되는지 확인하기 위해 Record 버튼을 누르고 여러분의 음성을 녹음합니다. 예를 들어, "Hello. My name is 자기 이름. Nice to meet you."라고 합니다.

---

3 **녹음 확인** Listen 버튼을 누르고 자기 음성을 들어 본 뒤 헤드셋의 마이크 볼륨을 적당히 조절하세요.

✂ 설문조사 선택하기 Background Survey

개인 맞춤형 문제가 출제되는 OPIc의 특성상 응시자는 설문조사를 해야 합니다. 질문을 읽고 해당하는 항목에 체크하세요. 선택 항목에 따라 추가 질문이 나올 수 있습니다.

---

1 현재 귀하는 어느 분야에 종사하십니까?

○ 사업/회사
○ 재택근무/재택사업
○ 교사/교육자
○ 군복무
○ 일 경험 없음

둘 중 하나 선택 시
현재 귀하는 직업이 있으십니까?
○ 네   ○ 아니오

　└ **[네] 선택 시**
　　귀하의 근무 기간은 얼마나 되십니까?
　　○ 첫 직장-2개월 미만
　　○ 첫 직장-2개월 이상
　　○ 첫 직장 아님-경험 많음

선택 시
귀하는 부하직원을 관리하는 관리직을 맡고 있습니까?
○ 네   ○ 아니오

현재 귀하는 어디에서 학생을 가르치십니까?
○ 대학 이상
○ 초/중/고등학교
○ 평생교육

셋 중 하나 선택 시
현재 귀하는 직업이 있으십니까?
○ 네   ○ 아니오

　└ **[네] 선택 시**
　　귀하의 근무 기간은 얼마나 되십니까?
　　○ 2개월 미만- 첫 직장
　　○ 2개월 미만-교직은 처음이지만 이전에
　　　다른 직업을 가진 적이 있음
　　○ 2개월 이상

　　└ **[2개월 이상] 선택 시**
　　　귀하는 부하직원을 관리하는 관리직을 맡고
　　　있습니까?
　　　○ 네   ○ 아니오

OPIc 시험 미리보기

2 현재 귀하는 학생이십니까?

○ 네   ○ 아니오
└─ [네] 선택 시
　　현재 어떤 강의를 듣고 있습니까?
　　○ 학위과정 수업
　　○ 전문기술 향상을 위한 평생학습
　　○ 어학수업

3 현재 귀하는 어디에 살고 계십니까?

○ 개인주택이나 아파트에 홀로 거주
○ 친구나 룸메이트와 함께 주택이나 아파트에 거주
○ 가족(배우자/자녀/기타 가족 일원)과 함께 주택이나 아파트에 거주
○ 학교 기숙사
○ 군대 막사

아래 4~7번 문항에서 12개 이상을 선택해 주세요.

4 귀하는 여가활동으로 주로 무엇을 하십니까? (두 개 이상 선택)

○ 영화 보기	○ 클럽/나이트클럽 가기
○ 공연 보기	○ 콘서트 보기
○ 박물관 가기	○ 공원 가기
○ 캠핑하기	○ 해변 가기
○ 스포츠 관람	○ 주거 개선
○ 술집/바에 가기	○ 카페/커피전문점에 가기
○ 게임하기(비디오, 카드, 보드, 휴대폰 등)	○ 당구 치기
○ 체스하기	○ SNS에 글 올리기
○ 친구들과 문자대화 하기	○ 시험 대비 과정 수강하기
○ 뉴스를 보거나 듣기	○ 요리 관련 프로그램 시청하기
○ 차로 드라이브하기	○ 스파/마사지숍 가기
○ 구직활동 하기	○ 자원봉사하기

5 귀하의 취미나 관심사는 무엇입니까? (한 개 이상 선택)

○ 아이에게 책 읽어주기 ○ 음악 감상하기
○ 악기 연주하기 ○ 혼자 노래 부르거나 합창하기
○ 춤추기 ○ 글쓰기(편지, 단문, 시 등)
○ 그림 그리기 ○ 요리하기
○ 애완동물 기르기 ○ 주식투자 하기
○ 신문 읽기 ○ 여행 관련 잡지나 블로그 읽기
○ 사진 촬영하기

6 귀하는 주로 어떤 운동을 즐기십니까? (한 개 이상 선택)

○ 농구 ○ 야구/소프트볼 ○ 축구
○ 미식축구 ○ 하키 ○ 크리켓
○ 골프 ○ 배구 ○ 테니스
○ 배드민턴 ○ 탁구 ○ 수영
○ 자전거 ○ 스키/스노보드 ○ 아이스 스케이트
○ 조깅 ○ 걷기 ○ 요가
○ 하이킹/트레킹 ○ 낚시 ○ 헬스
○ 태권도 ○ 운동 수업 수강하기 ○ 운동을 전혀 하지 않음

7 귀하는 어떤 휴가나 출장을 다녀온 경험이 있습니까? (한 개 이상 선택)

○ 국내출장 ○ 해외출장 ○ 집에서 보내는 휴가
○ 국내여행 ○ 해외여행

설문조사를 끝냈다면 Next 버튼을 눌러 오리엔테이션을 계속 진행하세요.

OPIc 시험 미리보기

⌁ 난이도 선택하기 Self Assessment

이제 6단계의 샘플답변을 들어 보고 본인의 실력과 비슷한 난이도를 선택할 순서입니다. 이때 선택한 수준에 따라 시험의 난이도가 결정되고, 목표 등급에 도달할 수 있는 조건을 갖출 수 있습니다. 상단의 첫 번째 샘플답변을 가장 쉬운 1단계라고 할 때, AL을 목표로 하는 응시자는 5단계 또는 6단계를 클릭합니다.

● 본 Self Assessment에 대한 응답을 기초로 개인 맞춤형 문항이 출제됩니다. 아래 여섯 단계의 샘플답변을 들어보고, 본인의 실력과 비슷한 수준을 선택하시기 바랍니다.

● ◀◣ 샘플답변 듣기   나는 10단어 이하의 단어로 말할 수 있습니다.

● ◀◣ 샘플답변 듣기   나는 기본적인 물건, 색깔, 요일, 음식, 의류, 숫자 등을 말할 수 있습니다. 나는 항상 완벽한 문장을 구사하지 못하고 간단한 질문도 하기 어렵습니다.

● ◀◣ 샘플답변 듣기   나는 나 자신, 직장, 친한 사람과 장소, 일상에 대한 기본적인 정보를 간단한 문장으로 전달할 수 있습니다. 간단한 질문을 할 수 있습니다.

● ◀◣ 샘플답변 듣기   나는 나 자신, 일상, 일/학교와 취미에 대해 간단한 대화를 할 수 있습니다. 나는 이 친근한 주제와 일상에 대해 쉽게 간단한 문장들을 만들 수 있습니다. 나는 또한 내가 원하는 질문도 말 수 있습니다.

● ◀◣ 샘플답변 듣기   나는 친근한 주제와 가정, 일, 학교, 개인과 사회적 관심사에 대해 자신 있게 대화할 수 있습니다. 나는 일어난 일과 일어나고 있는 일, 일어날 일에 대해 합리적으로 자신 있게 말할 수 있습니다. 필요한 경우 설명도 할 수 있습니다. 일상생활에서 예기치 못한 상황이 발생하더라도 임기응변으로 대처할 수 있습니다.

● ◀◣ 샘플답변 듣기   나는 개인적, 사회적 또는 전문적 주제에 나의 의견을 제시하여 토론할 수 있습니다. 나는 다양하고 어려운 주제에 대해 정확하고 다양한 어휘를 사용하여 자세히 설명할 수 있습니다.

난이도 1, 2 선택	· 12개의 문제가 출제됩니다. · 문제 읽어 주는 속도가 비교적 느립니다. · 이 단계를 선택하면 IM 이하의 점수대를 받을 가능성이 높습니다.
난이도 3, 4 선택	· 15개의 문제가 출제됩니다. · 보통 빠르기로 문제를 읽어 줍니다. · 이 단계를 선택하면 AL 등급이 어려울 수 있습니다.
난이도 5, 6 선택	· 15개의 문제가 출제됩니다. · 한 가지 주제에 3개 이상의 문제가 연달아 나오는 콤보문제가 출제됩니다. · IH 이상을 목표로 한다면 이 단계를 선택해야 합니다.

화면 안내 따라하기 Overview of OPIc

화면에 나와 있는 버튼들을 클릭해 컴퓨터 화면의 구성과 각 버튼의 기능을 익혀 보세요. 실제 시험에서 당황하지 않도록 문항 청취 방법과 답변 시작 표시를 반드시 알아 두세요.

❶ **현재 문제 번호** 지금 풀고 있는 문제가 몇 번인지 확인할 수 있습니다. 난이도 3 이상을 선택하면 15문제가 표시됩니다.

❷ **문제 듣기** PLAY 버튼을 눌러야 문제가 출제됩니다. 한 번 듣고 5초 이내에 REPLAY 버튼을 누르면 다시 한 번 문제를 들을 수 있어서, 문제를 2번까지 들을 수 있습니다. 듣는 횟수가 점수에 영향을 미치지는 않습니다.

❸ **녹음 중 표시** 화면에 녹음 버튼이 따로 없습니다. 질문이 끝나면 자동으로 녹음이 진행됩니다. 이때 Recording으로 표시됩니다.

❹ **답변 녹음 시간** 시험이 시작되면 응시자가 답변을 녹음한 시간이 안내됩니다. 각 문항당 제한 시간은 없으나 모든 문제를 40분 내에 다 끝내야 합니다.

❺ **다음 문제로 이동** 문제에 대한 답변을 마쳤다면 화면의 Next 버튼을 한 번만 클릭하고 기다립니다. 여러 번 클릭하면 여러 개의 문제를 건너뛸 수 있으니 한 번만 클릭합니다.

OPIc 시험 미리보기

⋖ 몸풀기 문제 풀어보기 Sample Question

"What is the weather like in your city today?"

본격적인 시험을 시작하기 전에 위와 같은 몸풀기 질문이 나옵니다. 이에 대한 대답은 성적에 영향을 미치지 않습니다. 간단히 대답하세요. 대답을 마쳤다면 이제 본 시험에 임할 준비가 다 된 것입니다. 감독관의 시험 시작 안내가 있을 때까지 대기해 주세요.

📋 본 시험(최대 40분)

이제부터 시작하는 본 시험의 문제는 OPIc의 15문제가 어떻게 구성되는지를 보여주는 대표적인 예시입니다. 실제 시험과 다를 수 있습니다.

⋖ 시험 시작

이제 Start Test 버튼을 눌러서 본 시험을 시작합니다. 긴장하지 말고 편안한 마음으로 임하세요.

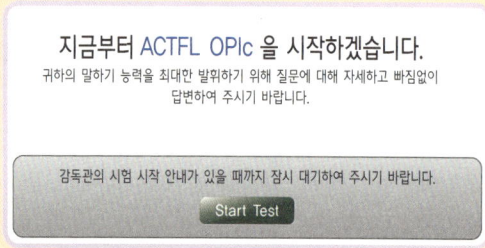

⋖ 첫 번째 문제

OPIc의 첫 번째 문제는 언제나 자기소개입니다. 문제를 듣고 화면에 Recording 표시가 뜨면 준비한 자기소개를 시작하세요.

> 🔊 **1** Let's start the interview now. Tell me about yourself.   자기소개하기

자기소개를 마치면 Next 버튼을 한 번 클릭하고 기다리세요. 본격적인 문제가 시작됩니다.

첫 번째 세션

이제부터 설문조사 기반의 질문입니다. 여러분이 주거지 관련해서 주택이나 아파트에 거주를 골랐을 때 다음과 같이 사는 곳에 관한 문제가 나올 수 있습니다.

🔊 2	Please tell me about your house. How many rooms do you have in your house? Where is your favorite place in your house? Tell me about it.	사는 곳 묘사
🔊 3	How is your current home different from home you grew up in when you were a child? How has it changed? Please tell me in detail.	과거와 현재 비교
🔊 4	Tell me about some issues or problems that happened in your home. When did it happen and what caused the problem? Explain in as much detail as possible.	집 관련 경험

여러분이 여가활동으로 [클럽/나이트클럽 가기]를 골랐을 때 다음과 같은 문제가 나올 수 있습니다.

🔊 5	You indicated in the survey that you like to go to clubs. How often do you go? Who do you go with? Which club do you go to most often? Where is it?	클럽에 가는 습관
🔊 6	You said you were going to clubs. Describe your favorite club. Where is it located? Describe the inside and outside of the club.	자주 가는 클럽 묘사
🔊 7	Please tell me about the most memorable time you had at a club. When was it? Who were you with? I'd like to know everything about what you did and what happened in the club. Tell me the story in as much detail as possible.	가장 기억에 남는 일

OPIc에서는 위와 같이 하나의 주제에 대해서 2~3개의 문제가 연달아 나옵니다. 이러한 문제를 콤보문제라고 합니다.

OPIc 시험 미리보기

난이도 재조정

첫 번째 세션이 끝나고 두 번째 세션을 시작하기 전에 여러분은 난이도를 재조정할 수 있습니다. 이전보다 쉬운 질문, 또는 비슷한 질문, 또는 어려운 질문으로 재조정할 수 있습니다. AL을 목표로 하고, 처음 난이도 5 또는 6을 선택했다면 [비슷한 질문]을 클릭하세요.

다음 단계의 시험에서는

쉬운 질문 을 원하십니까?　　　▶ 쉬운 질문

비슷한 질문 을 원하십니까?　　▶ 비슷한 질문

아니면 어려운 질문 을 원하십니까?　▶ 어려운 질문

두 번째 세션

설문조사에서 선택하지 않은 주제에 대한 문제가 나옵니다. 이러한 문제를 OPIc에서는 돌발문제라고 부르는데, Let's talk about ~이라는 문장으로 시작합니다. 다음은 날씨에 대한 돌발문제입니다.

| 🔊 8 | Let's talk about the weather in your country. Which season do you like most? What is the weather like during that season? And what are the things you like to do in that season? | 우리나라의 날씨 |

| 🔊 9 | What is the weather like today? Is it cold or warm? Do you like today's weather? What kind of weather do you like most, and why? | 오늘의 날씨 |

| 🔊 10 | There have been some changes in the weather due to the variation of the weather patterns because of stresses on the environment. Tell me about the weather from your past. What was the weather like in the past? How was it different from the weather of today? | 날씨의 변화 |

이제 문제에서 상황이 주어집니다. 여러분은 일종의 역할극을 해야 합니다. 이러한 문제를 OPIc에서는 롤플레이 문제라고 부르는데, I'd like to give you a situation and ask you to act it out.이라는 문장으로 시작합니다. 다음은 출장에 대한 롤플레이 문제입니다.

🔊 **11** I'd like to give you a situation and ask you to act it out. You are planning to go on a business trip to a local spot. Call your business partner and ask three or four questions about the place.	주어진 상황에서 질문하기

🔊 **12** I am sorry, but there's a problem that you need to solve. You were supposed to meet your business partner during a business trip. But you cannot make it to the meeting on time. Call your partner, explain the situation, and offer three or four suggestions.	상황 설명하고 대안 제시하기

🔊 **13** Excellent. That's the end of the situation. Have you ever been late for an important meeting? When was it? What happened? Tell me why you couldn't get to the meeting on time and how you dealt with the situation.	관련 경험 말하기

이제 남은 문제는 OPIc에서 유일하게 2단 콤보로 나오는 문제들입니다. 설문주제나 돌발주제에서 관련 이슈와 장단점, 과거와 현재 등의 문제가 출제됩니다.

🔊 **14** What are some issues people talk about related to the transportation system in your country? Why do they talk about that topic?	교통 관련 이슈

🔊 **15** How has the transportation system changed from the past to the present? What transportation did you use in the past? How is it different from what you use today?	과거와 현재 비교

OPIc 시험 미리보기

시험 종료

본 시험 시간이 40분이 채 되지 않았어도 15번 문제까지 답변을 마쳤다면 이제 시험이 끝난 것입니다. 모니터에 오른쪽과 같은 화면이 나오면 다른 응시자들에게 방해가 되지 않게 조용히 퇴실하면 됩니다.

> 수고하셨습니다.
> ACTFL OPIc 이 종료되었습니다.
>
> 조용히 퇴실하여 주시기 바랍니다.

OPIc 성적 확인하기

성적은 시험 응시일로부터 7일 후 공식 홈페이지를 통해 확인할 수 있습니다. 이때의 성적은 시험 응시일로부터 2년간 유효합니다.

> 눈치 채셨나요? OPIc 15문제 중에서 자기소개 문제 빼고 14문제는 콤보문제 5세트로 이루어져 있습니다. 우선 5개 주제 중에서 개인신상 관련(직업과 사는 곳) 질문이 적어도 1세트가 나옵니다(2~4번). 그리고 설문주제 1세트, 돌발주제 1세트, 롤플레이 1세트가 이어집니다. 가끔 개인신상 관련해서 2세트가 나오기도 하는데, 만약 1세트만 나온다면 돌발주제가 1세트 더 나올 가능성이 큽니다.

OPIc 목표 달성 꿀팁

지금까지 OPIc 시험이 어떻게 진행되는지 알아봤습니다. 이제부터 여러분이 목표로 하는 OPIc 등급 달성을 위해 경험자들이 꿀팁을 드리겠습니다.

시험 시작 전에 입 풀기는 필수예요.

OPIc은 의사소통을 위한 영어 말하기 시험입니다. 가끔 우리말로 대화할 때에도 긴장하면 목소리가 잠겨서 말이 안 나올 때가 있지요. 시험장에 들어서기 전에는 큰 소리로 말해 보는 발성연습을 하세요. 그리고 시험장 안에서는 입모양으로 '아, 에, 이, 오, 우' 하면서 안면근육을 풀어주는 게 좋습니다. 긴장하지 말고 편안한 자세로 시험에 임하면 원하는 등급 이상이 나올 수 있습니다.

자기소개는 무조건 준비하세요.

OPIc의 1번 문제는 자기소개입니다. 가벼운 마음으로 자연스럽게 자기소개를 하는 연습을 해 두세요. 자기소개뿐만 아니라, 가족과 친구, 동료를 비롯한 이웃까지 주변인을 소개해 달라는 문제도 종종 출제됩니다. 평소 생각해 본 적이 없는 이웃에 대해 말해 달라는 문제를 받으면 순간적으로 당황할 수 있으니, 미리 생각해 두세요.

지금 생각해도 등골이 오싹해요.

OPIc에는 거주지와 학교 캠퍼스, 회사 등 장소를 묘사해 달라는 문제가 자주 출제됩니다. 특색이 없어서 말할 거리가 없다고 생각하는 보통의 아파트에 거주하는 응시자들은 거주지에 대한 문제를 받으면 당황해서 말문이 턱 막히는 경험을 합니다. 이제부터 우리 집, 내 방에 대해 뭐라고 말할 수 있을지 한번 생각해 보세요.

문제는 꼭 두 번 들으세요!

OPIc은 모니터의 화면 속 Play 버튼을 누르면 문제를 들을 수 있습니다. 그런데 여기서 중요한 것은 문제 음성이 끝나고 5초 내에 버튼을 한 번 더 클릭하면 문제를 다시 들을 수 있다는 것입니다. 그동안 여러분은 답변할 내용을 조금이라도 더 머릿속으로 정리할 수 있습니다. 별것 아닌 것 같지만 그 시간이 등급 올리는 데 정말 큰 도움이 됩니다. 듣는 횟수는 성적에 영향을 주지 않아요.

OPIc 문제 유형을 아는 것과 모르는 것은 천지 차이예요.

컴퓨터 기반 말하기 시험인 OPIc 시험장에는 수험번호 자리마다 모니터가 있습니다. 그래서 어떤 분들은 문제가 화면에 글자로 나올 거라고 예상하지만, 틀렸습니다. OPIc 문제는 음성으로만 제시됩니다. 문제가 긴 OPIc의 특성상 영어 듣기에 자신이 있는 분들도 문제의 핵심을 놓치기 일쑤입니다. 반드시 OPIc의 대표 문제 유형을 미리 공부하고 가세요.

문제를 따라 말해 보세요!

문제 음성을 들으면서 키워드를 따라 말해 보세요. 문제에서 You indicated that you like watching movies. I like watching movies as well.이라고 하면 키워드인 like watching movies를 따라서 말해 보는 것입니다. 이렇게 하면 질문 내용을 더 잘 기억할 수 있고, 세부 내용도 빠뜨리지 않고 답할 수 있습니다. 또 문제 주제에서 벗어나지 않고 이야기할 수 있습니다.

OPIc 목표 달성 꿀팁

1분 30초! 답변 시간을 생각하세요.

OPIc은 답변할 때 문제당 시간제한이 없습니다. 본 시험 시간 40분 이내로 15문제를 다 풀었다면 언제든 퇴실할 수 있습니다. 40분에서 (두 번) 문제 듣는 시간 15분을 빼면, 문제당 평균 답변 시간은 1분 30초입니다. 그러니 최대 90초가 넘지 않는 선에서 답변을 구성하는 연습을 하세요.

첫 번째 문제는 말을 아끼세요.

OPIc은 같은 주제에 대해 2~3개의 문제가 연달아 나옵니다. 예를 들어, '약속'에 관한 돌발문제가 나오면, ①약속 습관, ②기억에 남는 약속 장소, ③약속 중에 기억에 남았던 일에 대해 묻는 식입니다. 이렇게 꼬리에 꼬리를 무는 문제 형식을 콤보문제라고 합니다. 그러므로 한 주제에 대해 첫 번째 답변부터 너무 많은 얘기를 하면 그다음 문제에서는 말문이 막히는 분들이 많습니다. 다음에 나올 문제를 예상하고 첫 번째 문제에서 너무 많은 내용을 답변에 담지 않도록 해요.

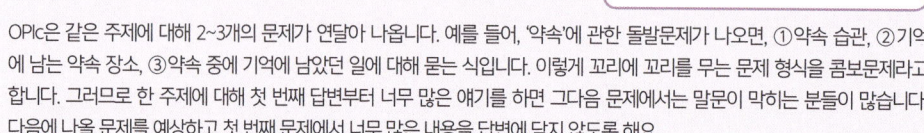

설문조사 항목을 미리 정해 놓으세요.

OPIc은 설문조사 기반 시험이니, 반드시 어떤 항목을 선택할지 생각해 두고 시험장에 가야 합니다. 설문조사는 자신에게 맞는 항목을 선택해야 문제를 받아도 답변할 내용이 있습니다. 학생인데 직장인으로 설정한다든가, 직장인인데 학생으로 설정한다든가 하면 낭패를 볼 수도 있습니다. 또 직업 관련해서 질문을 받고 싶지 않아서 [일 경험 없음]을 선택한 분들에게는, 상대적으로 돌발주제가 많이 출제될 수 있는 함정이 있습니다.

딱 12개만 선택하세요!

설문조사 4~7번은 최소한 12개 항목을 선택해야 합니다. 그런데 나에게 해당되는 대로 고른 항목이 12개를 초과해 버린다면? 그만큼 준비할 주제가 많아지니 자제하세요. 어떤 문제가 나올지 모르는 OPIc도 설문조사 항목을 잘 정하면 학습 범위를 줄일 수 있습니다. 우선은 나와 관련이 있는 항목을 추려 보고, 나머지는 답변하기 쉽고 비슷한 항목을 고르세요. 비슷한 주제끼리 묶어서 답변을 준비할 수 있습니다. 예를 들어, [조깅]과 [걷기], [공원 가기] 이 3가지 항목을 묶어서 스토리를 만들 수 있습니다. 비슷한 운동인 조깅과 걷기를 공원에서 한다고 설정하는 것이지요.

대본처럼 달달 외우는 게 좋을까요?

주제별, 유형별로 1분가량의 답변을 준비해서 열심히 외우는 분들이 있습니다. 정말 대단한 노력인데, 실제로 시험장에서 열심히 암기한 답변이 100% 나올 리가 만무합니다. 또, 설문조사에서 선택한 항목이 모두 문제로 나오는 게 아닙니다. 많아야 3~4가지 항목에 대해서만 문제가 나오지요. 그러니 단순암기는 효율적인 학습방법이 아닌 것 같습니다.

저는 직접 문제를 만들어 봤어요!

롤플레이 문제와 돌발문제에서 어떤 주제가 나올지 모릅니다. 하지만 OPIc 문제 유형을 익히고 직접 문제를 만들어 본다면? 가능한 한 많은 OPIc 기출문제를 접하고 꾸준히 답변 아이디어를 정리해 두세요. 주제와 유형마다 답변 순서를 짜고 키워드를 떠올리는 연습을 지속적으로 하면 시험장에서 어떤 주제가 나와도 당황하지 않을 수 있어요.

학습 계획

나의 목표 등급 : ＿＿등급

나의 학습 계획 : ＿＿일 완성!

목표 시험 날짜 : ＿＿월 ＿＿일

시험까지 앞으로 : ＿＿일!

체크! 체크!

☞ 챕터 1부터 유닛별로 학습한 내용을 √ 체크하세요.

CHAPTER 1						CHAPTER 2				
01	√	02	03	04	05	01	02	03	04	05
월 / 일		/	/	/	/	/	/	/	/	/

CHAPTER 2										
06	07	08	09	10	11	12	13	14	15
/	/	/	/	/	/	/	/	/	/

CHAPTER 3						CHAPTER 4				
01	02	03	04	05	01	02	03	04	05
/	/	/	/	/	/	/	/	/	/

CHAPTER 4										
06	07	08	09	10	11	12	13	14	15
/	/	/	/	/	/	/	/	/	/

CHAPTER 4					복습				
16	17	18	19	20	1회	2회	3회	4회	5회
/	/	/	/	/	/	/	/	/	/

CHAPTER
01
개인신상

자기소개_학생과 직장인
UNIT 01 학교 생활과 수업
UNIT 02 직장 생활과 업무
UNIT 03 사는 곳과 주변 사람들
UNIT 04 프로젝트 경험
UNIT 05 테크놀로지
개인신상 **콤보문제**

원어민 음성 바로듣기

설문조사 1~3번에 해당하는 정보를 바탕으로 문제가 출제됩니다.
설문조사 1~3번에서는 응시자의 직업과 사는 곳, 함께 사는 사람에 관한
정보를 수집합니다. OPIc의 고정불변 1번 문제인 자기소개와 더불어, 개
인신상에 관한 문제가 적어도 한 문제는 출제됩니다. 여러분이 학생인
지, 직장인인지, 사회 초년생인지, 관리직에 있는지에 따라 출제될 수 있
는 문제가 달라집니다.

좋은 등급을 받으려는 응시자들은 미리 준비합니다.
설문조사를 시험장에서 즉흥적으로 고르는 사람은 거의 없습니다. OPIc
홈페이지에서도 예비응시자들이 가상으로 시험을 볼 수 있는 샘플테스
트를 제공하고 있습니다. 샘플테스트에서 실전 시험 그대로 설문조사 항
목들을 확인할 수 있습니다. 본 책에도 설문조사 항목을 그대로 싣고 있
습니다. 시험장에서 즉흥적으로 고르지 않도록 선택할 항목을 미리 정해
두세요.

레벨이 높을수록 질문의 범위가 확장됩니다.
OPIc은 너무 개인적이고 사소해서 평생 한 번도 생각해 보지 않은 것에
대해 물어보기도 합니다. 하지만 레벨이 높아질수록 사회적인 주제가 문
제로 출제됩니다. 예를 들어, 사는 곳에 관해서는 집 안의 구조를 묘사하
거나, 집에 있는 가구에 대한 문제가 나올 수 있습니다. 하지만 레벨이
올라갈수록 사회적인 문제로 질문의 범위가 넓어집니다. 집 안의 유지보
수 경험에 관해 질문하는가 하면, 사는 동네와 이웃, 더 나아가 사는 지
역에 관한 질문으로 확장될 수 있습니다. 함께 사는 사람에 관해서도, 가
족과 친한 이웃, 학교와 직장의 동료에 관해 묻는가 하면, 학교 교직원이
하는 일에 대해 말해달라는 문제도 출제될 수 있습니다.

INTRO
자기소개

OPIc의 1번 문제는 항상 자기소개입니다. 꼭 시험이 아니더라도 자기소개는 한번쯤 준비해 봐야 합니다. 시험 준비, 면접 준비뿐만 아니라, 우리말이든 영어든, 평소에 어떤 상황에서 자기소개를 할지 모릅니다. 자기소개는 너무 짧지도, 너무 길지도 않게 60초 내외 분량으로 준비하세요.

기출문제 **학생의 자기소개** 🔊 MP3 001

Let's start the interview now. Tell me a little bit about yourself.

인터뷰를 시작하겠습니다. 당신에 대해 말해주세요.

샘플답변

My name is Min-ha. I am in my senior year at Hankuk University majoring in business management. I am the oldest son of two children. My parents are both teachers. My sister and I live together in Seoul. My parents are both in Suwon.

I'm an extrovert with many interests. I love meeting new people and making friends and learning about new cultures and ways of life. I like to travel and go backpacking to less known places in the world like a little village in Madagascar or a mountainous town in Nepal.

I aspire to be a CEO of a large company one day. I read a lot of newspapers and business magazines. I think it is important for me to be up-to-date with current events and the world economy. I plan to pursue my degree in business starting next year. I am looking forward to the new life that awaits me.

학생은 설문조사 1번에서 [일 경험 없음], 2번에서 [네]를 선택합니다. 이름과 나이, 그리고 다니는 학교와 전공을 밝힙니다.

▶ **나의 성격과 관심사**

자기소개에서는 자신의 성격을 언급합니다. 또 자신의 성격을 드러내는 관심사나 취미활동을 함께 이야기합니다.

▶ **앞으로의 계획**

장래희망이나 미래의 꿈에 대한 기대로 자기소개를 마무리합니다.

AL Expression

aspire to be ~가 되기를 열망하다
be up-to-date with ~의 최신정보를 알다

제 이름은 민하입니다. 저는 한국대학교 4학년이며 경영학을 전공하고 있습니다. 저는 둘 중 맏아들입니다. 저희 부모님은 두 분 다 선생님이십니다. 저는 동생과 함께 서울에 살고 있습니다. 저희 부모님께서는 수원에 계십니다. 저는 관심사가 많은 외향적인 성격입니다. 새로운 사람들을 만나고, 친구를 사귀고, 새로운 문화와 삶의 방식에 대해 배우는 것을 좋아합니다. 저는 여행을 좋아하고 마다가스카르의 작은 마을이나 네팔의 산악 마을처럼 세상의 덜 알려진 곳으로 배낭여행 하는 것을 좋아합니다. 저는 언젠가 대기업의 CEO가 되기를 소망합니다. 저는 신문과 비즈니스 잡지를 많이 읽는데, 최근 일어나고 있는 사건과 세계 경제에 대한 최신정보를 얻는 것이 중요하다고 생각합니다. 내년부터는 경영 학위를 취득하려는 계획을 세우고 있습니다. 저를 기다리는 새로운 삶을 기대하고 있습니다.

Let's start the interview now. Tell me a little bit about yourself.

인터뷰를 시작하겠습니다. 당신에 대해 말해주세요.

샘플답변

My name is Jin-A Kim. I'm in my late thirties living in Busan. I am a working wife and mom.

I am quite tall and a little bit fat for a Korean woman, so people think I'm strong and determined. In a way, this is true. I'm self-confident, outgoing and goal-oriented when working. But as a regular mom of two beautiful children, I dedicate myself to my family.

I've been working at my company for the last 15 years. The company I work for is one of the biggest names in the business. I work in the factory line management division with 3 other people in my team. We make engines and supply them to car manufacturers. I love my job. It pays the bills and I cannot afford to lose it.

I am looking forward to my retirement in 20 years. I hope something awesome in a different place is waiting for me in my old age.

직장인은 설문조사 1번에서 [사업/회사]를 선택합니다. 이름과 사는 곳을 먼저 밝힙니다.

▶ **나의 성격**

다른 사람들이 생각하는 나의 성격을 언급하면서 실제 나의 성격을 드러낼 수 있습니다.

▶ **직장에서 나의 업무**

직장인으로서 내가 다니는 직장과 그곳에서 내가 하는 일에 관한 정보를 포함시킵니다.

AL Expression

dedicate oneself to ~에 헌신하다
big name 많이 알려진 회사
cannot afford to ~를 할 수 없다

제 이름은 김진아입니다. 저는 30대 후반이며 부산에 살고 있습니다. 저는 일하는 아내이자 엄마입니다. 저는 한국 여성보다 키가 꽤 크고 약간 뚱뚱한 편이기 때문에, 사람들은 제가 강하고 단호한 사람일 거라고 생각합니다. 어떤 면에서는 사실입니다. 저는 일을 할 때는 자신감 있고, 외향적이며, 목표 지향적인 사람입니다. 하지만 아름다운 두 아이의 평범한 엄마일 때는 제 가족에 헌신합니다. 저는 회사에 15년째 근무해오고 있습니다. 제가 일하는 회사는 대기업 중 하나입니다. 저는 공장 라인 관리 부서에서 팀원 3명과 함께 일합니다. 저희는 엔진을 만들어 자동차 제조업체에 공급하는 일을 하고 있습니다. 저는 제 일을 사랑합니다. 이 일이 제 생활비를 내주기도 하여, 직장을 잃을 수 없습니다. 저는 20년 후의 은퇴를 기다리고 있습니다. 노년에는 다른 곳에서 멋진 무엇인가가 저를 기다리고 있기를 바랍니다.

+PLUS Mind Map

∽ **자기소개하기**

학생이든 직장인이든 자기소개의 기본 골격은 비슷합니다. 우선 나에 대한 객관적이고 기본적인 정보부터 시작하고 나의 성격을 취미활동이나 외양과 연관 지어서 이야기합니다. 그리고 현재 하는 일에 대하여, 학생이라면 학교, 직장인이라면 회사를 소개하면서 결국에는 내가 하고 있는 일과 앞으로의 계획으로 자기소개를 마무리합니다.

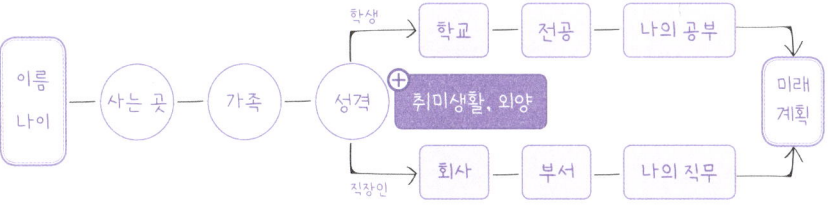

자기소개에서 나의 성격을 나타내는 표현

사람의 성격을 나타내는 적절한 형용사와 함께, 그러한 성격을 단적으로 보여주는 행동을 부연 설명으로 추가하면
훌륭한 답변이 됩니다.

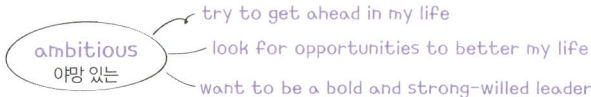

ambitious
야망 있는
- try to get ahead in my life
- look for opportunities to better my life
- want to be a bold and strong-willed leader

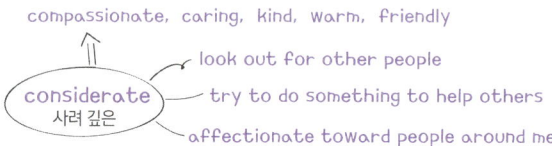

compassionate, caring, kind, warm, friendly

considerate
사려 깊은
- look out for other people
- try to do something to help others
- affectionate toward people around me

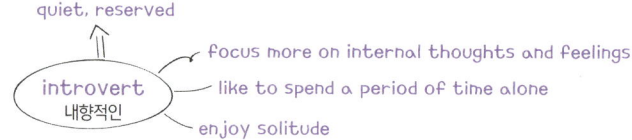

sociable, chatty, energetic, tireless, assertive, cheerful

extrovert
외향적인
- gain energy from social interaction
- learn through trial and error
- have a wide circle of friends

quiet, reserved

introvert
내향적인
- focus more on internal thoughts and feelings
- like to spend a period of time alone
- enjoy solitude

reliable
믿을 만한
— trust worthy and dependable

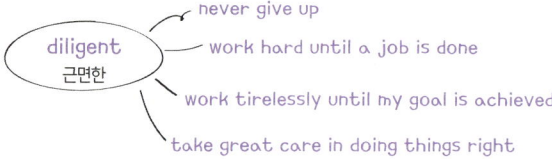

diligent
근면한
- never give up
- work hard until a job is done
- work tirelessly until my goal is achieved
- take great care in doing things right

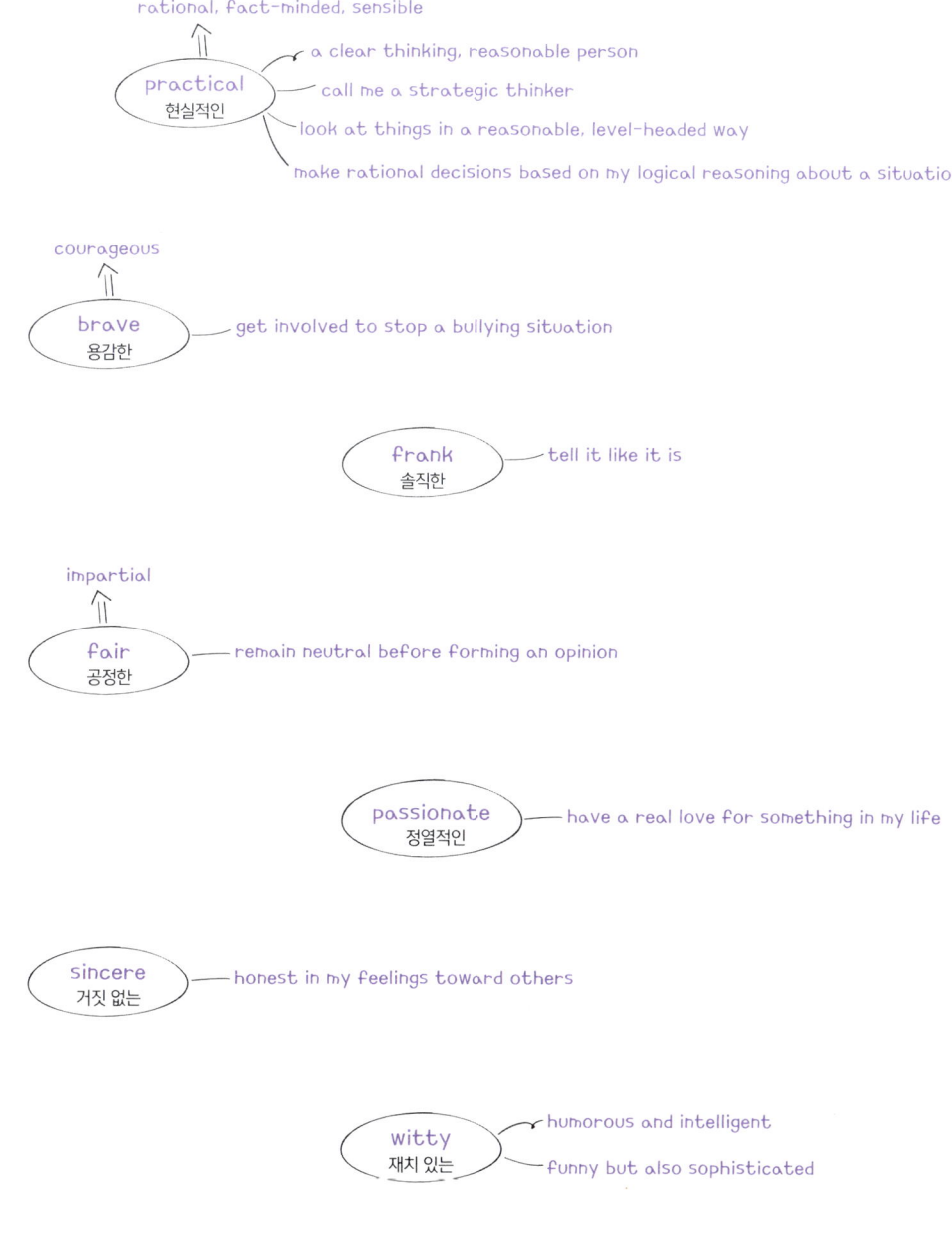

rational, fact-minded, sensible

practical
현실적인
- a clear thinking, reasonable person
- call me a strategic thinker
- look at things in a reasonable, level-headed way
- make rational decisions based on my logical reasoning about a situation

courageous

brave
용감한
- get involved to stop a bullying situation

frank
솔직한
- tell it like it is

impartial

fair
공정한
- remain neutral before forming an opinion

passionate
정열적인
- have a real love for something in my life

sincere
거짓 없는
- honest in my feelings toward others

witty
재치 있는
- humorous and intelligent
- funny but also sophisticated

etc.

smart and curious 똑똑하고 호기심이 많은 imaginative 상상력이 풍부한 creative 창의적인 charismatic 카리스마가 있는

enthusiastic 열정적인 flexible 융통성 있는 spontaneous 즉흥적인 freewheeling 자유분방한

UNIT 01
학교 생활과 수업

학생인지 묻는 설문조사 2번에서 [네]를 선택할 경우, 학교 생활과 전공, 수업에 관한 문제가 출제됩니다. 나의 전공이나 좋아하는 수업 등 '나'에 관한 문제가 대부분이지만, AL 수준으로 올라갈수록 학교와 사회 전반에 관한 문제로 출제 범위가 확장됩니다.

미리 생각해보기

학교와 전공을 선택한 이유
좋아하는 선생님과 수업
학교의 첫인상과 캠퍼스의 모습
친구와 친해진 계기, 친구와 있었던 문제
학교의 최근 이슈

기출문제 **가장 좋아하는 수업** 🔊 MP3 003

You indicated in the survey that you are a student. What classes are you taking now? What is your favorite class and what do you like about it? Please tell me in detail.

당신은 설문에서 학생이라고 했습니다. 지금 어떤 수업을 듣고 있습니까? 가장 좋아하는 수업은 무엇이며, 그 수업의 어떤 점이 좋습니까?

샘플답변

My major is in Korean literature and I take many classes that are required for graduation such as Korean grammar and ancient Korean poems. But this semester, I am taking an elective course that has nothing to do with what I major in.

It is a philosophy class. And I would have to say, it is one of my favorite classes of all the classes I have taken in college so far. I really enjoy it. Maybe because it is so different from what I normally study. I love the novelty of it. I really like the topics we discuss and the new perspectives I gain from those discussions. For example, we talk about the purpose of life from the perspective of different religions. I am having a blast in these discussions and debates.

I hope that I do well on the final report for this course so I get a high grade.

학생으로서 나의 전공으로 시작하고, 자연스럽게 현재 듣고 있는 수업을 언급합니다. 전공과 관련이 없는 교양수업에 대해 이야기할 수도 있습니다.

▶ **좋아하는 이유**

문제에서 원하는 대로 좋아하는 수업을 밝히고 그 이유로 그 수업의 특징과 가장 마음에 드는 점을 이야기할 수 있습니다. 구체적인 예(For example)를 드는 것이 좋습니다.

AL Expression

have nothing to do with ~와 관련이 없다
I would have to say ~라고 말하고 싶다
have a blast 즐거운 시간을 보내다

저는 국문학을 전공하고 있으며, 국문법과 고대 한시와 같은 졸업을 위해 필요한 수업들을 많이 듣고 있습니다. 하지만 이번 학기에 저는 제 전공과 아무런 관련이 없는 선택과목을 하나 수강하고 있습니다. 바로 철학 수업인데, 저는 이 수업이 지금까지 대학에서 들은 모든 수업 중 가장 좋아하는 수업이라고 말하고 싶습니다. 그 수업이 정말 즐겁습니다. 아마도 그 과목이 제가 주로 공부했던 것과 많이 다르기 때문일 수 있습니다. 저는 그 새로움이 참 좋습니다. 수업시간에 토론하는 주제들이 너무 좋고, 토론을 통해서 새로운 관점을 얻을 수 있다는 점이 아주 마음에 듭니다. 예를 들어, 수업시간에 각각 다른 종교적 관점에서 삶의 목적에 대해 이야기합니다. 저는 이러한 토론이나 논쟁을 매우 즐기고 있습니다. 이 수업의 기말 보고서를 잘 써서 높은 점수를 받기를 바랍니다.

Please tell me about your close friend at school. When did you meet for the first time? How did you become friends? What does he or she look like? What kind of person is he or she? Why do you think he or she is close to you?

학교에서 친한 친구에 대해 말해주세요. 언제 처음 만났습니까? 어떻게 친구가 되었습니까? 그 친구는 어떻게 생겼으며, 어떤 사람입니까? 왜 그 친구와 당신이 친하다고 생각합니까?

샘플답변

My friend Rebekah is a Canadian who came to Korea to study. She was one of many exchange students for the study abroad program. We first met at the school festival. My department was having a "one-day snack bar". She came to eat and was having trouble using chopsticks. So I helped her figure out how to use them.

Rebekah is really humorous and easygoing. We quickly became friends because we shared so much in common. One of them is that we have the same birthday! We do a lot of things together. We take two classes together. We often go shopping at Dongdaemun. And every Tuesday, Rebekah and I go to learn Korean sign language at a church near our school. We have a lot of fun doing that.

I am sad she has to leave soon to go back home to Canada. I hope we can keep in touch and stay friends forever.

가장 친한 친구의 이름과 그에 대한 객관적인 사실들로 답변을 시작합니다. 그 친구를 처음 만난 상황과 친해진 계기가 무엇인지 밝힙니다. 끝은 그 친구에 대한 감정과 우정에 대해 언급하면서 마무리합니다.

▶ **친구의 성격과 친한 이유**

그 친구의 성격과 함께 그 친구의 어떤 점이 좋은지, 그리고 그 친구와 만나면 하는 일에 대해서 두세 가지 준비하여 답합니다.

AL Expression

have trouble -ing ~하는 것을 어려워하다
figure out how to ~하는 법을 알다
share so much in common 많은 것을 공유하다

제 친구 레베카는 공부하기 위해 한국에 온 캐나다인입니다. 그녀는 유학 프로그램을 위해 온 많은 교환 학생들 중 한 명이었습니다. 저희는 학교 축제에서 처음 만났습니다. 학과에서 '1일 스낵바'를 열고 있었습니다. 그녀도 먹기 위해 왔는데 젓가락을 사용하는 것을 어려워했습니다. 그래서 저는 그녀가 젓가락 사용하는 방법을 알아낼 수 있도록 도와주었습니다. 레베카는 아주 유머러스하고 느긋한 성격을 가지고 있습니다. 저희는 공통점이 많아서 빨리 친구가 되었습니다. 그 공통점 중 하나가 생일이 같다는 것입니다! 저희는 많은 일을 함께하는데, 같은 수업을 두 개 수강하고 있습니다. 종종 동대문에 쇼핑하러 같이 가기도 합니다. 그리고 화요일마다 저와 레베카는 학교 근처에 있는 교회에서 한국어 수화를 배우러 다닙니다. 저희는 수화를 배우는 게 아주 즐겁습니다. 그녀가 곧 고향인 캐나다로 떠나야 한다는 것이 슬픕니다. 계속 서로 연락하고 영원한 친구가 될 수 있기를 바랍니다.

+PLUS Mind Map

⊶ **친구 소개하기**

친한 친구에 대해 이야기할 때는 그 사람의 이름으로 시작하고, 처음 만나서 친해진 배경에 대해 육하원칙에 맞추어 이야기합니다. 이어서 그 사람의 외모나 성격에 대해 묘사합니다.

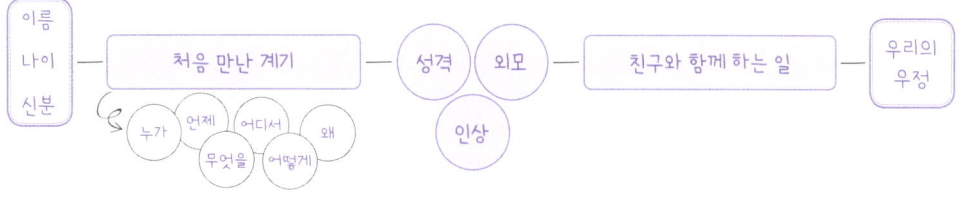

Have you ever had any problems or difficulties while signing up for classes? How did you deal with the problem? Tell me the whole story in as much detail as you can.

수강 신청을 하면서 문제나 어려움을 겪은 적이 있습니까? 어떻게 문제를 해결했습니까? 가능한 한 자세히 이야기해 주세요.

샘플답변

It was my last semester before graduation. I had only 8 credits to fulfill and I had finished signing up for the courses I need. However, a week into the semester, I found out that I actually had 10 instead of 8 credits left to take in order to graduate.

수강 신청에 어려움이 있었던 배경을 설명하면서 시작합니다. 문제 발생을 본격적으로 언급할 때에는 However, Unfortunately가 유용합니다.

There was a bit of a mix up with the school online system and I was informed with incorrect information. I had to go to the administration office and ask for help. Luckily, it was not too late to add another elective class to my schedule. Unfortunately, all the popular courses were already filled up. I had to take whatever was left. I had only myself to blame.

▶ **문제와 해결**

문제 해결을 위해 내가 했던 일을 구체적으로 설명합니다. 대단한 이야기를 준비하지 않아도 됩니다. 운이 좋아서 잘 해결된 이야기도 괜찮습니다.

In the end, I was able to take an elective course in which one of my favorite professors was teaching. I regret not being extra careful. But I am glad I will be graduating on time.

▶ **느낀 점**

문제 상황의 결론을 이야기하면서 그 때의 경험을 통해 느낀 점으로 마무리합니다.

AL Expression

a bit of a mix up   약간의 혼선
have only oneself to blame   스스로를 책망할 수밖에 없다

이번 학기는 졸업 전 마지막 학기였습니다. 들어야 할 학점은 총 8학점이었고, 저는 필요한 과목들의 수강 신청을 마쳤습니다. 그런데 학기 일주일 차에, 저는 졸업을 위해 이수해야 할 학점이 사실은 8학점이 아니라 10학점이라는 것을 알게 되었습니다. 학교 온라인 시스템에 약간의 혼선이 있었고 저는 잘못된 정보를 알게 된 것이었습니다. 저는 행정실에 가서 도움을 청해야 했습니다. 다행히도, 제 시간표에 다른 선택 과목을 추가하기에 너무 늦은 시기는 아니었습니다. 유감스러운 점은, 인기 과목들은 이미 신청이 꽉 찼다는 점입니다. 저는 남은 과목 중에 무엇이든 선택해야 했습니다. 저는 자신을 책망할 수밖에 없었습니다. 결국에는 제가 좋아하는 교수님 중 한 분께서 강의하시는 선택 과목을 수강할 수 있었습니다. 저는 더 주의하지 않았던 것을 후회합니다. 하지만 제때 졸업할 수 있게 되어 기쁩니다.

+**PLUS** Combo Questions

다니는 학교에 대한 다음 콤보문제 기출예시를 보고 답변을 미리 구상해 보세요.

Q1 I'd like to know about the background and history of your school with many details.

❶ 다니는 학교의 역사와 배경

Q2 Where is your favorite place at school? What do you usually do there? How often do you go there? Why do you like to go there? Please tell me about it in as much detail as possible.

❶ 학교에서 가장 좋아하는 장소

Q3 Please compare your school to another school in terms of its size, what it looks like, its students, its faculty and other characteristics.

❶ 우리 학교와 다른 학교의 비교

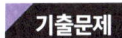
Let's talk about some of the events or issues that you and your friends are talking about these days. Choose one of these issues and tell me the details of it. Why is it such a concern to you and your friends?

요즘 당신과 친구들이 이야기하는 사건이나 이슈에 대해 이야기해 봅시다. 이 이슈들 중 하나를 선택하여 세부 사항을 말해주세요. 왜 그것이 당신과 친구들 사이에서 그렇게 관심사가 되었습니까?

샘플답변

One of the issues that my friends and I talk about a lot these days is youth unemployment. In Korea, many university graduates find it hard to get work after graduation and some of them live off their parents until they're older.

Some of my friends say that nepotism is the biggest cause of this matter. There are companies who look to employ family, friends, and alumni at the expense of highly skilled strangers.

I see the validity of these arguments, but I also believe that current Korean university degrees do not provide graduates with the skills that businesses require of their prospective novice employees. I guess all the above have contributed to youth unemployment and there are probably many more causes.

I want more public discussion on this matter, and I want government initiatives. This way, our society can find solutions in the near future.

학교에서 자주 이야기되는 이슈에 대해서는 청년 실업에 대한 답변을 준비해 볼 수 있습니다. 샘플답변처럼 One of the issues that my friends and I talk about a lot these days is ~로 시작해 보세요. 문제점 개선을 위한 나의 생각이나 제안으로 마무리합니다.

▶ **나의 의견**

문제점에 대한 일반적인 견해와 함께 나의 의견도 언급합니다.

AL Expression

live off one's parents 부모에게 얹혀살다
at the expense of ~를 희생하면서
contribute to ~에 원인이 되다
government initiatives 정부 계획
*nepotism 연고주의

요즘에 친구들과 제가 많이 이야기하는 이슈들 중 하나는 청년실업입니다. 한국에서는 많은 대학 졸업생들이 졸업 후에 직장을 구하기가 어렵고, 어떤 이들은 나이 들어서까지 부모에게 기대어 삽니다. 어떤 친구들은 연고주의가 가장 큰 원인이라고 말합니다. 모르는 사람이어도 매우 숙련된 사람을 채용하지 않고, 가족이나 친구, 동문을 고용하는 회사가 있다는 겁니다. 이러한 주장의 타당성은 알겠지만, 저는 우리나라의 대학 학위가 졸업자들에게 업계에서 사회 초년생에게 요구하는 기술들을 제공하고 있지 않다고도 생각합니다. 저는 위의 모든 것이 청년실업의 원인이 되었으며, 아마 더 많은 원인이 있을 것입니다. 저는 이 문제에 대해 더 많은 공개토론이 있었으면 하고, 정부의 새로운 계획과 결단을 원합니다. 그럼으로써 우리 사회가 가까운 시일 내에 해결책을 찾을 수 있기를 바랍니다.

+PLUS Mind Map

◦ **문제의 원인 밝히기**

이슈는 그 원인을 밝히고 정리하여, 해결을 위한 대안을 제시하는 것으로 맺습니다. 일반적인 견해와 함께 개인적인 견해도 함께 제시하면 좋습니다.

이슈 — 문제 원인 ① - 일반의 견해 / 문제 원인 ② - 나의 견해 → 정리 ⟹ 해결 방안

UNIT 02
직장 생활과 업무

설문조사 1번에서 [사업/회사]를 선택할 경우, 직장 생활과 회사 업무에 관한 문제가 출제됩니다. 자기소개처럼 회사에 대한 자세한 소개를 준비합니다. 고득점을 목표로, 회사가 속한 관련 업계의 동향까지 준비하여 답변에 녹여낸다면 더욱 좋습니다.

미리 생각해보기

| 회사에서의 나의 일과 | 회사에서 내가 맡은 업무 | 내가 다니는 회사와 회사의 상품 | 사무실과 내 자리, 직장 동료 등 근무 환경 | 업무 중 기억에 남는 일과 문제 해결 경험 |

기출문제 내가 다니는 회사

🔊 MP3 007

You indicated in the survey that you work. Tell me about your company. When was it established? What kind of products or services does it offer? Tell me as many details about your company as possible.

당신은 설문에서 일한다고 했습니다. 당신의 회사에 대해 말해주세요. 회사는 언제 설립되었습니까? 어떤 종류의 제품 혹은 서비스를 제공합니까? 당신의 회사에 대해 가능한 한 자세히 말해주세요.

샘플답변

I work at a company called D-Jewelers. My company takes up two entire floors in an eight-story building located in downtown Seoul.

The company was started by Ms. Lee in 1997 as a small one-person company. Now it has over one hundred employees. At D-Jewelers, we design and create accessories such as necklaces, earrings, bracelets, etc. We also handle the marketing and advertising of our product. We even have an online store that handles purchases directly.

The goal of the company is to become a household name in jewelry and accessories domestically and internationally. Right now, I'm one of many designers at the company, but I hope to become the department head one day and have people all over the world wearing my designs.

다니는 회사의 이름과 함께 사무실의 위치 등 회사에 대한 객관적인 정보로 답변을 시작합니다.

▶ **회사 소개**

회사의 설립연도와 규모, 회사의 사업, 대표적인 제품과 서비스에 대해 구체적으로 설명합니다. 회사의 안 좋은 점보다는 좋은 점을 부각시키는 것이 좋습니다.

▶ **회사의 비전**

회사의 비전을 나의 비전과 연결시켜 언급하면서 마무리합니다.

AL Expression
etc. 등등(et cetera)
household name 누구나 아는 이름

저는 D-Jewelers라는 회사에서 일합니다. 저희 회사는 서울 시내에 위치한 8층짜리 건물에서 2층 전체를 쓰고 있습니다. 회사는 1997년에 Ms. Lee 사장님에 의해 소규모 1인 회사로 시작했습니다. 현재 직원 수는 100명이 넘습니다. D-Jewelers에서는 목걸이, 귀걸이, 팔찌 등과 같은 액세서리를 디자인하고 제작합니다. 저희는 제품의 마케팅 및 광고 업무도 처리하고 있습니다. 게다가 직접 결제가 가능한 온라인 스토어도 운영 중입니다. 회사의 목표는 국내외에서 보석 및 액세서리 분야에서 누구나 아는 회사가 되는 것입니다. 저는 지금 이 회사의 많은 디자이너 중 한 명이지만 언젠가는 부서장이 되기를 희망하고, 전 세계의 모든 사람이 제가 디자인한 제품을 착용하기를 소망합니다.

Please tell me about a coworker or boss. What does he or she look like? What is his or her personality like? What do you usually do with him or her?

당신의 동료나 상사에 대해 말해주세요. 그분은 어떻게 생겼으며, 성격은 어떻습니까? 그분과 보통 어떤 일을 합니까?

샘플답변

My boss is Ms. Kim. She is the department head and oversees all the projects going on. Ms. Kim is in her mid-thirties. She has a great flair for fashion and always looks very stylish.

I got a job at a trading company right after graduation and Ms. Kim was my first boss. She is very organized, creative, driven, and hardworking. But most of all, she's a great leader. She never gave me answers to problems I faced at work. Instead, she helped me use my own talents to come up with my own ideas.

One time, I had to come up with an idea for boosting sales. After racking my brain, I realized I was stuck and I needed help. I went to my boss and she brainstormed with me. Thanks to my boss, I finally had an idea I could run with.

직장 동료나 상사를 소개할 때는 그 사람의 이름과 직위, 나이 등 객관적 정보로 시작합니다. 그 사람의 특징적인 외양을 언급하는 것도 좋습니다.

▶ **직장 동료**

업무적으로 드러나는 그 사람의 성격과 개인적으로 보았을 때의 성격을 말해도 좋습니다. 그러한 성격을 확실히 알려주는 사례를 함께 이야기합니다.

AL Expression

have a great flair for ~에 대한 감각이 훌륭하다

rack one's brain 머리를 쥐어짜다

제 상사는 Ms. Kim입니다. 그녀는 부서장이며 진행 중인 모든 프로젝트들을 총괄합니다. Ms. Kim은 30대 중반입니다. 그녀는 패션 감각이 뛰어나며 언제나 스타일리시해 보입니다. 제가 졸업 직후에 무역회사에 취직했을 때 Ms. Kim이 제 첫 상사였습니다. 그녀는 매우 체계적이고, 창의적이고, 주도적이며, 열심히 일합니다. 무엇보다도, 그녀는 뛰어난 리더입니다. 그녀는 제가 직장에서 맞닥뜨리는 문제들에 대한 해답을 주는 법이 없습니다. 그 대신, 저의 재능을 발휘하여 저만의 아이디어를 떠올릴 수 있도록 도와줍니다. 한번은 판매 증대를 위해 아이디어를 내야 했습니다. 저는 머리를 쥐어짰지만, 막막했고, 도움이 필요하다는 것을 깨달았습니다. 그녀를 찾아갔더니 함께 브레인스토밍을 해주었습니다. 그녀 덕분에 저는 운영 가능한 아이디어를 낼 수 있었습니다.

+**PLUS** Mind Map

○ **직장 동료 소개하기**

직장 동료나 상사의 성격을 묘사할 때에는 가급적 회사에서 있었던 에피소드와 연관 지어서 이야기합니다.

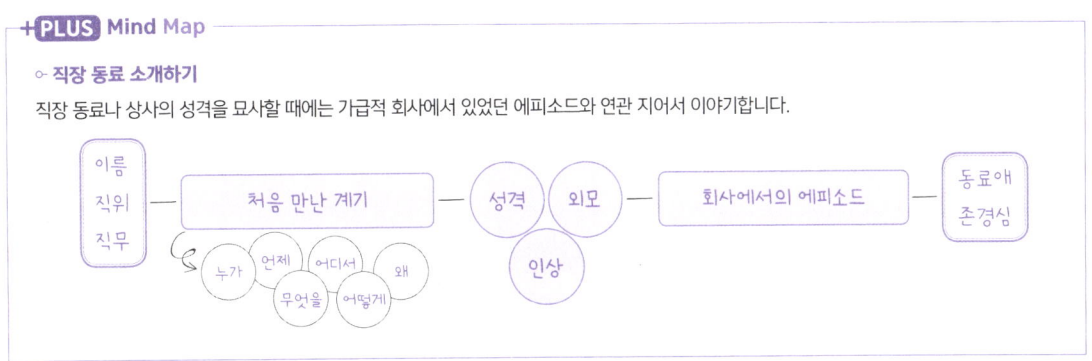

Choose one of the best products that your company has produced. What is it? What does it look like? What is it used for? What other features does it have?

당신의 회사에서 생산한 상품들 중 최고의 상품 하나를 선택하세요. 그 상품은 무엇입니까? 어떻게 생겼습니까? 무엇을 위해 사용됩니까? 다른 특징으로는 무엇이 있습니까?

샘플답변

My company designs and produces tumblers. They are named Teamax. There are many tumblers of different brands on the market, but I feel that Teamax tumblers are one of the best available out there because of several reasons.

First, the thermal features of Teamax tumblers are <u>twice as good as</u> those of other brands. With Teamax, the content stays hot or cold for two days! Second, it is very important for a tumbler to be easy to clean. Some tumblers are almost impossible for one to wash without a special sponge. Teamax has a unique design that allows for a quick and easy hand washing.

I am proud to say that I have contributed to the design of these products. My team and I have spent over a year in developing the design. I am confident that Teamax tumblers will <u>stay as the top cash cow</u> for our company.

회사의 대표적인 상품명을 언급하면서 소개를 시작합니다. 그리고 그 상품이 최고인 이유를 준비합니다. 상품에 내가 기여한 것을 언급하면서 그 의미를 부각시킬 수 있습니다.

▶ **상품의 특징**

First, Second를 써서 상품의 특징을 두 가지 정도 언급합니다. 타사의 상품과 비교할 수도 있습니다. 물건이라면 색상과 크기, 모양, 소재 등에서 장점을 이야기할 수 있습니다.

AL Expression

twice as good as ~보다 2배는 더 나은

stay as the top cash cow 최고의 고수익 상품으로 남다

저희 회사는 텀블러를 디자인하고 생산합니다. 그것들은 티맥스라고 불립니다. 시장에는 다른 브랜드의 텀블러가 많이 나와 있지만 저는 티맥스 텀블러가 여러 가지 이유로 시중에서 최고라고 생각합니다. 첫 번째로, 티맥스 텀블러의 보온 기능은 다른 브랜드보다 2배는 더 우수합니다. 티맥스를 사용하면 텀블러 안에 들어있는 내용물이 이틀 동안 뜨겁거나 차가운 상태로 유지됩니다! 두 번째로, 텀블러는 세척하기가 쉬워야 한다는 점이 매우 중요한데, 일부 텀블러들은 특별한 스펀지 없이 세척하는 것은 거의 불가능합니다. 티맥스는 쉽고 빠르게 손 세척이 가능한 독특한 디자인을 하고 있습니다. 이 제품의 디자인에 제가 기여했다고 자랑스럽게 말할 수 있습니다. 팀원들과 저는 이 디자인 개발에 일 년 이상의 시간을 쏟아부었습니다. 저는 티맥스 텀블러가 우리 회사 최고의 효자 상품이 되리라고 확신합니다.

+PLUS Advanced Vocab

○ **회사 상품**
be well-known for ~로 알려져 있다
be a necessary item 필수 아이템이다
be essential for ~에 필수이다
be suited for ~에게 적합하다

○ **상품의 외양**
vary in size[color] 크기[색상]가 다양하다
come in various colors[sizes, shapes] 다양한 색상[사이즈, 모양]으로 나오다

be made of ~로 만들어지다
be as big[small] as ~만큼 크다[작다]
from the outside, it looks 겉으로 보기에는 ~하다

○ **상품의 특징**
be specially designed for ~를 위해 특별히 디자인되다
have many functions 많은 기능이 있다
have unique characteristics 독특한 특징이 있다
have many advantages 장점이 많다

기출문제 직장에서의 문제　　　　　　　　　　　　　　　　　🔊 MP3 **010**

You may have difficulties or problems while you work. Please tell me one problem you have in your workplace. Why does it bother you and what do you do to deal with the problem?

일하는 동안 어려움이나 문제가 있을 수 있습니다. 직장에서 겪고 있는 문제 한 가지를 말해주세요. 왜 그것이 당신을 신경 쓰이게 하며, 그 문제를 해결하기 위해 당신은 무엇을 합니까?

샘플답변

In my field of work, the issues that seem to bother me the most are problems with the people I work with.

As a team director, it is my job to lead a group of people and make them cooperate toward the same goal. It really gets me when after having a long meeting, someone is still not on the same page as others of the team and slows down the process of work or causes miscommunication or misunderstanding. It results in failure to finish a project on time or a fault in our product.

In order to minimize this, I read a lot of books on how to communicate effectively with different kinds of people. I also try to hold personal conversations with my team members. It helps me understand them better as everyone has different personalities and perspectives on life. I plan to keep on with this effort in the future.

직장에서 힘들었던 한 가지 사건을 언급할 수도 있고, 일 전반에서 겪는 고충을 이야기할 수도 있습니다.

▶ **직장에서의 문제**

직장에서 겪는 문제와 관련해 자신의 위치나 업무상의 중요한 점을 이야기합니다. 문제 경험이 많더라도 이야기가 너무 길어지지 않도록 한 가지만 이야기합니다.

▶ **문제 해결**

문제를 해결하기 위한 나의 노력을 꼭 언급하세요.

AL Expression
get (me) (나를) 힘들게 하다
on the same page 이해하고 있는 내용이 같은
result in failure to ~를 하지 못하게 하다

업무 분야에서 제가 가장 성가시다고 느끼는 문제들은 함께 일하는 사람들에 관한 문제입니다. 제 일은 팀 관리자로서 그룹원들을 이끌어서 같은 목표를 향해 협력하도록 하는 것입니다. 긴 회의 이후에도 누군가는 다른 팀원들처럼 이해하고 있는 내용이 같지 않아서 업무 프로세스를 느리게 하거나, 소통의 문제나 오해를 일으킬 때가 있어서, 그럴 때 저는 정말 힘이 듭니다. 이런 일로 프로젝트를 제시간에 완료하지 못하거나 제품에 결함이 발생합니다. 이를 최소화하기 위해서 저는 어떻게 하면 다른 성향의 사람들과 효과적으로 의사소통을 할 수 있는지에 관한 책을 많이 읽습니다. 또한 제 팀원들과 개인적인 대화도 나누려 합니다. 모든 사람이 삶의 관점과 성격이 다르기 때문에 이런 노력으로 팀원들을 더 잘 이해할 수 있습니다. 저는 앞으로도 이러한 노력을 계속할 계획입니다.

+ PLUS Mind Map

∽ 직장에서의 문제 찾기

회사 차원의 문제일 수도 있고, 개인적인 어려움일 수도 있습니다. 막연히 한 가지를 떠올리기보다는 그게 업무적인 문제인지, 인간관계의 문제인지, 인간관계의 문제라면 업무적 관계인지 개인적 관계인지 등으로 조금씩 구체화해서 문제의 요인을 찾아보는 것이 답변 구성에 도움이 됩니다.

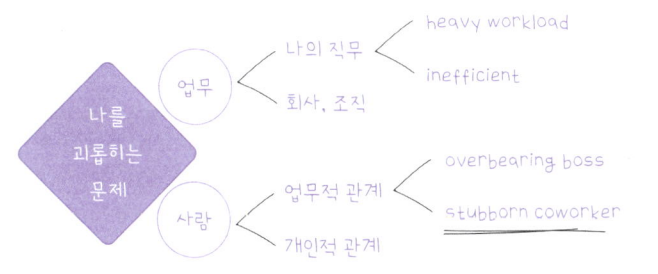

UNIT 03
사는 곳과 주변 사람들

주거형태를 묻는 설문조사 3번에서 [개인주택이나 아파트에 홀로 거주], [친구나 룸메이트와 함께 주택이나 아파트에 거주], [가족(배우자/자녀/기타 가족 일원)과 함께 주택이나 아파트에 거주]를 고르면 사는 곳과 함께 사는 사람, 더 나아가 이웃과 지역에 대한 문제가 출제됩니다.

미리 생각해보기

| 집에서 가장 좋아하는 공간, 가구 | 지금 사는 집과 예전에 살던 집 비교 | 집에 있던 문제와 주거 개선 | 우리 동네의 모습과 변화 | 친한 이웃, 우리 동네의 최근 이슈 |

기출문제 사는 동네의 모습과 변화   ◀)) MP3 011

Can you describe the area around your house? Which area do you live in? Have there been any changes to your neighborhood? Please tell me about it in as much detail as possible.

당신의 집 주변을 묘사할 수 있습니까? 어떤 지역에 살고 있습니까? 당신의 동네에 변화가 있었습니까? 가능한 한 자세히 말해주세요.

샘플답변

My neighborhood is in southern Seoul, just south of the Han River in the Dongjak District. There is Sangdo Station, which is on subway Line 7.

Recently, a new large apartment complex was built, bringing in more people and more upscale businesses. I have lived here for a few years. It's quiet but it has its charms. For example, a trendy food alley has appeared, serving the locals and university students. Its cafés and restaurants have attracted lots of foodies and couples. Prices are not cheap, but the interesting interiors and high-quality food make it worth visiting.

It's amazing, the quick transformation such a new hot spot can have. It used to be an uninteresting alley. Now it's a destination in itself, and I think it's quite convenient for me when I want to hang out with friends.

사는 동네의 이름과 지리적인 위치 등 객관적인 사실 정보로 시작합니다. 주요한 교통수단이 근처에 있다면 함께 말할 수 있습니다. 사는 동네에 최근에 있었던(Recently) 변화의 구체적인 예를 들어 답변을 보충합니다.

AL Expression

upscale business 규모가 큰 사업
foodie 식도락가
make it worth visiting 방문할 가치가 있다

▶ **변화에 대한 생각**

동네의 변화에 대한 생각을 마지막으로 언급합니다. 계속 살고 싶을 수도, 이사하고 싶을 수도 있습니다.

저희 동네는 서울 남부이며, 동작구에서 한강의 바로 남쪽에 있습니다. 지하철 7호선인 상도역이 있습니다. 최근에는 새로운 대규모 아파트 단지가 건설되어, 사람들과 규모가 큰 사업들이 많이 들어오고 있습니다. 저는 이곳에서 몇 년 동안 살고 있습니다. 조용하지만 매력이 있는 곳입니다. 예를 들어, 지역민들과 대학생들을 위한 트렌디한 먹자골목이 생겼습니다. 동네의 카페나 식당에 많은 식도락가나 커플들을 몰리고 있습니다. 가격이 싸진 않지만, 흥미로운 인테리어와 질 좋은 음식들로 방문해 볼 가치가 있습니다. 새로운 핫스팟이 가질 수 있는 빠른 변화가 놀랍습니다. 원래 그 골목은 흥미로운 곳이 아니었습니다. 이제 동네가 그 자체로 목적지가 되었고, 친구들과 어울릴 때는 저한테 편리한 것 같습니다.

When did you recently do a home improvement project? What did you do? Who did you do it with? Tell me all the details from the beginning to the end.

최근에 주택 개선 프로젝트를 한 것이 언제입니까? 무엇을 했습니까? 누구와 함께 했습니까? 처음부터 끝까지 자세히 이야기해 주세요.

샘플답변

Yes, I had a home improvement done recently. It was a project long overdue. My family and I had moved into our house 6 years ago. And from the beginning, I did not like the wallpaper of the house. They were too dull and gray.

A month ago, I went ahead and called two experts to work on the walls. We had to move the furniture the night before the workmen came. Then, it took an entire day to strip down the old wallpaper and replace them with new ones. I had changed the khaki-colored bedroom into the white one. My daughter got a mint-colored room.

I spent quite a sum of money on this project. But I feel that it was well worth the money because the whole family was satisfied with the changes. Hopefully, the next time, we will go for something different for the rest of the house such as a new kitchen cupboard.

최근의 주거 개선을 위해 집에 한 일이 있었음을 인정하고 주거 개선의 배경과 원인을 설명하면서 답변을 시작합니다.

▶ **프로젝트의 진행 과정**
구체적인 진행 과정을 이야기합니다. 언제, 누구와 어떤 일을 했는지 순서대로 이야기하고, 중간에 문제상황이 있었다면 언급해 줄 수 있습니다. 마지막에는 주거 개선의 결과를 꼭 언급해 주세요.

AL Expression
long overdue 한참 전에 했어야 할
spend quite a sum of money 상당한 돈을 쓰다
well worth the money 돈을 쓸 가치가 있는

네, 최근에 저는 집을 수리했습니다. 오래 전에 끝났어야 할 프로젝트였습니다. 6년 전에 저는 가족과 이사를 왔습니다. 처음부터 집의 벽지가 싫었는데, 너무 칙칙하고 우중충한 색이었습니다. 저는 작심하고 한 달 전에 침실의 벽을 수리해줄 두 명의 전문가를 불렀습니다. 저희는 일하는 분들이 오기 하루 전날 밤에 가구들을 옮겨야 했습니다. 그리고 벽에서 오래된 벽지를 벗겨 내고 새로운 벽지로 교체하는 데 하루 종일 걸렸습니다. 저는 침실을 카키색에서 흰색으로 바꿨습니다. 딸은 민트색 방을 갖게 되었습니다. 이 프로젝트에 상당한 돈을 썼습니다. 하지만 이러한 변화에 온 가족이 만족스러워했기 때문에 그 금액의 가치가 있었다고 생각합니다. 바라건대, 다음에는 우리는 새 부엌찬장과 같이 집의 다른 부분들을 개선해보고자 합니다.

+PLUS Mind Map

⤷ **진행 과정**

시작부터 완료까지 선을 긋고, 프로젝트의 진행 과정을 순서대로 정리해 보세요. 시작 전에 프로젝트를 하기로 마음을 먹게 된 계기를 설명하고, 완료 후에는 결과에 대한 만족도를 표현합니다.

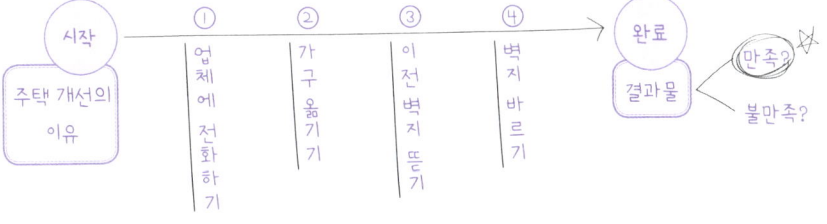

Can you tell me the difference between your house that you currently live in and your previous house? How are they different? Which house would you prefer to live in?

지금 살고 있는 집과 이전 집의 차이점을 말해줄 수 있습니까? 어떻게 다릅니까? 당신은 어느 집에서 사는 것을 선호합니까?

샘플답변

I used to live on the top floor of an apartment building. Now, I live on the 5th floor of a 30 story apartment building. The difference between my previous house and my house now is the floor I live on.

The top floor was very susceptible to temperature changes. It was cold during winter and hot during summer. So that was one downside of living on the highest floor. Now, we don't have this problem being on the 5th floor.

On the other hand, because we have someone on the floor above us, we often hear the sound of children jumping and running in the house. Their floor is our ceiling and the sound travels down.

But if I had to choose, I prefer living where I am and not on the top floor of a building.

▶ **차이점과 선호하는 것**

비교 대상인 지금의 집과 이전 집을 단도직입적으로 밝히며 시작합니다. 샘플답변처럼 The difference between my previous house and my house now is ~로 분명한 차이를 밝힙니다. 이전 집에 대한 내용은 과거시제로, 현재 살고 있는 집에 대한 설명은 현재시제를 유지합니다. 비교하여 말할 때는 분명하게 상충되는 요소를 준비하는 것이 답변하기에 좀 더 용이합니다. 끝으로 선호하는 집을 언급하면서 마무리합니다.

AL Expression

susceptible to ~에 민감한
downside of ~라는 단점
travel down 밑으로 이동하다

저는 아파트 제일 꼭대기 층에서 살았습니다. 지금은 30층짜리 아파트 건물의 5층에 살고 있습니다. 이전 집과 현재 집의 차이점은 사는 층의 차이입니다. 제일 꼭대기 층은 온도 변화에 매우 취약했습니다. 겨울에는 춥고 여름에는 더웠습니다. 그 점이 꼭대기 층에 사는 것의 단점이었습니다. 이제는 5층에 살아서 그런 문제가 없습니다. 하지만 위에 누군가가 살고 있기 때문에 종종 아이들이 점프하거나 뛰어다니는 소리를 듣게 됩니다. 그들의 바닥이 저희 집 천장이고 그 소리가 아래로 내려옵니다. 그래도 선택해야 한다면, 건물의 꼭대기 층이 아닌 지금 살고 있는 곳이 좋습니다.

+PLUS Mind Map

⚬ **과거와 현재 비교하기**

과거와 현재를 비교할 때, 과거의 단점을 현재의 장점으로 연결하여 말할 수 있습니다. 반대로 현재의 단점을 과거의 장점으로 언급할 수 있습니다.

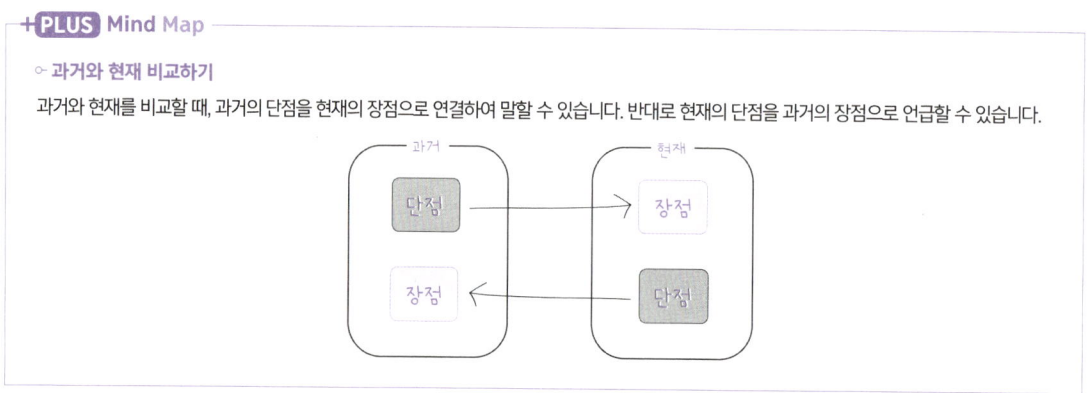

Do you have any special issues in your neighborhood? What is the issue? Why has it become so important? Tell me as much detail as you can.

당신의 동네에 특별한 이슈가 있습니까? 무엇입니까? 왜 그 이슈가 그렇게 중요해졌습니까? 가능한 한 자세히 말해주세요.

샘플답변

Living in a community produces many issues good and bad. My neighborhood is no different.

There is a nice little park in the midst of our town. It is open to everyone in the neighborhood and people come to take walks and so on. Recently, there was an issue that needed to be addressed. There was dog poop everywhere in the park. Apparently, people with pet dogs did not clean up after themselves while walking their dogs. It was a big inconvenience for everyone. One day, I almost stepped in poop in the evening.

So it was decided that surveillance cameras be installed in different parts of the park. Whoever was caught on camera not cleaning up after their dog would be fined. It is such a shame we need surveillance cameras to keep a town park clean. I hope we can enjoy a poop-free park soon.

구체적인 이슈를 언급하기 전에 전반적인 사실을 말하면서 시작하면 좀 더 여유 있는 답변이 됩니다. 동네의 이슈와 관련한 배경을 언급하고, 이슈에 대한 해결책을 언급하면서 해결되기를 바란다는 내용으로 답변을 마무리합니다.

▶ **나에게 미치는 영향**

이슈는 좋은 일이 될 수도 있고 나쁜 일이 될 수도 있습니다. 구체적인 현상을 이야기하고, 그것이 나에게 미치는 영향까지 언급하면 좀 더 설득력이 있는 답변이 됩니다.

AL Expression

produce many issues 많은 문제가 생기다

It is such a shame (that) (~라서) 안타깝다

공동체에 살면 여러 가지 좋은 일과 나쁜 일이 생깁니다. 저희 동네도 다르지 않습니다. 마을 중심에 작고 멋진 공원이 있는데, 그 공원은 인근에 사는 모두에게 개방되어 사람들이 산책 등을 합니다. 최근에는 해결해야 할 문제가 생겼습니다. 공원 곳곳에 개 배설물이 있었는데, 보아하니 반려견을 산책시키던 사람들이 치우지 않은 것이었습니다. 모두에게 큰 불편이었습니다. 어느 날엔가 저도 저녁에 개 배설물을 밟을 뻔했습니다. 그래서 공원 곳곳에 감시카메라를 설치하기로 했습니다. 누구든지 반려견을 산책시키고 청소하지 않은 것이 카메라에 잡힌다면 벌금을 내야 할 것입니다. 공원을 깨끗하게 하기 위해 감시카메라를 설치해야 한다는 게 참 부끄럽습니다. 곧 개 배설물이 없는 공원이 되길 바랍니다.

+PLUS Combo Questions

이웃에 대한 다음 콤보문제 기출예시를 보고 답변을 미리 구상해 보세요.

Q1 Please tell me about the people next door. What kind of people are they? Are you close to them?

◐ 이웃에 사는 사람들

Q2 Have you talked with your neighbors recently? When was it? What did you talk about?

◐ 최근 이웃과 나눈 대화

Q3 Tell me about the most memorable experience you had with your neighbors. When was it? What did you do with them? Did anything interesting happen?

◐ 이웃과 있었던 가장 기억에 남는 일

UNIT 04
프로젝트 경험

학생이든 직장인이든 공통적으로 출제될 수 있는 주제가 참여 프로젝트에 관한 것입니다. 특히 혼자 수행하는 개인 프로젝트와 남과 협력하여 수행하는 그룹 프로젝트로 나눠서 경험 답변을 생각해 두는 것이 좋습니다.

미리 생각해보기

- 회사[학교]에서의 첫 프로젝트
- 기억에 남는 프로젝트
- 프로젝트 수행 도중에 있었던 문제와 해결
- 프로젝트의 단계와 과정
- 개인 프로젝트와 그룹 프로젝트의 장단점

기출문제 학교에서의 프로젝트

◀)) MP3 015

What kind of project are you conducting at school? Please give me a detailed description of the project you are currently in charge of. What is it? Is it an individual project or a group project? What do you have to do to get it done?

학교에서 어떤 프로젝트를 진행하고 있습니까? 현재 담당하고 있는 프로젝트에 대해 자세히 설명해 주세요. 어떤 프로젝트입니까? 개인 프로젝트입니까, 그룹 프로젝트입니까? 그 일을 끝내려면 무엇을 해야 합니까?

샘플답변

This semester, I am taking a class in British history and culture. The professor for this class teaches by getting the students to teach each other. Each class, a group of five is assigned a topic to teach the class the following class. Next week, my group will have to introduce "The Legend of King Arthur" to the class.

So, after class, my groupmates got together to figure out each person's role. We first divided up the research we had to do. Then we drew straws to see who would give the presentation. We'll meet again in three days to compile our research and put together a PowerPoint presentation.

I'll be presenting to the class. I'm quite nervous about speaking in front of the whole class. But I don't want to let my groupmates down. So, I'll do my best.

현재 진행하고 있는 프로젝트의 배경을 소개합니다. 학생일 경우 수업 내용과 연계할 수 있고, 직장인일 경우 회사 업무로서 프로젝트의 진행에 대해 준비할 수 있습니다.

▶ **프로젝트의 진행 과정**

그룹이든 개인이든 프로젝트를 진행할 때에는 일정한 단계를 밟습니다. 그 과정을 순차적으로 이야기합니다.

AL Expression

draw straws 제비뽑기를 하다
compile research 자료를 모으다
let groupmates down 그룹원들을 실망시키다

저는 이번 학기에 영국 역사와 문화라는 수업을 수강하고 있습니다. 이 수업의 교수님은 학생들이 서로를 가르치도록 하여 수업을 진행하십니다. 수업시간마다 5명으로 이루어진 그룹에게 다음 시간에 가르칠 주제가 배정됩니다. 다음 주에 저희 그룹은 '아서 왕의 전설'을 소개해야 합니다. 그래서 수업이 끝난 후 그룹원들이 각자의 역할을 정하기 위해 함께 모였습니다. 우선은 저희가 조사해야 할 것들을 나눴습니다. 그런 다음 누가 발표할지 정하기 위해 제비뽑기를 했습니다. 사흘 후에 다시 만나서 조사한 것을 모으고, 파워포인트 자료를 준비할 것입니다. 수업 발표는 제가 합니다. 전체 수강생들 앞에서 이야기한다는 것이 꽤 긴장됩니다만 그룹원들을 실망시키고 싶지는 않습니다. 그래서 저는 최선을 다할 것입니다.

Is there an unforgettable project that you have completed? If so, what kind of project was it? Tell me why the project was so memorable in as much detail as you can.

지금까지 완료한 프로젝트 중에 잊을 수 없는 프로젝트가 있습니까? 그렇다면 어떤 종류의 프로젝트였습니까? 그 프로젝트가 왜 그렇게 기억에 남는지 가능한 한 자세히 말해주세요.

샘플답변

A few years ago, I was given the opportunity to lead a project. I was to head a team in creating a training protocol for new employees.

Three people were tasked to the project including myself. But there were also freelancers that I had to oversee. I had to schedule the project, divide the work and oversee the project. During the project, some of the freelancers dropped out at the last minute. I was in a bind but with my teammates' assistance, I was able to find replacements. And there were many other bumps in the road. But I kept pushing forward. And with the support of my team, we were able to complete the project on schedule.

When my team and I saw the protocol we created being implemented, we all felt a great sense of achievement. It was very rewarding and fulfilling.

프로젝트의 목적과 성격, 내가 맡은 일 등 기본적인 정보를 말하면서 답변을 시작합니다. 마지막에는 프로젝트의 결과나 성과에 대해 말해주세요.

AL Expression

in a bind 곤경에 처한
bump in the road 자잘한 장애물
rewarding and fulfilling 보람되고 만족스러운

▶ **프로젝트가 기억에 남는 이유**

특별한 사건이 있어서 기억에 남는 프로젝트일 수도 있고, 평범하지만 난관이 많아서 전반적으로 힘들었던 프로젝트라 기억에 남을 수도 있습니다.

몇 년 전, 저에게 프로젝트를 이끌 수 있는 기회가 주어졌습니다. 저는 신입 직원들을 위한 훈련 규정을 만드는 팀을 이끌 예정이었습니다. 저를 포함한 세 명이 같은 프로젝트를 하게 되었습니다. 하지만 제가 관리해야 하는 프리랜서들도 있었습니다. 저는 프로젝트 일정을 세우고, 업무를 분배하고, 프로젝트를 총괄해야 했습니다. 프로젝트를 진행하면서, 막판에 중도 하차하는 프리랜서들도 있었습니다. 저는 곤란에 처했지만, 팀원들의 도움 덕분에 대체자를 찾을 수 있었습니다. 그리고 그 외에 많은 어려움들이 있었습니다. 하지만 저는 계속해서 나아갔습니다. 그리고 팀원들의 지원 덕분에 그 프로젝트를 제때 마무리할 수 있었습니다. 우리 팀과 제가 만든 규정이 시행되는 것을 보았을 때, 저희는 모두 큰 성취감을 느꼈습니다. 매우 보람되고 만족스러운 일이었습니다.

+PLUS Advanced Vocab

⊶ 함께 어울리는 형용사

프로젝트가 성공적일 때 그에 대한 성취감을 말할 수 있고, 실패했을 때 그에 따른 교훈을 말하여 답변을 마무리할 수 있습니다. 프로젝트를 완수했을 때의 성취감과 실패한 프로젝트에 대한 아쉬움을 드러내는 형용사를 함께 기억해 두세요.

great, high, remarkable, outstanding, important, successful, considerable, creative, wonderful   achievement

acute, total, severe, apparent, partial, disastrous, miserable, inevitable, tragic   failure

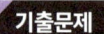
You must have much difficulty in conducting projects. What problem have you experienced? How did you handle them? Please begin with some background about what the project was and what made the project difficult.

프로젝트를 수행하는 데에는 분명 많은 어려움이 있을 것입니다. 어떤 문제를 경험했습니까? 그것들을 어떻게 처리했습니까? 어떤 프로젝트였는지, 무엇이 그 프로젝트를 어렵게 만들었는지 배경부터 이야기해 주세요.

샘플답변

Back in college, one of my engineering classes built a simple calculator. It was a solo project and all the students had to do it. The calculator had to display the answer to a simple mathematical operation. The project was important because it was only one of 2 projects in the semester.

The circuit board was the size of a pencil case. The processor units were the size of fingernails. The problem was that my first attempt didn't work. And the many wires in the circuit became a complicated mess. So, I cut the wires to lay flat on the board so I could easily find the problem. No one else did this, so my circuit board looked clean and elegant.

When my calculator finally worked, I felt a great sense of accomplishment and a relief that a big part of my grade was secured.

언제, 어디서, 누구와 함께 한 프로젝트였는지, 프로젝트의 목적 등 관련 배경을 언급합니다. 마지막에는 프로젝트를 하면서 겪은 문제가 해결되면서 그 결과로 인해 얻은 깨달음이나 당시의 감정을 드러내며 답변을 마무리합니다.

▶ **문제와 해결**

문제 발생과 그에 따른 해결 방법, 그리고 그 결과에 대해 구체적으로 설명합니다.

AL Expression

The problem is that 문제는 ~이다
feel a great sense of accomplishment 커다란 성취감을 느끼다

대학 때, 공학 수업 중 한 수업은 간단한 계산기를 만들었습니다. 개별 프로젝트였고 모든 학생들이 그것을 해야 했습니다. 계산기는 간단한 수학 연산에 대한 답을 표시해야 했습니다. 그 프로젝트는 학기 중 2개밖에 없는 프로젝트 중 하나였기 때문에 중요했습니다. 회로판은 필통 정도의 크기였고, 프로세서 장치들은 손톱 정도의 사이즈였습니다. 문제는 제 첫 시도에 아무런 작동도 하지 않았다는 것이었습니다. 그리고 회로판의 많은 전선이 복잡하게 얽혀 엉망이 되어버렸습니다. 그래서 저는 문제를 쉽게 찾을 수 있도록 전선을 잘라서 판에 납작하게 깔았습니다. 아무도 이런 작업을 하지는 않았는데, 덕분에 제 회로판은 깔끔하고 멋지게 보였습니다. 마침내 제 계산기가 작동했을 때, 제 성적의 큰 부분이 보장되었다는 것에 안도감과 커다란 성취감을 느꼈습니다.

+PLUS Mind Map

∘ **프로젝트 도중 문제 해결 경험**

본격적으로 문제와 해결 경험에 대해 이야기하기 전에 프로젝트에 대해 소개합니다. 뒤에 나올 문제 상황이 더 부각되도록 그 프로젝트의 목적과 중요성을 언급해 주세요. 마지막에는 문제 해결 후의 결과와 함께 그 일로 인한 교훈이나 성취감으로 마무리합니다.

```
프로젝트        문제 발생    해결 방법    문제 해결        결과
  소개 ⊕                                              ⊕ 교훈, 성취감
      프로젝트의 목적
      프로젝트의 중요성
```

Can you tell me the difference between doing an individual project and doing a group project? How are they similar and different? Which one would you prefer? Why?

개인 프로젝트를 하는 것과 그룹 프로젝트를 하는 것의 차이점을 말해줄 수 있습니까? 어떤 점이 비슷하고, 어떤 점이 다릅니까? 당신은 둘 중 어느 것을 선호합니까? 그 이유는 무엇입니까?

샘플답변

I think there are many differences between an individual project and a group project. An individual project is good for simple tasks. A group project is good for more complex tasks.

For example, my high school literature class had me write book reports. It wouldn't have made sense to collaborate because the purpose was to express one person's opinion. I could conveniently decide everything on my own. But sometimes I felt stuck.

On the other hand, my high school history class once had a group presentation. The team met to decide who would talk about what. Working with others was fun and encouraging since everyone was hard-working. But if that were not the case, it could have been disastrous.

So if my group were well-functioning, then I'd be happy with group projects. If not, I'd rather just do an individual project.

개인 프로젝트와 그룹 프로젝트는 차이가 있음을 인정하면서 시작합니다. 문제에서 원하는 대로 두 개의 프로젝트 유형 중에 자신이 선호하는 것을 밝히며 마무리합니다.

▶ **구체적인 예**

앞서 밝힌 차이점을 보충해줄 구체적인 예를 들어줍니다. 우선 개인 프로젝트의 특징을 나타낼 수 있는 사례를 언급하고, 이와 대조되는(On the other hand) 그룹 프로젝트의 특징을 언급합니다.

AL Expression

feel stuck 막막하다

if that were not the case 그런 경우가 아니라면

well-functioning 제대로 기능하는

저는 개인 프로젝트와 그룹 프로젝트 사이에는 많은 차이점이 있다고 생각합니다. 개인 프로젝트는 간단한 과제에 유용하고, 그룹 프로젝트는 좀 더 복잡한 과제에 유용합니다. 예를 들어, 고등학교 문학 수업에서 저는 독서 감상문을 써야 했습니다. 개인의 의견을 표현하는 것이 목적이기 때문에 이를 협력해서 하는 것은 말이 되지 않았습니다. 저는 모든 것을 편리하게 저 스스로 결정할 수 있었습니다. 하지만 때때로 막막함을 느끼기도 했습니다. 반면에, 한번은 고등학교 역사 수업에서 그룹 프레젠테이션을 한 적이 있습니다. 누가 무엇에 대해 얘기할 것인지 결정하기 위해 팀이 만났습니다. 모두가 열심히 했기 때문에 다른 사람들과 함께 일하는 것이 재미있고 격려가 됐습니다. 하지만 만약 그렇지 않았다면, 그것은 저에게 재앙이었을 것입니다. 따라서 그룹이 제 역할을 잘 해낸다면, 저는 그룹 프로젝트를 하는 것에 만족할 것입니다. 그렇지 않다면, 저는 개인 프로젝트가 나을 것입니다.

+**PLUS** Advanced Vocab

⚬ **비교 대상 소개하기**

Let me compare the differences between A with B
A와 B의 차이점을 비교하겠다

There are a lot of differences between A and B
A와 B 사이에는 차이점이 많다

There are a few similarities between A and B
A와 B 사이에는 비슷한 점이 조금 있다

⚬ **대상 비교하기**

The advantages[disadvantages] of A are
A의 장점[단점]은 ~가 있다

There are several merits of -ing
~하는 것에는 여러 가지 장점이 있다

be more fun than ~보다 더 재미있다

be less busy than ~보다 덜 바쁘다

⚬ **선호하는 것**

This is why I prefer 이것이 내가 ~를 선호하는 이유이다

For these reasons, I prefer
이러한 이유들 때문에 나는 ~를 선호한다

To be honest, I cannot tell you which one is better because 솔직히 ~한 이유 때문에 어떤 것이 더 좋은지 말하기 어렵다

UNIT 05
테크놀로지

테크놀로지라는 단어만 듣고 어려운 주제라고 지레 겁먹거나 거창한 것만을 떠올릴 수 있지만, 우리 주변에서 쉽게 볼 수 있는 스마트폰, 컴퓨터 등을 떠올리면 매우 친숙한 주제로 느껴질 것입니다. 학교에서 사용하는 기기, 직장에서 사용하는 기기, 가정에서 사용하는 기기에 대한 정리가 필요합니다.

미리 생각해보기

| 자주 사용하는 테크놀로지의 장단점 | 테크놀로지의 기능과 도움이 되었던 경험 | 테크놀로지 사용 중에 겪었던 문제와 해결 경험 | 과거와 현재의 테크놀로지 비교 | 테크놀로지 발달의 장단점 |

기출문제 최근 배운 테크놀로지

◀) MP3 019

Please tell me about the technology you have learned to use most recently. What kind of technology was it? How did you learn it? What did you do to get accustomed to the technology?

최근에 사용법을 배운 테크놀로지에 대해 말해주세요. 어떤 종류의 테크놀로지였습니까? 어떻게 배웠습니까? 테크놀로지에 익숙해지기 위해 무엇을 했습니까?

샘플답변

I recently learned to use a flash drive. It's not a new technology, but up until now, I hadn't used it at all. I relied on email to transfer files from computer to computer. But my files got bigger and emailing them became slow or impossible. So I learned to use a flash drive.

At first, my friend helped me use his flash drive. He told me how much memory it has, how he uses it, and so on. I discovered that it was quite intuitive. Once I stick it in a USB port, the computer automatically recognizes it and I just open it up. As I accumulated more files, I had to organize them into folders.

Later I bought my own flash drive. At first, I was worried about losing it. But now I keep it on my person at all times.

최근에 배운 테크놀로지의 이름, 종류와 용도, 생김새 등 기본 정보를 언급하면서 시작합니다. 그 테크놀로지에 대한 앞으로의 기대를 언급하면서 답변을 마무리합니다.

▶ **익숙해지는 과정**

그 테크놀로지를 알아가는 과정을 설명합니다. 그 과정에서 어려운 점이나 도움을 받았던 사실, 익숙해지기 위한 노력 언급할 수 있습니다.

AL Expression

up until now 지금까지
quite intuitive 매우 직관적인
keep it on my person 몸에 지니고 다니다

저는 최근에 플래시 드라이브 사용법을 배웠습니다. 새로운 테크놀로지는 아니지만, 저는 지금까지 사용해 보지 않았습니다. 저는 컴퓨터에서 다른 컴퓨터로 파일을 전송하기 위해서 이메일에 의존했습니다. 하지만 파일들이 점점 커짐에 따라 이메일 전송이 느려지거나 불가능해졌습니다. 그래서 저는 플래시 드라이브를 사용하는 방법을 배웠습니다. 처음에는 제 친구가 자기 플래시 드라이브를 사용해 보라며 도와줬습니다. 그는 제게 메모리 용량이 얼마나 큰지, 자기는 어떻게 사용하는지 등을 말해주었습니다. 저는 플래시 드라이브가 꽤 직관적이라는 것을 알았습니다. USB 포트에 꽂기만 하면 컴퓨터는 자동으로 그것을 인식해서 열어줍니다. 파일이 더 쌓이자 폴더에 정리해야 했습니다. 나중에는 제 플래시 드라이브를 구매했습니다. 처음에는 잃어버릴까봐 걱정했습니다. 하지만 지금은 항상 지니고 다닙니다.

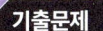
Have you had an experience when technology greatly helped your work? Explain when and where it happened and how it helped you.

테크놀로지가 당신의 일에 크게 도움이 되었던 경험이 있습니까? 언제, 어디서 그런 경험을 했는지, 그리고 어떻게 도움이 됐는지 설명해 주세요.

샘플답변

Technology and different gadgets definitely help me live my life better. But the most helpful technology for me would have to be the smartphone, specifically, the video recording function.

I do a lot of presentations at work. And the video recording function of the smartphone is a **must-have** for my work. I often record myself practicing so that I can self-observe my presentations. Once, I had a very important meeting where I had to give a presentation. Someone was not able to attend the meeting at the last minute. Everyone was panicking because it was important for her to watch me talk. Luckily, I sent her the video of me practicing and she was able to **give her two cents** about the meeting after watching the video.

It is always good to **have back up plans**. For me, my video recording lets me **cover all my bases**.

테크놀로지가 큰 도움이 되었던 적이 있음을 인정하면서, 그 테크놀로지에 대한 소개로 답변을 시작합니다. 그 테크놀로지의 주된 기능을 나의 업무 등 경험의 배경과 연관시켜 설명합니다. 그 경험으로 인한 교훈과 느낀 점으로 답변을 마무리합니다.

▶ **구체적인 사례**

테크놀로지가 도움이 되었던 결정적인 사례를 처음부터 결과까지 이야기합니다. 과거의 경험이므로 과거시제를 유지하면서 말합니다.

AL Expression

must-have 필수품
give two cents 의견을 내다
have back up plans 대안이 있다
cover all bases 만반의 준비를 하다

확실히 테크놀로지와 다양한 장치는 제 삶이 더 나아지도록 합니다. 하지만 제게 가장 도움이 되는 테크놀로지는 스마트폰, 특히 비디오 녹화 기능이라고 말하고 싶습니다. 저는 직장에서 프레젠테이션을 많이 합니다. 스마트폰의 비디오 녹화 기능은 제 업무를 위해 반드시 필요한 기능입니다. 저는 제 프레젠테이션을 볼 수 있도록 연습하는 모습을 종종 녹화합니다. 한번은 제가 프레젠테이션을 해야 하는 굉장히 중요한 회의가 있었습니다. 회의 직전에 한 분이 참석할 수 없게 되었습니다. 그녀가 제 발표를 보는 것이 중요했기 때문에 모두가 패닉 상태에 빠졌습니다. 다행히 저는 그녀에게 제 연습 영상을 보내주었고, 그 영상을 본 이후에 그녀는 회의에 대한 의견을 낼 수 있었습니다. 대안을 가지고 있는 것은 언제나 좋습니다. 저는 비디오 녹화 기능으로 만반의 준비를 할 수 있습니다.

+PLUS Mind Map

⚬ 테크놀로지가 도움이 된 경험

구체적인 사례를 이야기하기 전에 그 테크놀로지에 대한 소개를 합니다. 테크놀로지의 기능과 주로 활용하는 부분에 대해 언급하고, 이와 관련된 나의 경험을 이야기합니다.

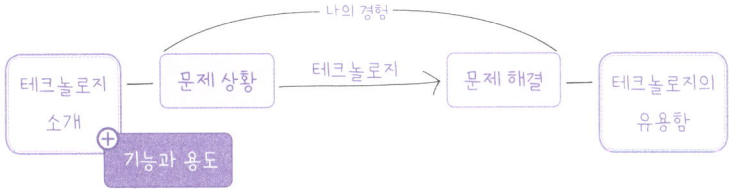

Problems always come up. Tell me about an experience you had when your technology was not working properly. What happened? How did you solve the problem? Tell me the story in detail.

문제는 항상 발생합니다. 테크놀로지가 제대로 작동하지 않았을 때 겪었던 일에 대해 말해주세요. 무슨 일이 있었습니까? 어떻게 그 문제를 해결했습니까? 자세히 이야기해 주세요.

샘플답변

I have used my phone for almost two years and it has never malfunctioned. I got used to this phone and couldn't imagine buying a new model.

But recently, its internal memory of 32GB became full, mostly with photos, so that the phone didn't function properly. It became a constant struggle of deleting old photos in order to use my phone. So I got a 64GB micro-SD card for more external memory. The cost for it was lower than I expected. And the phone no longer gave me the "Memory is low." warning. What a relief. I save photos on the cloud now, but it still feels nicer to have it on a card.

My phone is like new again because I have the freedom to take as many photos as I want. So this micro-SD card is a lifesaver.

휴대폰은 우리가 쉽게 접하는 테크놀로지이기 때문에 OPIc 답변으로 준비하기에 좋습니다. 문제가 발생한 배경으로 답변을 시작합니다.

▶ **문제와 해결**

문제와 함께 해결을 위해 했던 조치들을 이야기합니다. 그리고 문제를 해결했을 때의 감정을 함께 언급합니다.

AL Expression

malfunction (기계가) 제대로 작동하지 않다
constant struggle 끊임없는 싸움
lifesaver 은인, 구원자

저는 제 휴대폰을 거의 2년째 사용하고 있는데, 한 번도 고장 난 적이 없습니다. 이 휴대폰에 너무 익숙해졌기 때문에 다른 새 모델을 사는 것은 상상할 수도 없었습니다. 하지만 최근에 32GB 용량인 내장 메모리가 사진으로 거의 가득 차서 휴대폰이 제대로 작동하지 않게 되었습니다. 휴대폰을 쓰려면 예전 사진들을 계속 지워야 했습니다. 그래서 더 많은 외부 메모리를 위해 64GB 용량의 마이크로 SD 카드를 샀습니다. 가격은 제가 생각했던 것보다 낮았습니다. 이제 제 휴대폰은 더 이상 '용량 부족'이라는 경고문을 띄우지 않습니다. 다행입니다. 이제는 사진들을 클라우드에 저장하기는 하지만 카드에도 저장해 두면 더 기분이 좋습니다. 이제 원하는 만큼 많은 사진을 찍어도 되는 자유를 얻었기 때문에 제 휴대폰은 다시 새것과 같아졌습니다. 마이크로 SD 카드가 구원자였습니다.

+PLUS Mind Map

○ **이야기를 구체화하기**

테크놀로지와 관련된 문제 상황은 다양하지만, 파일을 미리 저장하지 않아 작업물이 모두 날아간 경험은 한번쯤 있을 것입니다. 우선 생각나는 대로 대략적인 초안을 만들고 이를 바탕으로 내용을 구체화해서 답변에 살을 붙이세요.

<초안>
- 컴퓨터로 보고서 작성 중
- 컴퓨터 프로그램이 작동을 멈춤
- 컴퓨터를 다시 켜고 파일을 열어 봄
- 보고서의 마지막 부분이 날아감
- 회사 동료에게 도움을 요청
- 복구할 수 없었음
- 밤새워 작성해서 제출함

→ 구체화 →

며칠 전, 다음 날이 마감인 매출보고서를 컴퓨터로 작성하고 있었다. 갑자기 키보드도 마우스도 안 들고, 쓰고 있던 프로그램도 작동을 멈추었다. 당황스러웠지만 일단 기다렸는데 컴퓨터는 계속 작동이 안 되었다. 다급해져서 컴퓨터를 리부팅하고 작업하던 파일을 열어봤는데, 역시나 마지막에 저장을 안 한 부분이 날아간 것이다! 컴퓨터를 잘 아는 이 대리에게 파일을 복구할 수 있냐고 도움을 요청했다. 이 대리가 이것저것 해봤지만, 지워진 부분을 복구할 수는 없었다. 어쩔 수 없이 나는 지워진 부분부터 다시 작성해서 ...

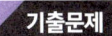

Please compare the technology you used in the past to what you use now. How has the technology changed from the past to the present? Please describe it in detail.

과거에 사용했던 테크놀로지와 현재 사용하는 테크놀로지를 비교해 주세요. 과거에서 현재까지 테크놀로지는 어떻게 바뀌었습니까? 자세히 설명해 주세요.

샘플답변

There's almost no comparison between yesterday's technology and today's. The one was mechanical and analog and tactile. The other is electronic, digital, and touchscreen.

Compared to the physical buttons of tape recorders or phones of the past, we now simply touch a screen button for any type of function. Sure, there's something lost along the way. Physical music albums had that more full sound compared to the digitally compressed music files of MP3s. But I would hardly trade one for the other in terms of ease and accessibility, not to mention portability and nearly free cost. Now I can listen to music anytime and anywhere with easy access.

Who could have imagined a generation ago that our phones would become such miniature computers in our pockets?

샘플답변처럼 There's almost no comparison between yesterday's technology and today's로 시작하여 과거와 현재 사이에는 큰 변화가 있었음을 인정하고, 대표적인 변화들을 언급합니다.

▶ **테크놀로지의 예**

과거 기술의 장단점과 현재 기술의 장단점을 구체적으로 사례를 들어서 비교합니다.

AL Expression

There's almost no comparison 거의 비교가 안 된다
tactile 촉감의
in terms of ~ 면에서
not to mention ~은 말할 나위가 없고

과거의 테크놀로지와 오늘날의 테크놀로지는 비교가 안 됩니다. 과거의 것은 기계 장치이고 아날로그 방식이며 촉각을 이용합니다. 오늘날의 것은 전자 장치이고 디지털 방식이며 터치스크린입니다. 테이프 리코더의 물리적 버튼이나 과거의 전화기에 비하면, 우리는 이제 어떤 기능을 실행하기 위해 단순히 스크린 버튼을 터치하면 됩니다. 물론, 그 과정에서 잃어버린 것도 있습니다. 형체가 있는 음악 앨범은 디지털 방식으로 압축된 MP3 음악 파일에 비해 더욱 풍부한 사운드를 보유하고 있었습니다. 하지만 저는 휴대성과 무료에 가까운 가격은 물론이고, 편의성 및 접근성 면에서도 현대의 테크놀로지를 과거의 테크놀로지와 맞바꿀 마음은 없습니다. 이제 저는 용이한 접근성으로 언제 어디서나 음악을 들을 수 있습니다. 한 세대 전만 해도 우리의 전화기가 이렇게 작은 주머니 속 컴퓨터가 되리라고 누가 상상이나 할 수 있었을까요?

+**PLUS** Mind Map

⊶ 오늘날의 테크놀로지

특수한 테크놀로지가 아닌, 우리가 일상생활에서 흔히 쓰는 테크놀로지들을 하나씩 써보고 생각을 정리하세요.

phone line, wire → online, Wi-Fi, wireless 〉 ① 언제, 어디서나 사용할 수 있다.

VHS tapes, cassette tape → floppy disc, CD, DVD → USB flash drive → cloud 〉 ② 점점 작아지고, 무형화된다.

↱ digital camera

CD player + MP3 player + pager + film camera + phone ⟹ smartphone, tablet 〉 ③ all in one이 되었다.

printer + photocopier + fax machine + scanner ⟹ multi-function printer

개인신상 콤보문제

OPIc은 문제은행에서 랜덤으로 문제가 출제가 되기 때문에 이 책에서 다룬 개인신상 관련 문제 이외에도 다양한 문제가 나올 수 있습니다. 다음 개인신상 콤보문제로 미리 연습하세요.

[가족] 콤보문제

인물 묘사

Tell me something about your family members.

● 가족 구성원 소개

가족과의 활동

What do you usually do with your family? Do you do anything particular with your family over the weekend? Please tell me in detail.

● 가족과 함께 하는 일

문제와 해결 경험

Can you tell me about an experience where you had difficulty with one of your family members? What was the problem? How did you solve the problem?

● 가족 중 한 명과 있었던 문제와 해결

[거주지] 콤보문제

장소 묘사

I'd like to know about where you live. Do you live in an apartment or a house? What does it look like? How many rooms does it have? Please describe it in as much detail as you can.

● 내가 사는 곳

좋아하는 것

Please tell me about your favorite room in your house. Why do you like the room? What do you usually do? Please give me a full description.

● 집에서 가장 좋아하는 방

과거와 현재 비교

Can you tell me the difference between your house that you currently live in and your previous house? How are they different? Which house do you prefer to live in?

● 현재 살고 있는 집과 이전에 살았던 집의 차이

[학교] 콤보문제

학교 소개

Can you tell me about your school? Where is your school located? What does it look like? What can you see around campus? Give me as many details as you can.

◐ 다니는 학교의 위치와 캠퍼스의 모습

좋아하는 장소

Where is your favorite place at school? What do you usually do there? How often do you go there? Why do you like to go there? Please tell me about it in as much detail as possible.

◐ 학교에서 가장 좋아하는 장소

첫인상

I'd like to know about when you first went to your school. What was your first impression of the school? Please tell me in as much detail as possible.

◐ 학교에 처음 갔을 때 받은 인상

[직장] 콤보문제

장소 묘사

You indicated in the survey that you work. Tell me about your company. What kind of business is it? Tell me as many details about your company as possible.

◐ 내가 다니는 회사 소개

회사 비교

I'd like to know about your company. How is the working environment? How are the people in your company? What are the differences compared to other companies that you know? Please compare the two companies in detail.

◐ 근무지의 환경과 다른 회사와의 차이

직장 일과

Please tell me about your typical workday. What do you usually do when you arrive at the office? What else do you do throughout the day?

◐ 직장에서의 일과

CHAPTER
02
설문주제

UNIT 01   영화 보기
UNIT 02   콘서트 보기
UNIT 03   박물관 가기
UNIT 04   공원 가기
UNIT 05   캠핑하기
UNIT 06   스포츠 관람
UNIT 07   카페/커피전문점에 가기
UNIT 08   SNS에 글 올리기
UNIT 09   음악 감상하기
UNIT 10   악기 연주하기
UNIT 11   배드민턴
UNIT 12   조깅
UNIT 13   헬스
UNIT 14   집에서 보내는 휴가
UNIT 15   국내/해외 여행
설문주제 콤보문제

원어민 음성 바로듣기

개인신상

설문주제

설문주제

롤플레이

돌발주제

이제 설문조사 4~7번에 해당하는 문제가 출제됩니다.

설문조사 1~3번이 개인신상에 관한 것이라면, 이제는 여러분의 여가활동과 취미, 관심사, 운동, 여행 등과 관련된 주제입니다. 여러분은 설문조사 4~7번에서 12개 항목을 선택해야 하고, 문항당 최소한 한 개에서 두개의 항목을 선택해야 합니다. 개인신상과 마찬가지로 선택할 항목들을 미리 정해 두셔야 합니다.

어떤 항목을 골라야 할까요?

나와 맞는 항목을 골라야 할 말도 있습니다. 우리가 우리말로 대화할 때를 생각해 보면, 자신이 관심이 있는 화제에 대해서는 적극적으로 말을 더 많이 하게 됩니다. OPIc 시험에서도 마찬가지입니다. OPIc은 응시자가 화제를 고를 수 있도록 기회를 주는 응시자 맞춤형 시험입니다. 설문조사에서도 나의 관심사와 실제 취미생활과 맞는 항목을 고르는 게 정답입니다. 만약 12개 항목을 모두 채울 수 없다면 본인에 맞는 주요 항목을 선택하고, 그와 유사한 항목들로 12개를 채웁니다. 예를 들어, [공연 보기]가 자신에게 맞는 항목이라면, 그와 유사한 활동인 [콘서트 보기]를 함께 선택하고, 내가 [조깅]에 관해 할 말이 있다면, 그와 유사한 활동인 [걷기]를 함께 선택하여 12개를 채우는 것입니다. 더도 덜도 말고 12개 항목만 고르세요.

나로부터 시작한 나의 이야기는 잘 외워집니다.

수업 현장에서 보면 자기가 영어를 아예 못하지도 않는데, OPIc 시험을 보면 생각보다 등급이 안 나와서 이 시험이 자신과 안 맞는다고 하는 분들이 있습니다. 영어를 못해서 등급이 안 나오는 게 아니라, 미리 시험 준비를 해 본 적이 없었던 것은 아닐까요? 설문조사에서 항목을 고른 후, 본 책의 기출문제들을 보면서 문제를 예상하고 답변을 준비하세요. 시간을 갖고 종이에 답변을 적어보고, 다듬어 보세요. 책에 나오는 대로 암기하는 것은 의미가 없습니다. 이 책의 샘플답변들은 구성상 꼭 필요한 요소를 제시하기 위해 있는 것이지, 그대로 암기하라고 제공하는 것이 아닙니다. 본 책을 활용해서 답변을 풍부하게 하고, AL 수준의 표현들을 이용해 말하는 연습을 하세요.

UNIT 01
영화 보기

[영화 보기]는 설문조사에서 많은 응시자들이 고르는 취미 항목 중 하나입니다. 우리 생활과 밀접한 관련이 있는 활동이기 때문에 문제 유형도 다양합니다. 영화 제작에 사용되는 최신 기술을 묘사하라는 고난도 문제가 출제되기도 합니다. 기출문제 유형을 토대로 [영화 보기]와 관련된 나의 이야기를 준비해 보세요.

미리 생각해보기

자주 가는 영화관의 모습과 시설

좋아하는 영화와 장르, 배우

영화 보기 전후에 하는 일

기억에 남는 영화와 장면

영화 취향의 변화

기출문제 자주 가는 영화관

🔊 MP3 023

You indicated in the survey that you like to go to the movies. Can you tell me about a movie theater you often go to? Where is it? What facilities does it have? Why do you often go to that theater rather than others?

당신은 설문에서 영화 보러 가는 것을 좋아한다고 했습니다. 자주 가는 영화관에 대해 말해줄 수 있습니까? 그 영화관은 어디에 있습니까? 어떤 시설을 갖추고 있습니까? 다른 영화관보다 그 영화관을 자주 가는 이유는 무엇입니까?

샘플답변

I usually go to a movie theater called CGV. It's a huge franchise. If I can help it, I go to the one located in Wangshimni. It's only half an hour away from my house.

I like the CGV located there because it's in a new building and the seats are roomy. The seats aren't all clustered together. This is important because I hate it when I can't see the screen because the person sitting in front of me is too tall. But best of all, they have an IMAX screen theater. I saw my first 3D movie on an IMAX screen, the animated movie *Shrek 3*. It was an amazing experience that has no comparison. My viewing 3D movies in other theaters on regular screens never came close to the 3D on IMAX experience.

I can't wait to see my next IMAX movie.

영화관이라는 장소를 묘사하라는 것이 문제의 핵심입니다. 장소를 묘사할 때는 그곳의 이름과 위치 등 기본 정보를 제공하고 본격적으로 영화관의 특징을 구체적으로 언급합니다.

▶ **이유 밝히기**
자주 가는 이유로 영화관의 시설과 관련해 언급합니다.

AL Expression
if I can help it 웬만하면
never come close to ~ 근처에도 못 온다

저는 보통 CGV라는 영화관에 갑니다. 대형 프랜차이즈인데, 웬만하면 저는 왕십리 지점에 갑니다. 집에서 겨우 30분 거리입니다. 그곳의 CGV를 좋아하는 이유는 새로 지어서 좌석이 넓기 때문입니다. 좌석들이 다닥다닥 붙어 있지 않습니다. 이게 중요한 이유는 앞에 앉은 사람이 키가 너무 커서 스크린이 보이지 않는 게 저는 싫기 때문입니다. 무엇보다도 그곳에는 아이맥스 스크린 상영관이 있습니다. 저는 생애 첫 3D 영화인 애니메이션 <슈렉 3>를 아이맥스 스크린으로 보았습니다. 그 어떤 것과도 비길 데 없는 멋진 경험이었습니다. 3D 영화를 다른 영화관의 일반 스크린으로 본 것은 아이맥스로 보는 것에 한참 못 미쳤습니다. 다음에 볼 아이맥스 영화가 무척 기다려집니다.

Tell me the kind of movies you like to see. What kind of movies do you like? Why?

좋아하는 영화 장르에 대해 말해주세요. 어떤 영화 장르를 좋아합니까? 그 이유는 무엇입니까?

샘플답변

I like all kinds of movies but I like action movies and buddy comedies best of all.

First, I love watching action movies because they have awesome action scenes that have great stunts and special effects. They are also a great way to take my mind off of stressful things. The most recent *Mission Impossible* movie is a great example.

Buddy comedies are good for these reasons too. I like the dynamic of how two friends help and support each other. And I get some great laughs. I would recommend *The Spy Who Dumped Me* to anyone who is looking for a fun buddy comedy.

With these two types of movies, I don't have to think or analyze what's happening in order to follow along. I can just relax. But if I get the chance in the future, I'd like to watch more movies of diverse genres such as biographical or historical movies.

모든 영화를 좋아하지만 가장 좋아하는 영화 장르를 소개합니다. AL수준의 충분한 길이로 답변하기 위해서는 좋아하는 영화 장르를 두 가지 정도 준비하는 것이 좋습니다. 그러면 한 장르에 대해 자세히 설명하지 않아도 됩니다. 마지막에는 앞으로 보고 싶은 영화에 대해 언급하면서 답변을 마무리합니다.

▶ **좋아하는 이유**

그 장르의 구체적인 특징과 함께 영화의 제목도 함께 준비하세요. 특정 영화 장르를 좋아하는 이유를 대는 것이 문제의 핵심입니다.

　AL Expression

take one's mind off of stressful things 스트레스를 잊게 하다
get some great laughs 많이 웃다
movies of diverse genres 다양한 장르의 영화

저는 모든 종류의 영화를 좋아하지만, 무엇보다도 액션 영화와 버디 코미디 영화를 좋아합니다. 첫째로, 뛰어난 스턴트와 특수 효과가 있는 멋진 액션 장면이 있기 때문에 액션 영화를 좋아합니다. 액션 영화는 스트레스를 잊는 탁월한 방법입니다. 가장 최근에 나온 <미션 임파서블>이 훌륭한 예입니다. 버디 코미디 영화도 이러한 이유로 좋습니다. 저는 두 친구가 서로 돕고 격려할 때의 역동성을 좋아합니다. 게다가 재미있기도 합니다. 재미있는 버디 코미디 영화를 찾는 사람에게는 <나를 차버린 스파이>를 추천하고 싶습니다. 이 두 영화 장르는 흐름을 따라가기 위해 무슨 일이 일어나고 있는지 생각하거나 분석할 필요가 없습니다. 그냥 편하게 보면 됩니다. 하지만 앞으로 기회가 되면, 전기 영화나 역사 영화 등 다양한 장르의 영화를 더 보고 싶습니다.

＋PLUS Mind Map

⌐ **좋아하는 영화 장르**

각 장르의 특징과 좋아하는 이유, 보았던 영화의 제목을 말합니다. 그다음 이 두 장르가 좋은 공통적인 이유를 정리합니다.

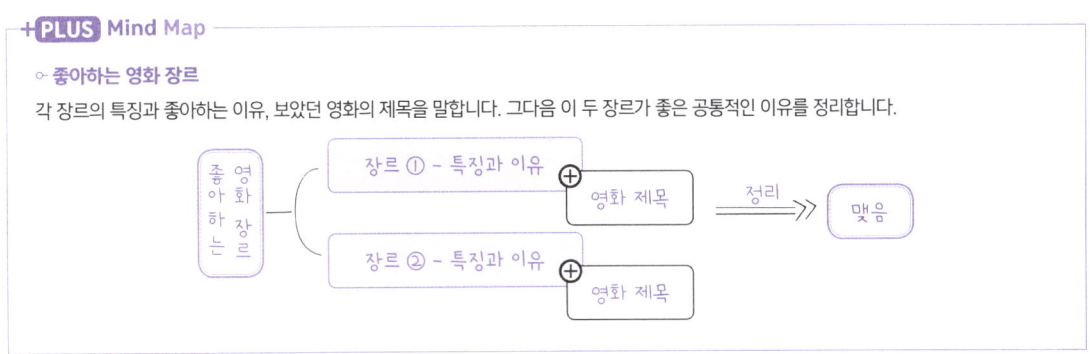

You said that you like to see movies. How do you choose the movie you like to watch? What do you usually do before you go to the movie theater? What do you do after watching a movie? Please tell me about a typical day when you go to the movies.

당신은 영화 보는 것을 좋아한다고 했습니다. 보고 싶은 영화는 어떻게 고릅니까? 영화관에 가기 전에는 보통 무엇을 합니까? 영화를 본 다음에는 무엇을 합니까? 영화 보러 가는 날의 일상적인 하루에 대해 말해주세요.

샘플답변

I like to see movies. As soon as I hear about a new movie, I check the trailer and get an initial impression of it. I see who stars in it, what the story is, and try to judge the overall quality of the film. Sometimes I read the comments on YouTube to see what others think. If the movie is popular or just opening, I check its availability online and make a reservation in advance. But sometimes I like just going to a theater and buying the ticket from the kiosk.

I'm usually busy in the mornings, so I watch movies in the late afternoon or evening. If I'm with someone, I have dinner or coffee with them after the movie to discuss our thoughts. If I'm alone, I just think about the movie in my head.

▶ **영화를 보기 전과 본 후**

볼 영화를 선택하고 예약하는 단계를 순차적으로 설명합니다. 영화관에 들어가기 직전의 일을 세세히 설명해도 좋습니다. 영화를 본 후의 활동에 대해서는 영화를 혼자 봤을 때와 누군가와 함께 봤을 때를 구분하여 답변을 정리할 수 있습니다.

AL Expression

get an initial impression 첫인상을 받다
judge the overall quality 전반적인 질을 가늠하다
check its availability online 온라인으로 가능 여부를 확인하다

저는 영화 보는 것을 좋아합니다. 신작에 대해 들으면, 바로 영화 트레일러를 확인하고 첫 느낌을 파악합니다. 주연이 누구고, 줄거리는 어떤지 보고, 영화의 전반적인 질을 가늠해 보려고 합니다. 가끔 다른 사람들은 어떻게 생각하는지 알아보기 위해 유튜브의 댓글을 읽기도 합니다. 영화가 인기가 많거나 막 개봉했다면 온라인으로 예매 가능 여부를 확인하고 미리 예매합니다. 하지만 가끔은 그냥 영화관에 가서 키오스크에서 표를 사는 것을 좋아합니다. 저는 보통 오전에는 바빠서, 늦은 오후나 저녁에 영화를 봅니다. 다른 사람과 함께 가면 영화가 끝나고 저녁을 먹거나 커피를 마시면서 생각을 나눕니다. 혼자 가면 그냥 머릿속으로 영화에 대해 생각합니다.

+**PLUS** Mind Map

○ **영화를 보는 과정**
활동 전과 후로 나누어 리스트로 정리해 봅니다.

〈영화 보기 전〉	〈영화 본 후〉
· check the movie trailer	· grab a bite to eat
· read movie reviews	· talk about the movie with friends
· choose what movie to see and wait in line	· discover new things about the movie
· book a ticket online	· write my review on my blog
· buy some pop corn and drinks	· post my thoughts on my SNS

UNIT 02
콘서트 보기

[콘서트 보기]를 선택하면, 콘서트를 포괄하는 [공연 보기]도 함께 선택해 보세요. 비슷한 문제유형을 예상할 수 있고, 답변 또한 한 가지로 해결할 수 있습니다. 우선 콘서트에 갔던 경험 한 가지를 정하고, 기출문제 유형에 맞추어 그 경험을 토대로 답변을 구상해 보세요.

미리 생각해보기

| 최근에 본 공연 | 좋아하는 공연장의 모습 | 공연 관람에 관심을 갖게 된 계기 | 관람 도중 겪었던 문제와 해결 | 공연 취향의 변화 |

기출문제   좋아하는 공연장

◀)) MP3 **026**

You indicated in the survey that you like to go to concerts. Describe your favorite concert hall. What does it look like? How big is it? What do you like about it?

설문에서 당신은 콘서트에 가는 것을 좋아한다고 했습니다. 좋아하는 공연장을 묘사해 주세요. 어떻게 생겼습니까? 얼마나 큽니까? 어떤 점이 좋습니까?

샘플답변

As a concert lover, I go to concerts very often and I even go while visiting other countries. I had visited many different concert halls all over the world. Out of all the great venues I have been to, my favorite is the Sydney Opera House in Australia. The Sydney Opera House is a performing arts center that was built in 1973. It was designed in an expressionist style.

세계적으로 유명한 공연장을 답변으로 준비해도 좋습니다. 인터넷 검색을 통해 그곳에 관한 기본적인 정보를 쉽게 얻을 수 있기 때문입니다.

The Sidney Opera House stole my heart for several reasons. I love the shell-like roofs of the architecture. It looks great in pictures as well as in person. Secondly, I like the fact that the Opera House is surrounded by the Sydney Harbour. Last but not least, this venue hosts over 1500 performances annually.

▶ **좋아하는 이유**
그 공연장이 특별히 좋은 이유를 서너 가지 준비합니다.

How can a concert fanatic like me resist liking such a place? I am always looking for my next chance to visit Sidney so that I can visit the Opera House once more.

AL Expression
concert lover, concert
fanatic 콘서트를 좋아하는 사람
in person 직접
last but not least 마지막으로 중요
한 것은

....

콘서트를 좋아하는 사람으로서, 저는 콘서트에 정말 자주 가고 심지어는 외국에 방문해서도 콘서트에 갑니다. 저는 전 세계의 다양한 콘서트홀에 가봤습니다. 제가 가본 그 모든 훌륭한 장소 중에서도 가장 좋아하는 곳은 오스트레일리아에 있는 시드니 오페라하우스입니다. 시드니 오페라하우스는 1973년에 설립된 공연예술센터입니다. 건물은 표현주의 양식으로 디자인되었습니다. 시드니 오페라하우스는 몇 가지 이유로 제 마음을 훔쳤습니다. 저는 그 건축물의 조개껍데기 모양 지붕이 좋습니다. 직접 볼 때는 물론이고 사진으로 봐도 멋집니다. 둘째로, 저는 그 오페라하우스가 시드니하버에 둘러싸여 있다는 사실도 마음에 듭니다. 마지막으로 중요한 사실은, 이 장소가 매년 그곳에서 1500여 개의 공연을 주최한다는 것입니다. 저 같은 콘서트광이 어떻게 이런 장소를 거부할 수 있겠습니까? 저는 시드니에 가서 오페라하우스를 한 번 더 방문할 다음 기회를 늘 기대하고 있습니다.

Can you tell me about the last concert you went to? Whose concert was it? When and where did you see it? Who did you see it with? How was the concert? Tell me everything related to this experience.

마지막으로 간 콘서트에 대해 말해줄 수 있습니까? 누구의 콘서트였습니까? 언제, 어디에서 콘서트를 보았습니까? 누구와 함께 보았습니까? 콘서트는 어땠습니까? 이 경험과 관련된 모든 것을 말해주세요.

샘플답변

Last month, I went to a Maroon 5 concert with my two best friends. Maroon 5 was making its way through a world tour and we were lucky enough to get tickets.

My friends and I met an hour before the concert so we would have enough time to grab a bite before the concert. For me, this was an extra special experience because it was my first concert. The view that stared back at me when I entered the hall was jaw-dropping. My friends and I made our way to our seats as music began to emerge from the speakers all around us. Suddenly, the lights went out and a spotlight was lit on stage. The people in the hall roared with delighted screams when they saw the band on stage.

That excitement stayed with me all the way home long after the concert was over. The live concert was an amazing and unforgettable experience.

경험을 이야기할 때에는 육하원칙의 요소를 우선 생각해 보세요. 콘서트의 공연자와 공연 주제, 제목, 언제, 어디에서 했는지, 또 당시 누구와 함께였는지 등 문제에서 원하는 정보를 답변에 포함시켜야 합니다.

▶ **콘서트의 분위기**
답변에 콘서트가 시작되기 전의 들뜬 분위기를 표현합니다.

AL Expression
make one's way through ~를 해 나아가다
grab a bite 간단히 먹다
jaw-dropping 입이 떡 벌어지는
emerge from (소리가) ~에서 나오다
roar with delighted screams 기쁨의 함성을 지르다

지난달, 저는 친한 친구 두 명과 함께 마룬 5 콘서트에 다녀왔습니다. 마룬 5는 전 세계 투어를 하던 중이었는데 저희는 운 좋게 표를 구할 수 있었습니다. 친구들과 저는 콘서트 한 시간 전에 만나서 간단히 요기할 시간이 충분했습니다. 저에게는 이 콘서트가 첫 번째 콘서트였기 때문에 더욱 특별한 경험이었습니다. 콘서트홀에 들어서자 제 눈앞의 광경에 입이 떡 벌어졌습니다. 친구들과 제가 좌석을 찾아가고 있는데, 주위에 있는 스피커에서 음악이 흘러나오기 시작했습니다. 갑자기 조명이 꺼지고 무대 위에 스포트라이트가 켜졌습니다. 콘서트홀에 있던 사람들은 무대 위에 있는 밴드를 보자 기쁜 함성을 터뜨렸습니다. 그 흥분은 콘서트가 끝난 뒤에도 집에 오는 내내 한참 동안 남아 있었습니다. 그 라이브 콘서트는 놀랍고도 잊지 못할 경험이었습니다.

+PLUS Mind Map

⌐ **콘서트에 간 경험**
콘서트와 같이 예술 행사에 갔던 경험에 대해 이야기할 때에는 공연 전의 설레는 마음과 공연장의 들뜬 분위기, 공연 후의 여운 등, 당시의 감정을 충분히 언급해 주는 것이 좋습니다.

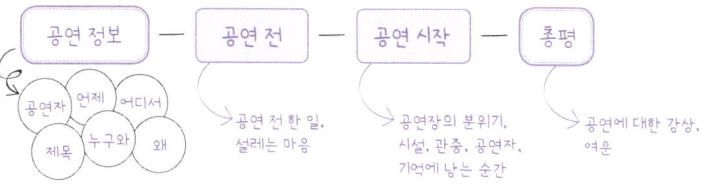

I'd like you to tell me how you first became interested in concerts. How old were you and what made you become interested in concerts? What type of concert did you enjoy at first? Please tell me about it in as much detail as possible.

처음 콘서트에 관심을 갖게 된 계기에 대해 말해주세요. 몇 살 때였고, 어떤 점 때문에 콘서트에 관심을 갖게 됐습니까? 처음엔 어떤 종류의 콘서트를 즐겼습니까? 가능한 한 자세히 이야기해 주세요.

샘플답변

I remember going to a musical with my mother on Children's Day when I was around 10 years old. It was my first time, so I had no idea what it was going to be like.

The name of the musical was *Annie*. The main character, Annie, was around my age. Now that I think about it, she was a tiny girl, but she had such a powerful voice. I was so absorbed in the musical that I didn't realize how fast the time flew. After watching the musical, I hummed the songs to myself, and my mother even bought me the CD. I would repeat the songs over and over again, and eventually, I knew the lyrics by heart.

That single show ignited my interest in musicals, and I still go to musicals every once in a while.

▶ **계기의 시기**

관심을 갖게 된 배경을 설명할 때에는 특히 언제 처음 그러한 경험이 있었는지에 대해 언급하는 것으로 시작합니다. 끝은 당시의 감상과, 그 영향에 대해 언급하면서 마무리하세요.

AL Expression

be so absorbed in ~에 정신이 팔리다

by heart 외워서

ignite my interest in ~에 대한 나의 흥미에 불을 지피다

제가 10살 때쯤 어린이날에 어머니와 함께 뮤지컬에 갔던 게 기억납니다. 그것이 처음이었고, 그래서 뮤지컬이 어떤 것인지 전혀 몰랐습니다. 뮤지컬의 이름은 <애니>였습니다. 주인공인 애니는 제 또래였습니다. 이제 생각해 보면, 애니는 어린 소녀였지만 아주 힘 있는 목소리를 가졌습니다. 뮤지컬에 너무 몰두했는지 시간이 눈 깜짝할 사이에 지나가버렸습니다. 뮤지컬이 끝나고 제가 혼자 그 노래를 콧노래로 불렀더니, 어머니가 CD를 사 주셨습니다. 반복해서 계속 노래를 불렀고, 결국에는 가사를 외울 지경이 되었습니다. 그 하나의 공연이 뮤지컬에 대한 저의 관심에 불을 지폈고, 저는 아직도 가끔씩 뮤지컬을 보러 갑니다.

➕ PLUS 샘플답변 따라 하기

⌒ 처음 공연에 갔던 경험

샘플답변을 그대로 이용해서 처음 공연에 갔던 순간에 대한 답변을 준비해 보세요. 시기는 어린 시절로 두고, 여기에 당시의 소감이나 에피소드를 추가할 수 있습니다.

I remember going to a 공연 with 누구와 on 언제 when I was around 나이 years old. It was my first time, so I had no idea what it was going to be like. The name of the 공연 was 제목. The main character, 주인공, was around my age. Now that I think about it, 주인공 was 캐릭터, but 주인공 had such a 특징·재능. I was so absorbed in the 공연 that I didn't realize how fast the time flew. After watching the 공연, I hummed the songs to myself, and 누가 even bought me the CD. I would repeat the songs over and over again, and eventually, I knew the lyrics by heart. That single show ignited my interest in 공연, and I still go to 공연 every once in a while.

UNIT 03
박물관 가기

특별히 박물관을 싫어하는 게 아니라면 [박물관 가기]를 선택하는 것도 좋습니다. 자의든 타의든 여행지에서 박물관에 다녀온 경험은 한 번쯤은 있기 마련입니다. 따라서 박물관에 갔던 경험은 설문조사 7번 [국내여행]과 [해외여행]을 고를 경우에도 활용할 수 있습니다. 물건을 보존하고 전시하는 곳이라는 박물관의 특성이 드러나는 표현을 준비해 보세요.

미리 생각해보기

박물관에 가면 하는 일　　최근에 갔던 박물관　　박물관에서 기억에 남는 작품과 전시　　우리나라 박물관의 모습　　박물관의 역할

기출문제　내가 박물관에서 하는 일　　🔊 MP3 **029**

You indicated in the survey that you like to go to museums. How often do you go to museums? Who do you normally go with? Do you have a special routine for when you go to a museum?

당신은 설문에서 박물관에 가는 것을 좋아한다고 했습니다. 박물관에 얼마나 자주 갑니까? 보통 누구와 함께 갑니까? 박물관에 갈 때마다 하는 특별한 일이 있습니까?

샘플답변

I like to go to museums so I often visit them whenever I have time. Mostly, I go to museums with a friend of mine who also likes to see exhibits and appreciates art pieces. This year, I went to the National Museum of Korea, the National Hangeul Museum, the National Museum of Modern and Contemporary Art and so on.

Some museums like the National Museum of Korea are quite large and trying to see everything at one time is exhausting. So a rest at a fancy café in the museum is necessary for me. We can rest and talk in a comfortable atmosphere. I always collect the informative exhibit brochures. I don't like to buy souvenirs, but my friend does. She buys at least one thing, which she insists reminds her of her visit. I think the brochures are enough as a keepsake.

얼마나 자주(how often), 누구와(with whom) 박물관에 가는지에 대해 단도직입적으로 답하면서 시작합니다.

▶ **박물관에 가면 하는 일**

박물관에서 전시품을 관람하는 것은 기본이고, 다양한 체험활동을 할 수도 있습니다. 박물관에 갈 때마다 항시 하는 일을 꼭 언급하세요.

AL Expression

appreciate art pieces 예술 작품을 감상하다
comfortable atmosphere 편안한 분위기
as a keepsake 기념품으로서

저는 박물관에 가는 것을 좋아해서 시간이 날 때마다 자주 방문합니다. 저는 주로 친구와 함께 박물관에 가는데, 그 친구도 전시물을 보고 미술품을 감상하는 것을 좋아합니다. 올해 저는 국립중앙박물관, 국립한글박물관, 국립현대미술관 등에 다녀왔습니다. 국립중앙박물관 같은 박물관은 상당히 넓어서 한 번에 모든 것을 보려고 하면 진이 빠집니다. 그래서 박물관 내의 근사한 카페에서 쉬는 일이 제게는 필요합니다. 그리고 저는 항상 전시 안내 브로슈어를 모읍니다. 저는 기념품을 사는 것을 좋아하지 않지만, 친구는 좋아합니다. 친구는 적어도 한 가지는 사는데, 친구의 주장으로는 기념품이 박물관에 왔던 것을 생각나게 해준다고 합니다. 저는 기념품으로서 브로슈어로 충분하다고 생각합니다.

Tell me about the most memorable experience that you had when you visited a museum. When was it? What did you do? Who were you with? Why was it so memorable? Tell me the whole story.

박물관에서 가장 기억에 남는 일에 대해 말해주세요. 언제였습니까? 무엇을 했습니까? 누구와 함께였습니까? 왜 그때가 기억에 남습니까? 전부 이야기해 주세요.

샘플답변

While traveling to Paris last year, I had visited the Louvre with my husband. He and I started our day early because we knew that the museum was huge and we had a lot to see. We were told we couldn't possibly look at everything in a day. But we wanted to get the most out of our trip there.

Indeed, the Louvre was truly a grand place. Thank God for the audio guides! Without them, we would have never known of the great historical background of each artwork. It was not only informative but also very easy to use. It definitely helped to make our experience there memorable. I especially liked the Persian and Egyptian exhibits because, to me, they seemed the most exotic and surreal.

I would recommend the Louvre to whoever visits Paris. Also, I would definitely go back again myself.

경험을 한 장소와 때, 누구와 함께였는지를 밝히면서 답변을 시작합니다. 그곳에서 기억에 남는 것을 언급한 후, 마지막은 그곳을 추천한다거나, 다시 방문하고 싶다는 말로 답변을 마무리합니다.

▶ **기억에 남는 것**
박물관의 특징과 연관 지어 기억에 남는 것들을 언급합니다.

AL Expression

get the most out of ~를 최대로 활용하다

grand place 웅장한 장소

exotic and surreal 이국적이고 초현실적인

작년에 파리 여행을 했을 때, 남편과 함께 루브르에 방문했습니다. 남편과 저는 일찍 하루를 시작했는데 박물관이 크고 볼 것이 많았기 때문입니다. 우리는 하루 만에 모든 것을 볼 수는 없을 거라고 들었습니다. 하지만 거기까지 갔는데 최대한 많은 것을 보고 싶었습니다. 실제로 루브르는 정말 웅장한 곳이었습니다. 오디오 가이드가 있어서 얼마나 다행이던지! 오디오 가이드가 없었더라면, 각 미술품에 얽힌 중요한 역사적 배경을 결코 알 수 없었을 것입니다. 오디오 가이드는 유익할 뿐만 아니라 사용하기도 매우 편리했습니다. 오디오 가이드는 단연코 루브르에서의 경험을 기억에 남도록 해주었습니다. 저는 특히 페르시아와 이집트 전시물이 좋았는데, 저에게는 그 전시물들이 가장 이국적이고 초현실적으로 보였기 때문입니다. 저는 파리에 방문하는 사람이라면 누구에게든 루브르를 추천하고 싶습니다. 저도 꼭 다시 방문하고 싶습니다.

✛ PLUS Mind Map

⌐ **박물관에 간 경험**

언제, 어디에서, 누구와, 왜 그 박물관에 갔는지 등의 정보와 함께 그 박물관에서의 인상적인 것을 규모, 시설, 전시 등 세 가지 정도로 준비하고, 구체적인 내용을 덧붙이세요.

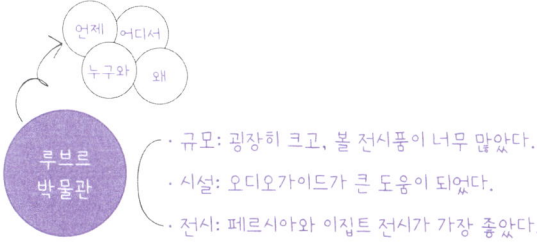

When did you first become interested in going to museums? Tell me about your first experience going to a museum in detail. What was your first impression of it? Tell me about your museum interest from childhood until now.

언제 처음 박물관 가는 것에 관심을 갖게 되었습니까? 처음 박물관에 갔던 경험에 대해 자세히 말해주세요. 박물관의 첫인상은 어땠습니까? 어린 시절부터 지금까지 박물관에 대한 당신의 관심에 대해 말해주세요.

샘플답변

I have had an interest in things historical and cultural since childhood. And I've learned a lot from TV and books. So I was naturally interested in museums since I was a teenager.

When I first visited the National Museum, I was surprised at its sheer size. As I walked up to it from the subway station, the building looked monumental. The plan of the museum itself was simple. It's basically a long rectangle with exhibit rooms along the sides. The central atrium was all marble and bright from the skylights. The darker exhibit rooms held a lot of paintings, pottery, books, and sculptures. Very impressive indeed.

The museum was almost exclusively about Korea. Some western museums have artwork or ancient artifacts from foreign countries. Korea's National Museum, not so much. But it was a grand showcase for Korea nonetheless.

박물관에 관심을 갖게 된 배경에 대해 샘플답변의 I have had an interest in things historical and cultural since ~와 같은 문장으로 답변을 시작할 수 있습니다.

▶ **박물관의 첫인상**

가봤던 박물관 중 하나를 선택해서 그곳의 외관상의 특징을 첫인상으로 말합니다.

AL Expression

be surprised at its sheer size 그곳의 어마어마한 크기에 놀라다
monumental 엄청난
plan 설계, 배치도
exclusively 오로지 ~만

저는 어린 시절부터 역사적인 것들과 문화적인 것들에 관심이 있었습니다. 그리고 TV와 책에서 많은 것을 배웠습니다. 그래서 저는 십 대였을 때부터 자연스럽게 박물관에 관심을 갖게 되었습니다. 처음으로 국립중앙박물관에 방문했을 때 그 어마어마한 크기에 놀랐습니다. 지하철역에서 박물관으로 올라갈 때, 건물은 거대해 보였습니다. 박물관의 도면 자체는 단순했습니다. 기본적으로 측면을 따라 전시실들이 있는 긴 직사각형이었습니다. 중앙 아트리움은 모두 대리석으로 되어 있고 채광창 덕에 밝았습니다. 어두운 전시실들은 그림과 도자기, 도서, 조각품을 다수 소장하고 있었습니다. 굉장히 인상 깊었습니다. 이곳은 거의 한국에 대한 것만 다루고 있었는데, 일부 서구의 박물관들은 외국의 미술품이나 고대 유물도 소장하고 있습니다. 국립중앙박물관의 경우 딱히 그렇지는 않았습니다. 하지만 그럼에도 한국에 대한 인상적인 전시였습니다.

+PLUS Mind Map

⚬ **경험 선정하기**

자주 가는 박물관, 처음 가본 박물관, 최근 갔던 박물관 등 매번 진실하게 다른 박물관을 답변으로 준비하지 말고, 가봤던 박물관 중에서 할 말이 가장 많은 박물관을 선정해서 문제에 맞게 답변을 변형하면 효율적입니다. 콤보문제로 처음 경험을 묻는 질문 이후에 마지막 경험을 묻는 경우가 있으니 두 곳을 준비해 두는 것이 안전합니다.

자주 가는 박물관
기억에 남는 박물관
처음 가본 박물관
마지막으로 간 박물관
최근에 간 박물관

문제 ═══>> 답변

국립중앙박물관
파리 루브르 박물관

UNIT 04
공원 가기

공원은 우리에게 친숙한 장소이기 때문에 OPIc에서 가장 많이 선택되는 항목이기도 합니다. 비교적 쉬운 문제가 출제되는데, 공원 특성상 장소와 관련된 문제가 많이 나오고, 그곳에서 볼 수 있는 사람들, 본인이 하는 활동과 경험을 묻는 문제가 주로 출제되며, 고난도 문제로 공원 관련 이슈나 문제점에 대해 출제됩니다.

미리 생각해보기

| 자주 가는 공원의 | 최근 공원에 | 공원에서 볼 수 | 공원에서 하는 | 공원 관련 최근 |
| 모습과 시설 | 갔던 일 | 있는 사람들 | 활동 | 이슈 |

기출문제 | 공원에서 기억에 남는 일   🔊 MP3 032

You indicated in the survey that you like to go to parks. Do you have any memorable experiences while you were in a park? What was it? What happened? Tell me about your memorable experience in the park in as much detail as possible.

당신은 설문에서 공원에 가는 걸 좋아한다고 했습니다. 공원에 있는 동안 기억에 남는 경험이 있었습니까? 어떤 경험이었습니까? 무슨 일이 있었습니까? 공원에서의 기억에 남는 경험을 가능한 한 자세히 말해주세요.

샘플답변

I was taking a walk in a park one day. I was supposed to be having a class at the time but it was canceled. It was a beautiful day so I decided to enjoy the weather outside.

I had walked for about 20 minutes and I noticed from the corner of my eye that somebody stopped very suddenly. There was a pause. We looked at each other for a few seconds in surprise. And lo and behold, it was my friend from elementary school! It had been more than 10 years since we saw each other, but it seemed like she had not changed one bit. My friend had transferred to a different school and I had also moved so we naturally lost contact. We were so glad to see each other.

We have been back in touch since that day. We meet up once in a while and chat over coffee. What are the odds of such a coincidence?

기억에 남는 일이라는 것이 본인이 직접 경험한 일일 수도 있고, 목격한 일일 수도 있습니다. '경험'이라는 말에 제약을 두지 말고 자유롭게 답변을 준비해 보세요.

▶ **공원에서의 경험**

기억에 남는 한 가지 사건에 대해 순차적으로 이야기를 전개시킵니다. 당시 느꼈던 감정을 함께 말해 주세요.

AL Expression

lo and behold (놀랄 때) 아니 글쎄
one bit 조금도
lose contact 연락이 끊어지다
What are the odds of such a coincidence? 이런 우연의 일치가 있다니요?

하루는 제가 공원에서 산책을 하고 있었습니다. 원래는 수업을 들어야 하는 시간이었지만 수업이 취소되었습니다. 날씨가 좋아서 밖에서 날씨를 만끽하기로 했습니다. 20분쯤 걸었는데 얼핏 보니 누군가가 몹시 급하게 멈춰 서는 것 같았습니다. 잠시 침묵이 흘렀습니다. 놀라서 몇 초간 서로를 바라보았습니다. 이게 누구야, 바로 초등학교 때 친구였습니다! 얼굴을 본 지 10년도 더 됐는데 그 친구는 하나도 변하지 않은 것 같았습니다. 친구는 다른 학교로 전학을 갔고 저도 이사를 가서 자연스럽게 연락이 끊겼습니다. 서로 보게 되어서 정말 기뻤습니다. 그날부터 우리는 다시 연락을 하고 지냅니다. 우리는 가끔 만나서 커피를 마시며 이야기를 나눕니다. 이런 우연의 일치가 있다니요!

Can you tell me the first time you went to the park? Give me the full story of what you did from the moment you arrived at the park till you left.

공원에 처음 갔던 때에 대해 말해줄 수 있습니까? 공원에 도착해서 떠날 때까지 했던 모든 것에 대해 이야기해 주세요.

샘플답변

It must have been 4 or 5 years ago when I first visited Nakseongdae Park. I went there alone to take photographs of the trees and the gardens. After that first time, I knew I would visit it again someday.

From the outside, it didn't seem that great. But the more I walked around, the more I appreciated its peace and quiet. The most prominent feature was the expansive plaza with a statue in the middle. It's of the famous Goryeo general, Gang Gamchan, on horseback. In fact, there's a shrine in the back dedicated to him. I captured all the great scenery in the park that day. Few people were there, so I could focus on what I was doing, which made me want to visit the park as often as possible. And I have.

The park has colorful flowers in the spring and beautiful colors in the fall, great for photography and just strolling about.

▶ **공원을 처음 방문했을 때**

근래 자주 가는 공원 중에서 그 첫 방문을 답변으로 준비합니다. 공원의 이름과 시기, 그리고 그곳에 간 목적이나 한 일을 한두 문장으로 언급하면서 시작합니다. 이후 자연스럽게 그 공원의 경치나 시설에 대해 이야기하고, 그곳에 대한 감상으로 마무리합니다.

AL Expression

peace and quiet 평화와 고요
prominent feature 두드러진 특징
capture (사진에) 포착하다, 담아내다
stroll about 거닐다

제가 처음 낙성대 공원을 방문한 때는 4년인가 5년 전이었을 겁니다. 저는 혼자 공원에 가서 나무와 정원 사진을 찍었습니다. 첫 방문 뒤에, 저는 언젠가 그곳에 다시 방문하리라는 것을 알았습니다. 밖에서 봤을 때는, 그렇게 대단해 보이지 않았습니다. 하지만 돌아다닐수록, 공원의 평화와 고요의 진가를 알게 되었습니다. 가장 눈에 띄는 특징은 가운데에 동상이 있는 드넓은 광장이었습니다. 동상은 고려 시대의 명장 강감찬 장군이 말에 타고 있는 동상이었습니다. 실제로, 뒤편에는 강감찬 장군을 모시는 사당이 있었습니다. 저는 그날 공원의 훌륭한 경관을 모두 사진에 담았습니다. 공원에 사람이 거의 없어서, 저는 제가 하는 일에 집중할 수 있었고, 그래서 공원에 가능한 한 자주 방문하고 싶어졌습니다. 그리고 실제로 그러고 있습니다. 그 공원은 봄에는 형형색색의 꽃들이 피고 가을에는 아름다운 색깔을 뽐내기에, 사진 찍기에도 좋고 그냥 산책하기에도 좋습니다.

+PLUS Mind Map

⊶ **공원에 갔던 경험**

공원에 갔던 경험을 우선 압축해서 말하고 그다음 구체화해 보세요. 공원의 모습은 입구에서부터 안쪽 중심으로 이동하면서 묘사합니다. 그리고 그곳에 한 일을 혼자 한 일과 함께 간 사람들과 한 일로 나누어 설명해 보세요.

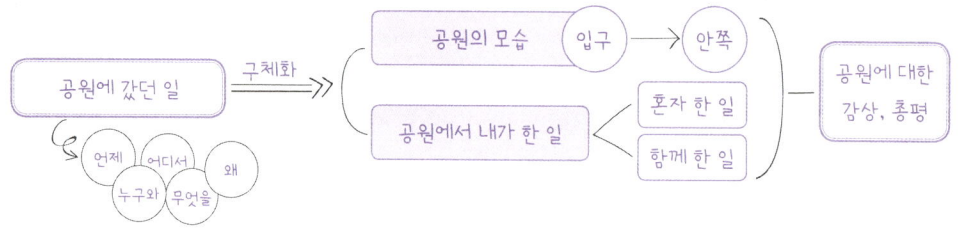

Can you tell me about people you see at the park that you often go to? Are there many children or old people? What kind of people are there and what activities do they usually do there?

당신이 자주 가는 공원에서 보는 사람들에 대해 말해줄 수 있습니까? 아이들이나 노인들이 많습니까? 공원에 어떤 사람들이 있으며, 그 사람들은 공원에서 보통 어떤 활동을 합니까?

샘플답변

There's a park that I often go to and I also pass by on the way to work on weekdays. It has a playground, a basketball court, a roller skating rink, a snack shop with bikes for rent, and even a small library. It's a really well-loved park for locals.

In the mornings, older folk hang out and some people walk their dogs. In the afternoons, mothers bring their young children to the playground. Older children ride a bike or roller skate. In the evenings, locals sit on the benches and talk while university students walk by on their way home. Couples enjoy a leisurely stroll. Some play badminton, ride their bikes, rollerblade, or play basketball.

From time to time, I stop by the park to take photos or sit on a bench to talk to a friend.

자주 가는 공원에 대한 소개로 답변을 시작합니다. 공원의 사람들과 활동들에 대해 이야기해야 하므로, 공원의 시설에 대해서 중점적으로 소개할 수 있습니다.

▶ **공원에서 볼 수 있는 사람들의 유형**
자주 가는 공원에서 볼 수 있는 많은 사람들의 유형을 오전-오후-저녁으로 나누어 묘사할 수 있습니다.

AL Expression
well-loved 아주 사랑받는
walk by 걸어서 지나가다
enjoy a leisurely stroll 여유롭게 산책하다

제가 자주 가는 공원이 하나 있는데 주중 출근길에 지나치는 곳이기도 합니다. 그곳에는 놀이터, 농구장, 롤러스케이트 링크, 자전거 대여가 가능한 매점, 작은 도서관까지 있습니다. 주민들에게 매우 사랑받는 공원입니다. 아침에는 나이 드신 분들이 다니고 몇몇 사람들은 강아지를 산책시킵니다. 오후에는 엄마들이 아이들을 놀이터에 데려옵니다. 좀 더 큰 아이들은 자전거나 롤러스케이트를 타기도 합니다. 저녁에는 대학생들이 집으로 가는 길에 공원을 지나다니고, 주민들은 벤치에 앉아서 이야기를 나눕니다. 커플들은 느긋하게 산책을 즐깁니다. 어떤 사람들은 배드민턴을 치거나, 자전거 또는 롤러블레이드를 타거나, 농구를 합니다. 때때로 저는 공원에 들러 사진을 찍거나 벤치에 앉아 친구와 대화합니다.

+PLUS Mind Map

○ **공원에서 하는 일**
공원에서 하는 다양한 활동들을 장소나 구역을 구분하여 생각해 볼 수 있습니다.

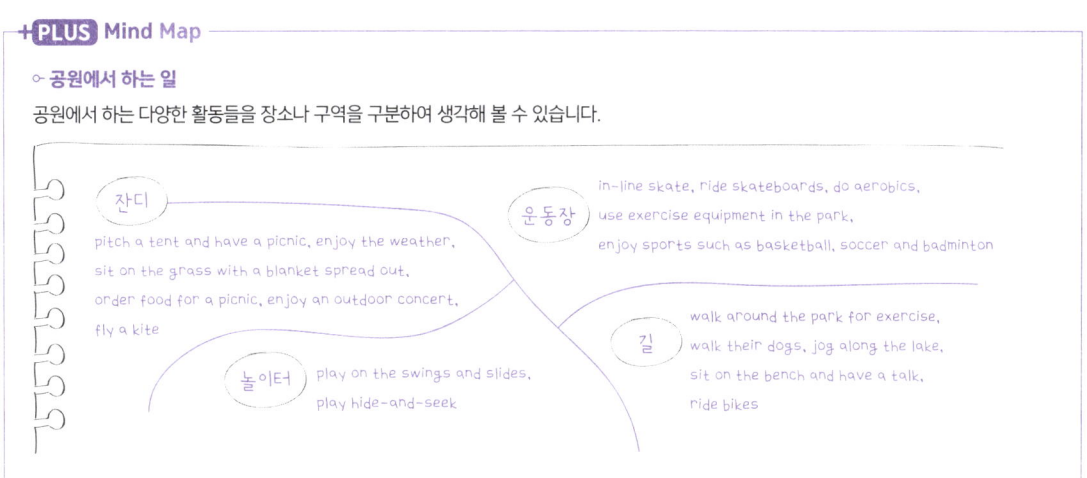

잔디
pitch a tent and have a picnic, enjoy the weather,
sit on the grass with a blanket spread out,
order food for a picnic, enjoy an outdoor concert,
fly a kite

운동장
in-line skate, ride skateboards, do aerobics,
use exercise equipment in the park,
enjoy sports such as basketball, soccer and badminton

길
walk around the park for exercise,
walk their dogs, jog along the lake,
sit on the bench and have a talk,
ride bikes

놀이터
play on the swings and slides,
play hide-and-seek

캠핑의 경험은 여행의 경험에도 속하기 때문에 [캠핑하기]를 선택한다면 [국내여행]을 함께 선택하면 효율적입니다. 자신의 캠핑 패턴을 정리하고, 가장 기억에 남는 캠핑, 캠핑장의 모습, 그때 있었던 일에 대해 정리해 둡니다. 캠핑의 장단점과 캠핑에 필요한 물건들을 묘사하는 문제도 출제되고 있습니다.

미리 생각해보기

| 캠핑을 가는 빈도와 장소 | 캠프장에 도착해서 하는 일 | 캠핑 중에 기억에 남는 경험 | 캠핑할 때 가져가는 물건 | 사람들이 캠핑을 즐기는 이유 |

기출문제 내가 캠핑을 가서 하는 일

◀)) MP3 035

You indicated in the survey that you like to go camping. How often do you go camping? Where do you go? Who do you go with? What do you usually do when you go camping?

당신은 설문에서 캠핑 가는 것을 좋아한다고 했습니다. 얼마나 자주 캠핑을 갑니까? 어디로, 누구와 함께 갑니까? 캠핑을 가면 보통 무엇을 합니까?

샘플답변

I used to go camping with my family every month when I was young. Now, I don't go camping that often, but every time I do, it's memorable and enjoyable.

These days, I enjoy urban camping at the Han River. I go with friends and we enjoy the scenery, talk about things, eat snacks, and take photos. Even without a tent, just sitting on a picnic blanket or lying under an umbrella feels like camping because of all the other tents there. Because we don't have to drive a lot, we have more energy to talk and enjoy ourselves. We might eat takeout pizza while admiring the views of the river and cityscape.

When I was a child, camping was magical. Now as an adult, camping is great relaxation with friends and a great escape from ordinary life. And a river breeze is better than the stale air of city streets.

캠핑 장소와 함께 가는 사람, 그곳에서 하는 일에 대해 구체적으로 준비하고, 캠핑에 대해 갖고 있는 생각을 드러내면 더욱 훌륭한 답변이 됩니다.

▶ **나의 캠핑 스타일**
현재의 반복적인 행동이므로 현재시제를 사용합니다.

AL Expression
cityscape 도시 경관
great relaxation 훌륭한 휴식
a great escape from ordinary life 일상으로부터의 기분 좋은 탈출
stale air 탁한 공기

저는 어렸을 때 매달 가족과 캠핑을 가곤 했습니다. 이제 저는 그렇게 자주 캠핑을 가지는 않지만, 캠핑을 하러 갈 때마다 기억에 남고 즐겁습니다. 요즘에는 한강에서 도심 캠핑을 즐깁니다. 친구들과 함께 가서 경치를 즐기고, 이런저런 이야기를 나누고, 간식을 먹고, 사진도 찍습니다. 텐트가 없어도 그곳에 있는 다른 텐트들 덕에 그냥 돗자리에 앉거나 파라솔 아래 누워 있어도 캠핑하는 느낌이 납니다. 운전을 많이 할 필요가 없기 때문에 이야기하고 즐길 에너지도 더 많습니다. 강과 도시의 경치를 감상하면서 테이크아웃 피자를 먹을 수도 있습니다. 어렸을 때 캠핑은 마법과 같은 일이었습니다. 이제 성인으로서 저에게 캠핑은 친구들과의 훌륭한 휴식이자 일상으로부터의 기분 좋은 탈출입니다. 그리고 도시 길거리의 탁한 공기보다 강바람이 더 좋습니다.

Can you describe your most memorable camping trip? Maybe something funny, unexpected, or challenging happened. Start by telling me when and where you were camping and who you were with.

가장 기억에 남는 캠핑에 대해 묘사해 줄 수 있습니까? 재밌는 일이나 뜻밖의 일, 힘든 일이 일어났을 수 있습니다. 언제, 어디에서, 누구와 캠핑을 했는지부터 이야기해 주세요.

샘플답변

My most memorable camping trip was with my taekwondo group when I was in middle school. We camped in the countryside where there were **very few city lights**. We found a nice place, which was surrounded by woods and flat enough to set up the tents by ourselves. The group was large, maybe 30 people.

Our instructors cooked meat on a barbeque grill. We students helped them with preparing. Even though the food was simple hamburgers **and such**, it was interesting to have our instructors cook for us. And eating the food outside with lots of friends was a unique and fun experience. At night, our instructors **built a campfire**. A warm and lively fire on a dark and cool night was comforting. It was interesting to see people relaxed and not focused on taekwondo anymore.

It was a real **bonding experience**. But also a wondrous nature experience, in the middle of forests and with thousands of stars above our heads.

특별한 사건이 아니어도 어린 시절에 갔던 캠핑 경험 자체가 기억에 남을 수 있습니다. 캠핑을 했던 장소와 어른들이 해주는 음식, 그리고 캠프파이어 광경 등을 떠올려 보세요.

AL Expression

very few city lights 도시의 불빛이 거의 없는
and such 등등
build a campfire 모닥불을 피우다
bonding experience 사람들과 끈끈해지는 경험

▶ **경험의 의미**

기억에 남는 일에 대해서는 그 경험의 의미나 가치에 대해 언급하면서 답변을 마무리해 보세요.

가장 기억에 남는 캠핑 여행은 중학교 때 태권도 그룹과 함께 간 여행이었습니다. 도시의 불빛이 잘 보이지 않는 시골에서 캠핑을 했습니다. 우리는 숲으로 둘러싸여 있고 스스로 텐트를 칠 수 있을 정도로 평평한 좋은 자리를 찾았습니다. 그룹에는 사람이 많았는데, 30명 정도였던 것 같습니다. 선생님들은 바비큐 그릴에 고기를 구웠습니다. 우리 학생들은 선생님들이 준비하는 것을 도왔습니다. 음식은 간단한 햄버거 같은 것들이었지만, 선생님들이 우리에게 요리를 해준다는 것이 재미있었습니다. 게다가 많은 친구들과 밖에서 음식을 먹는 것은 독특하고 즐거운 경험이었습니다. 밤에는 선생님들이 모닥불을 피웠습니다. 어둡고 추운 밤에 따뜻하고 활기 있는 불은 기운을 북돋워 주었습니다. 사람들이 느긋이 쉬면서 태권도에 집중하지 않는 모습을 보니 흥미로웠습니다. 정말 사이가 끈끈해지는 경험이었지만 숲속 한복판에서 머리 위의 무수한 별들과 함께한, 경이로운 자연에 대한 경험이기도 했습니다.

+PLUS Advanced Vocab

∘ **캠프에 다녀온 경험**

go camping in the woods 숲으로 캠핑을 가다
participate in a summer camp 여름 캠프에 참여하다
be new to camping 처음 캠핑을 가다
put[set] up a tent 텐트를 치다
strike a tent 텐트를 걷다
peg a tent down securely 텐트를 말뚝을 박아 단단하게 치다
unpack a bag 짐을 풀다

prepare simple food 간단한 음식을 준비하다
lie in hammock 해먹에 눕다
look at the stars in the sky 하늘의 별을 바라보다
be captivated by the night view 야경에 매료되다
enjoy the beauty of nature 자연의 아름다움을 만끽하다
be good for both one's body and mind 몸과 마음에 모두 좋다

Which items should you take when you go camping? What do you use them for? Please explain them in detail.

캠핑을 갈 때 어떤 물품을 챙겨야 합니까? 그 물품들은 어디에 씁니까? 그 물품들에 대해 자세히 설명해 주세요.

샘플답변

For camping, I take my tent, some food and drink, comfortable clothes and shoes, and a phone with a camera.

First of all, a tent is needed for camping overnight. It provides shelter from the cold winds and possible rain at night.

Of course, food and drink are a must. In the past, my friends and I brought along takeout food such as fried chicken. It was good but a bit messy and it got cold. A simple sandwich is just as good.

Clothes and shoes comfortable and proper for the conditions of the campsite are very important. Waterproof and windproof jackets keep me comfortable when hiking. Rugged shoes protect my feet when I'm stepping on rocks or sharp branches.

And with my smartphone, I take pictures of nature and also myself and others. A phone also comes in handy in emergency situations. So I always carry a portable charger in my backpack.

▶ **물품 열거하기**

캠핑을 갈 때 챙겨 가는 물건은 한두 개가 아닐 것입니다. 이들을 한꺼번에 열거하면서 답변을 시작합니다. 언급한 캠핑 용품마다 그 쓰임새를 하나씩 설명하면서 답변을 전개합니다.

AL Expression

provide shelter 피난처를 제공하다
must 필수(조건)
as good 같은 정도로 좋은
come in handy 도움이 되다

캠핑을 갈 때 저는 텐트와 약간의 음식과 음료, 편한 옷과 신발, 카메라가 내장된 휴대폰을 챙깁니다. 무엇보다도 텐트는 1박으로 캠핑할 때 필요합니다. 텐트는 밤에 부는 찬바람과 내릴 가능성이 있는 비로부터 피난처를 제공해줍니다. 물론, 음식과 음료도 필수입니다. 예전에, 친구들과 저는 프라이드치킨 같은 테이크아웃 음식을 가져갔습니다. 맛은 있었지만 좀 지저분해졌고 차갑게 식어 있었습니다. 간단한 샌드위치도 좋습니다. 캠핑장 환경에 맞는 편안한 옷과 신발도 아주 중요합니다. 방수 및 방풍 재킷을 입으면 하이킹할 때 편안합니다. 튼튼한 신발은 바위나 날카로운 나뭇가지를 밟을 때 제 발을 보호해줍니다. 그리고 저는 스마트폰으로 자연 경관도 찍고 제 모습과 다른 사람들의 모습도 찍습니다. 휴대폰은 비상시에도 유용합니다. 그래서 저는 항상 휴대용 충전기를 배낭에 넣어가지고 다닙니다.

+PLUS Mind Map

∘ **물품의 용도 설명하기**

대표적인 캠핑 용품을 서너 가지 선정하고 각각의 용도를 대략적으로 생각해 본 후에 답변에서 구체화합니다. 그 외의 캠핑 용품들도 생각해 보세요.

캠핑 용품	〈용도〉
텐트	⟶ 밤에 잠을 자기 위한 장소로, 비나 추위로부터 피난처가 될 수 있다.
음식, 음료	⟶ 충분한 음식과 음료는 필수품! 간단하고 상할 염려가 없는 음식이 좋다.
옷가지, 신발	⟶ 가볍고 내구성 있는 옷과 신발이 필요하다. 바람막이, 방수기능은 플러스!
스마트폰	⟶ 사진을 찍는 데 사용하고, 무엇보다 위급상황에 필수적이다.

〈기타〉
sleeping bag,
tarp, torch,
bug spray,
camping stove,
canned food,
Swiss army knife,
instant coffee,
chocolate bars

UNIT 06
스포츠 관람

[스포츠 관람]은 TV 중계를 보는 것과 경기장 관람 모두를 포함합니다. 올림픽이나 세계대회 등 국가 대항의 경기에서, 특히 축구나 야구 같은 단체 종목일 때에 관심을 갖고 경기를 지켜본 경험이 한 번쯤 있을 것입니다. 그때의 경험을 떠올리고, 기출문제에 맞추어 답변으로 구체화하세요.

미리 생각해보기

스포츠 관람 빈도와 장소 | 가장 좋아하는 스포츠 선수와 팀 | 최근에 관람한 스포츠 경기 | 우리나라에서 인기 있는 스포츠 | 스포츠를 관람하는 것과 직접 하는 것의 차이

기출문제 스포츠 관람 중 겪은 문제 ◀) MP3 038

You indicated in the survey that you like to watch sports games. Have you ever had any problems or difficulties while watching sports games? What were they? How did you solve them? Give me the story in detail.

당신은 설문에서 스포츠 관람을 좋아한다고 했습니다. 경기 관람 도중에 문제나 어려움을 겪은 적이 있습니까? 어떤 문제였습니까? 어떻게 문제를 해결했습니까? 자세히 이야기해 주세요.

샘플답변

A few years ago, my friend and I went to a stadium to watch a soccer game. We sat in our seats and chatted excitedly waiting for the game to start.

And all of a sudden a cup of coke flew from behind us and hit my friend in the back of his head. My friend jumped up from his seat. The liquid had soaked his shirt. We found out that there was a little boy behind us and he was not careful with his drink. My friend and I were upset but we couldn't be mean to a little boy. His parents apologized to us several times. The mom wiped the seat with her wet wipes for my friend. The dad bought a team shirt for my friend to change into.

So all in all, the problem was solved and everyone had settled down in time to watch the game.

육하원칙에 맞추어 언제, 어디서, 누구와 함께였는지 밝히면서 시작합니다. 관람 중 겪은 문제는 다양할 수 있습니다. 특별한 사건은 기승전결이 드러나게끔 서술하되 내용이 너무 길어지지 않도록 주의하세요.

▶ **당시의 감정**

어려움을 겪으면서 당시 느꼈던 감정도 답변에 포함하세요.

AL Expression

all of a sudden 갑자기
wet wipe 물티슈
all in all 대체적으로
settle down 편히 앉다, 진정하다

몇 년 전에, 친구와 저는 축구 경기를 보러 경기장에 갔습니다. 우리는 좌석에 앉아 경기가 시작되기를 기다리며 들뜬 마음으로 이야기를 나누고 있었습니다. 그런데 갑자기 콜라 한 컵이 우리 뒤에서 날아와 친구의 뒤통수를 가격했습니다. 친구는 좌석에서 벌떡 일어났습니다. 액체가 친구의 셔츠에 축축이 스며들어 있었습니다. 우리는 뒤에 앉아 있던 남자아이가 음료를 부주의하게 다뤘다는 것을 알았습니다. 친구와 저는 화가 났지만, 어린아이에게 못되게 굴 수는 없었습니다. 아이의 부모는 우리에게 몇 번이나 사과했습니다. 아이의 어머니는 친구를 위해 물티슈로 좌석을 닦아주었습니다. 아이의 아버지는 친구가 갈아입을 수 있도록 팀 셔츠를 사다 주었습니다. 그래서 대체로 문제는 해결되었고 경기를 관람하기 위해 제때에 모두 자리에 앉았습니다.

Can you tell me about your favorite sport in detail? Do you have a favorite player? Why do you like the player?

당신이 가장 좋아하는 스포츠에 대해 자세히 말해줄 수 있습니까? 가장 좋아하는 선수가 있습니까? 그 선수를 좋아하는 이유는 무엇입니까?

샘플답변

I like to watch figure skating. I can't skate myself but I love to watch figure skaters glide and dance and jump on the ice. To me, figure skating is more than just a sport. It is an art and a performance.

As all Koreans probably do, I like Kim Yuna. She is a great figure skater and an artist who has won many battles against herself. The discipline she puts herself through is beyond one's imagination. She is fantastic technically and her performance is truly inspiring. She is young but seems very mature. I am sure all that inner strength is what shines through in her work. I think she sets a great example for everyone around her and everyone who watches her.

Now that she is retired, she doesn't perform regularly for the world to see. But I anticipate her future activities and how she might influence others.

좋아하는 스포츠와 그 이유를 밝히는 말로 시작합니다. 그리고 그 스포츠계에서 좋아하는 선수와 그 이유를 밝혀야 합니다.

▶ **스포츠 선수의 특징**

해당 스포츠에 대한 지식이 없어도 그 선수의 의지력과 강인함을 강조하는 내용을 포함시킬 수 있습니다.

AL Expression

battle against oneself 자신과의 싸움

beyond one's imagination 상상 이상인

truly inspiring 진정한 영감을 주는

inner strength 정신력

set a great example 훌륭한 본보기가 되다

저는 피겨스케이팅 보는 것을 좋아합니다. 저는 스케이트를 탈 줄 모르지만, 피겨스케이팅 선수들이 빙상에서 미끄러지듯 움직이고 춤추며 점프하는 모습을 보는 것을 좋아합니다. 저에게 피겨스케이팅은 스포츠 이상입니다. 그것은 예술이자 공연입니다. 모든 한국인이 아마 그러하듯, 저는 김연아 선수를 좋아합니다. 김연아 선수는 훌륭한 피겨스케이팅 선수이자 자신과의 많은 싸움에서 승리한 예술가입니다. 이 선수가 겪어낸 훈련은 상상을 초월합니다. 기술적으로 굉장하며 연기도 정말 감동적입니다. 그녀는 어리지만 매우 성숙한 것 같습니다. 저는 그 모든 내면의 힘이 작품에서 빛을 발하는 것이라고 확신합니다. 그녀는 주변의 모든 사람과 자신을 지켜보는 모든 사람에게 훌륭한 본보기가 됩니다. 이제 은퇴해서 정기적으로 전 세계가 보는 공연을 하지는 않지만 저는 김연아 선수의 향후 활동과 다른 사람들에게 미칠 영향을 기대합니다.

+**PLUS** Mind Map

∘ **좋아하는 스포츠와 선수**

[스포츠 관람]을 선택한다면 좋아하는 스포츠 한 가지와 그 스포츠의 대표 선수 한 명을 선정하여 각각 정리해 둘 필요가 있습니다.

좋아하는 스포츠	피겨스케이팅	좋아하는 선수	김연아
스포츠의 특징	빙판 위에서 하는 예술적 스포츠	선수의 업적	많은 경기에서 우승을 했지만, 무엇보다 자신과의 싸움에서 이겼다.
좋아하는 이유	음악에 맞추어 춤추고 점프하는 모습이 좋다.	선수의 특징	기술적으로 뛰어나고, 예술적으로 영감을 준다.
나의 관람 경험	아이스쇼에 직접 가서 관람했다.	좋아하는 이유	스포츠 선수로서 내면의 강인함이 존경스럽다.

Can you explain one sport that people like in your country? What sport is it? And where do people watch the game? Do people watch it on TV or go to a stadium?

당신의 나라에서 사람들이 좋아하는 스포츠 한 가지를 설명해 줄 수 있습니까? 어떤 스포츠입니까? 사람들은 어디에서 경기를 봅니까? TV로 봅니까, 아니면 경기장에 갑니까?

샘플답변

We, Koreans, love soccer. Ever since the World Cup in 2002, the number of fans and fervent watchers has grown. People watch soccer both at stadiums and at home. We even watch it at bars and restaurants. But no matter where you watch a soccer game, there is usually a group of people watching it together. This trend of watching and cheering for a game together with other people seems more prevalent in recent years.

For example, when Korea is playing against another nation, friends and family get together at a certain place, usually at home, and order in. So, on a game night, one might find oneself walking down empty streets because everyone is inside watching the game. And one might hear a thundering roar throughout the neighborhood as the team scores a goal.

Soccer is no longer just a game. It has now evolved into a social event for the viewers.

▶ **스포츠 관람 문화**
한국에서 인기 있는 스포츠 종목 중 대표적인 것으로 축구를 이야기할 수 있습니다. 한일전 같은 국가대항 축구 경기를 함께 모여서 관람하는 모습은 하나의 문화가 되었습니다.

AL Expression
fervent 열렬한
prevalent 유행하는
order in 음식을 배달시키다
thundering roar 포효하는 소리
score a goal 골을 넣다

우리 한국인들은 축구를 좋아합니다. 2002년 월드컵 이후로, 팬과 열렬한 시청자의 수가 증가했습니다. 사람들은 축구를 경기장에서 보기도 하고 집에서 보기도 합니다. 술집과 식당에서 경기를 보기도 합니다. 하지만 어디서 축구 경기를 보든, 보통은 함께 경기를 보는 사람들이 있습니다. 다른 사람들과 함께 경기를 보며 응원하는 이 트렌드는 최근 들어 더 일반화된 것 같습니다. 예를 들어, 한국이 다른 나라와 경기를 할 때, 친구들과 가족은 주로 집 같은 특정 장소에 모여, 음식을 배달시킵니다. 그래서 경기가 열리는 밤에는 다들 실내에 들어가서 경기를 보고 있기 때문에 누군가는 인적 없는 거리를 걷게 될지도 모릅니다. 그리고 팀이 골을 넣었을 때 온 동네의 우레 같은 함성 소리를 듣게 될지도 모릅니다. 축구는 이제 단순히 경기가 아닙니다. 축구는 이제 시청자들을 위한 사회적 행사로 진화했습니다.

+PLUS Mind Map

⌐ **스포츠 관람 문화**
우리나라에서 인기 있는 스포츠 하나를 선정하고, 전반적인 관람 문화를 관람 방법을 기준으로 소개합니다. 앞서 언급한 관람 문화가 잘 드러나는 관람 모습을 구체적으로 묘사합니다.

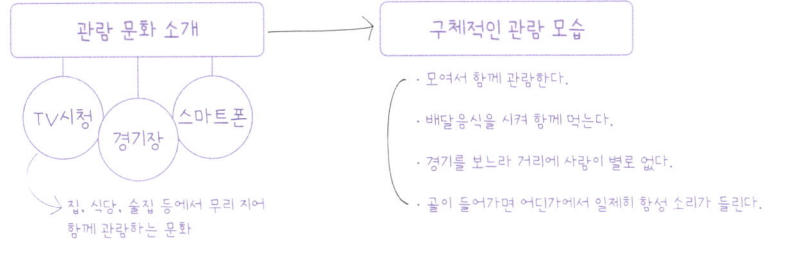

UNIT 07
카페/커피전문점에 가기

카페나 커피전문점에 대한 특별한 애착이 없는 응시자라도 우리 생활에서 밀접한 이 장소에 대해 말할 거리는 어렵지 않게 생각해 낼 수 있을 것입니다. 12개 항목을 채우기 어렵다면 가장 쉽게 선택할 수 있는 항목입니다. 이 주제의 특성상, 어떤 문제에 답하더라도 그 장소의 특징에 대한 묘사가 들어갈 수 있습니다.

미리 생각해보기

| 즐겨 가는 카페/커피전문점의 모습 | 카페/커피전문점에 가서 하는 일 | 카페/커피전문점에서 있었던 일 | 우리나라 카페/커피전문점의 모습 | 카페/커피전문점의 과거와 현재 |

기출문제 **카페에서 있었던 일** ◀) MP3 **041**

You indicated in the survey that you like to go to cafés or coffee shops. You might have had an unforgettable experience while you were at a café. Tell me about a memorable incident at a café. What happened? Who were you with?

당신은 설문에서 카페나 커피전문점에 가는 것을 좋아한다고 했습니다. 당신은 카페에 있는 동안 잊을 수 없는 경험을 했을 수도 있습니다. 카페에서 있었던 기억에 남는 사건에 대해 말해주세요. 무슨 일이었습니까? 누구와 함께 있었습니까?

샘플답변

There was a funny incident at a café that I can still remember. I was at a café in my neighborhood around lunchtime on a weekday. I was talking with a few friends of mine.

Suddenly, a steady parade of dozens of people walked in from one side of the café and out the other. They didn't order anything. They were just office workers on their way to lunch. The café was on the first floor of a tall office building. Instead of walking outside and around the café, they just used the café as a shortcut. It was an amazing opportunity for watching many people at one time. My friends told me the whole thing repeats in reverse an hour later.

I thought the café was clever to not fight but to accommodate this human migration.

▶ **사건의 배경**

기억에 남는 사건이 있었음을 인정하면서 시간과 장소, 누구와 함께 있었는지 등 사건의 배경을 언급하면서 시작합니다. 기승전결이 드러나는 직접 경험한 사건도 좋고, 재미있는 광경을 목격한 일도 좋습니다.

AL Expression

as a shortcut 지름길로써
in reverse 반대로
human migration 인구이동

▶ **마무리**

그 일에 대한 나의 생각을 정리하면서 답변을 마무리합니다.

아직까지 기억나는 카페에서 일어났던 재미있는 사건이 하나 있었습니다. 저는 평일 점심시간 즈음에 근처에 있는 카페에서 친구들 몇 명과 이야기를 하고 있었습니다. 갑자기 수십 명의 행렬이 카페의 한쪽으로 들어와서 다른 쪽으로 걸어 나가는 것이었습니다. 그들은 아무것도 주문하지 않았습니다. 그냥 점심을 먹으러 가는 직장인들이었습니다. 그 카페는 고층 오피스 빌딩의 1층에 있었습니다. 밖으로 나가 카페를 빙 둘러 걷는 것 대신에, 그들은 카페를 지름길로 사용하는 것이었습니다. 한꺼번에 많은 사람을 보았던 놀라운 기회였습니다. 제 친구들은 한 시간 후에 모든 일이 반대로 반복된다고 말했습니다. 저는 카페가 싸우지 않고 이 사람들의 이동을 수용해주는 것이 현명하다고 생각했습니다.

Please describe your favorite coffee shop. Where is it located? What does it look like outside and inside? What is special about that place?

당신이 가장 좋아하는 카페에 대해 설명해 주세요. 카페는 어디에 있습니까? 카페의 외부와 내부는 어떻게 생겼습니까? 그곳의 특별한 점은 무엇입니까?

샘플답변

There is a really fancy coffee place on the corner of the street where I work. It is one of my favorite places to visit. The name of the shop is Beaum.

I really like the antique feel of the shop from the outside. When you enter, there is a huge yellow-colored sofa in the center of the shop. That's where I love to sit and drink one of their hand-dripped coffees. The tables and chairs at this shop are not uniform. They are tables and sofas of different kinds, sizes, and color. I like the mix-and-match style of the shop. That's what makes this place special. A lot of people seem to come to this shop to take pictures.

When some people hear me talk about this coffee place, they are instantly intrigued. Everyone who had visited this place came back to tell me how nice they thought it was.

좋아해서 자주 가는 카페의 이름과 위치로 답변을 시작하고, 끝은 그 카페에 대한 총평으로 마무리합니다.

▶ **장소 묘사**

카페의 모습을 외부에서 내부로, 그곳의 특징을 전체적인 모습에서 세부적인 모습으로 묘사합니다. 여기에 자신의 취향이나 경험을 포함시키면 좀 더 성의 있는 답변이 됩니다.

AL Expression

uniform 획일적인

mix-and-match style 잡다한 것을 짜맞춘 스타일

instantly intrigued 즉각적으로 큰 관심을 보이는

제가 일하는 곳의 길모퉁이에 정말 멋진 커피점이 있습니다. 그곳은 제가 가장 좋아하는 장소 중 하나입니다. 가게의 이름은 Beaum입니다. 저는 밖에서 보이는 가게의 고풍스러운 느낌을 정말 좋아합니다. 들어가면 가게 중앙에 노란 빛깔의 커다란 소파가 있습니다. 저는 그 소파에 앉아서 그곳의 핸드 드립 커피를 한잔 마시는 것을 좋아합니다. 이 가게의 테이블과 의자는 획일적이지 않습니다. 테이블과 소파의 종류며 크기, 색이 다양합니다. 저는 그 가게의 믹스앤매치 스타일을 좋아합니다. 그 장소를 특별하게 만드는 이유이기도 합니다. 많은 사람들이 사진을 찍기 위해 이 가게에 오는 것 같습니다. 제가 이 커피점에 대해 이야기하는 것을 들으면 어떤 사람들은 바로 큰 관심을 보입니다. 방문했던 사람들 모두가 제게 와서 이곳을 멋진 곳이라고 합니다!

+PLUS Mind Map

◦ **카페 묘사하기**

장소를 설명할 때에는 그곳의 외관을 밖에서 본 모습부터 시작해 보세요. 그리고 내부로 이동한다고 가정하고 그 과정에서 보이는 특징적인 것들을 묘사합니다.

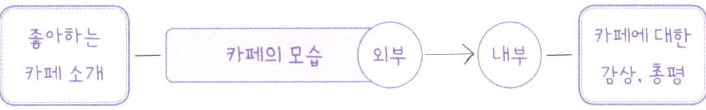

좋아하는 카페 소개 ─ 카페의 모습 외부 → 내부 ─ 카페에 대한 감상, 총평

How have cafés changed over the years in your country? How were they in the past, and how are they now? Is there anything special about them today?

지난 수년간 당신의 나라에서 카페는 어떻게 바뀌었습니까? 과거 카페의 모습과 현재 카페의 모습은 어떻습니까? 오늘날의 카페에는 어떤 특별한 점이 있습니까?

샘플답변

Cafés in Korea have changed over the years, no doubt about it. About a decade ago, let's say, cafés were just places for some folks to go for coffee and conversation.

But nowadays, there's a trend of high-end cafés with luxurious interiors and higher quality coffee. And so many people and students work on their laptops there. These fancy cafés are like study rooms, libraries, and workplaces all rolled into one.

In the past, I'd see people with their friends talking for a while and then leaving. But now with smartphones and laptops, more people stay for a longer time while using their devices. They could be studying or working or just whiling away the time. The people talking are pretty much a minority.

As a result, while the café may be packed, it's ironically quieter as everyone seems to be glued to their screens.

우리나라의 카페 문화에 그동안 많은 변화가 있었음을 인정하는 말로 시작합니다. (Cafés in Korea have changed over the years, no doubt about it.) 샘플답변에서처럼 카페가 과거에는 주로 만남의 장소였던 반면, 현재에는 독서실과 같은 장소가 되었다는 것을 이야기할 수 있습니다.

▶ **과거와 현재 대조하기**

In the past, But now 등의 표현을 이용해 과거와 현재를 대조합니다.

AL Expression

let's say 예를 들면
roll into one 합쳐서 하나가 되다
while away the time 시간을 느긋하게 보내다
be glued to ~에 꼭 들러붙다

의심의 여지없이, 지난 수년간 한국의 카페는 변화했습니다. 약 10년 전의 카페는 사람들이 커피를 마시고 대화를 나눌 수 있는 장소였습니다. 하지만 요즘은 호화로운 인테리어와 질 좋은 커피를 갖춘, 고급 카페의 경향이 있습니다. 그리고 많은 사람들과 학생들이 노트북으로 일을 합니다. 이 멋진 카페들은 독서실이나 도서관, 사무실 등이 모두 합쳐서 하나가 된 것 같습니다. 과거에는 친구들과 잠시 이야기하고 떠나는 사람들을 볼 수 있었습니다. 그러나 이제는 스마트폰과 노트북으로 인해 더 많은 사람들이 장치를 사용하면서 더 오래 머물러 있습니다. 공부를 하거나 일을 하거나, 아니면 그저 시간을 보내는 것일 수도 있습니다. 소수의 사람들만이 이야기를 합니다. 결과적으로, 카페는 꽉 들어찬 반면, 모두가 화면에 고정된 것처럼 보이기 때문에 아이러니하게도 더 조용합니다.

＋PLUS **Mind Map**

∘ **현재 중심으로 비교하기**

과거와 현재의 모습을 비교할 때에는 가장 극명하게 보이는 큰 변화 한 가지를 준비하고, 현재의 모습을 중점적으로 정리해 보세요.

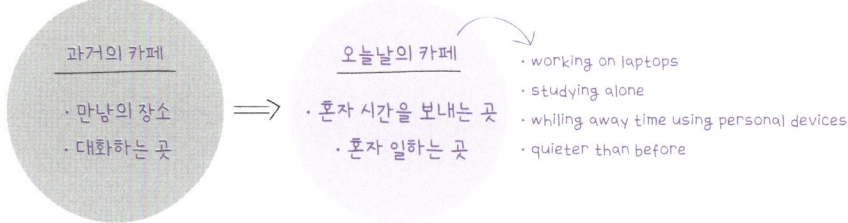

UNIT 08
SNS에 글 올리기

언제, 어디서든 온라인에 접속할 수 있는 스마트폰의 보급으로 SNS 활동을 하는 사람들이 점점 늘고 있습니다. 자주 이용하는 SNS를 한 가지 정하고 그 SNS의 특징과 나의 사용 패턴을 정리해 두세요. 또, SNS의 특징과 장단점, 문제점 등 사회적 이슈에 대해 자신의 의견을 미리 정립해 두세요.

미리 생각해보기

| 자주 이용하는 SNS의 특징 | SNS에 주로 올리는 포스팅 | 가장 기억에 남는 게시물 | SNS를 할 때 주로 이용하는 기기 | SNS 관련 최근 이슈 |

기출문제 좋아하는 SNS

You indicated in the survey that you post messages on social networking sites. Can you tell me what your favorite SNS is, and why you like it the most? In addition, what purpose do you use it for?

당신은 설문에서 SNS에 글을 올린다고 했습니다. 가장 좋아하는 SNS는 무엇이며, 그 SNS가 가장 마음에 드는 이유를 말해줄 수 있습니까? 그리고 당신은 SNS를 어떤 용도로 사용합니까?

샘플답변

My favorite SNS is Instagram because it is easy to use. By posting a photo with some comments explaining my situation or my mood, I can instantly connect to people I know and sometimes people I don't know.

In this way, I can share my daily life with my old friends whom I don't see often these days, which is my main reason to be on Instagram. I'm interested in yoga, so I follow a few yoga instructors, and of course some celebrities. I can't have a long or deep conversation with my Insta-friends but the occasional input from them can make a big difference to my mood.

Plus, it's helpful to find good restaurants, bars or hairdressers. It's not always successful, but I think, the more postings, the better the choices I can make.

▶ **SNS의 장점**

자주 사용하는 SNS로 페이스북이나 인스타그램 등을 선택할 수 있습니다. SNS는 정보를 얻을 수 있다는 장점도 있지만, 나와 사람들을 연결시켜주는 (connect) 역할을 하기 때문에 이 점을 답변에 언급하세요.

AL Expression

instantly connect to ~에게 즉시 연결되다
have a deep conversation with ~와 깊은 대화를 나누다
occasional input 가끔 오는 소식

제가 가장 좋아하는 SNS는 인스타그램인데, 사용하기가 쉽기 때문입니다. 제 상황이나 기분을 설명하는 코멘트와 사진을 게시함으로써 제가 아는 사람들, 때로는 모르는 사람들에게도 즉시 연결될 수 있습니다. 이런 식으로 저는 요새 들어 자주 보지 못하는 오래된 친구들과 일상생활을 공유할 수 있으며, 이것이 제가 인스타그램을 쓰는 주된 이유입니다. 저는 요가에 관심이 있어서 요가강사들을 팔로우하고, 당연히 몇몇 유명인사들도 팔로우합니다. 인스타그램 친구들과 길고 깊은 대화를 나눌 수는 없지만 가끔 있는 그들의 피드는 제 기분을 크게 바꿀 수 있습니다. 거기에 더해, 좋은 식당, 술집 또는 미용실을 찾는 데에도 도움이 됩니다. 언제나 성공적인 건 아니지만, 포스팅이 많이 올라올수록 더 나은 선택을 할 수 있는 것 같습니다.

When do you post messages on your social networking account? And how often do you post things? Plus, tell me what kind of comments you usually post on social networking sites. Tell me everything about it.

당신은 언제 SNS에 글을 게시합니까? 그리고 얼마나 자주 게시합니까? 또한, SNS에 어떤 종류의 코멘트를 올리는지도 전부 말해주세요.

샘플답변

I put up a post almost every day on my Instagram account. However, if I travel, I tend to post more than twice a day. Depending on what I do during my holiday, when I experience something new such as a jet boat ride or camping on the beach, I post a series of photos and often video clips as well.

In my daily life, if I find a really good dish in a restaurant, delicious wine or beer in a bar, or really good coffee or cake in a café, I post photos with some short comment. I try to write about my feeling at that moment. In my comments, I try not to include anything negative. I want to be positive, especially when it comes to talking about food and drinks.

I think most users of SNS like to share their light and enjoyable contents to relieve their daily stress.

SNS에 얼마나 자주 포스팅을 하는지 답하면서 시작합니다. 여기에 주로 어떤 상황에서 어떤 포스팅을 하는지 구체적인 사례를 들어 부연설명을 더합니다.

▶ **SNS의 특성**

SNS에 올리는 글은 가볍고 즐거운 내용, 자랑할 만한 내용이 올라오는 특성이 있습니다.

AL Expression

not include anything negative 어떤 부정적인 것도 포함하지 않다

when it comes to ~에 관해서라면

저는 제 인스타그램 계정에 거의 매일 포스팅을 올립니다. 여행을 간다면 하루에 두 번 이상 포스트를 올리기도 합니다. 휴가 동안 무엇을 하느냐에 따라, 제트보트 타기나 해변에서의 캠핑과 같은 새로운 경험을 할 때, 저는 일련의 사진들과 비디오 클립도 게시합니다. 일상생활에서는 식당에서 진짜 맛있는 음식이나 맛있는 와인, 맥주, 또는 카페에서 정말 좋은 커피나 케이크를 발견하면 간단한 코멘트와 함께 사진을 게시합니다. 저는 그 순간의 감정에 대해 쓰려고 노력합니다. 제 코멘트에는 어떤 부정적인 것도 넣지 않으려 노력합니다. 특히 음식과 음료에 관해서는 긍정적이고 싶습니다. 대부분의 SNS 사용자들은 일상의 스트레스를 해소하기 위해 가볍고 즐거운 내용을 공유하는 것을 좋아하는 것 같습니다.

+PLUS Advanced Vocab

⊶ **SNS의 이용**

· The reason I use Facebook is because I can share various news from around the world quickly.
제가 페이스북을 이용하는 이유는 전 세계의 다양한 소식을 빠르게 공유할 수 있어서 입니다.

· This SNS is the most popular media network in the world and I can get the most information through it.
이 SNS는 세계에서 가장 유명한 미디어 네트워크로, 저는 이것을 통해서 가장 많은 정보를 얻을 수 있습니다.

· I also use SNS to promote my business and it is very effective.
저는 또한 사업을 위해 SNS를 이용하고 있고, 효과는 매우 좋습니다.

· In my opinion, each SNS has suitable contents for posting.
제 생각에는 각 SNS마다 포스팅에 알맞은 콘텐츠가 따로 있습니다.

· The new and advanced smartphones have a lot more functions than the past, so you can upload various postings instantly on SNS.
새롭고 발전된 스마트폰은 과거보다 훨씬 많은 기능을 가지고 있어서 SNS에 다양한 포스팅을 즉각적으로 올릴 수 있습니다.

· In the past, I used computers to communicate with others via email and instant messengers, now, I use my smartphone to access SNS anytime, anywhere.
과거에는 컴퓨터를 이용해서 이메일과 메신저로 다른 사람들과 소통했다면, 요새는 스마트폰을 이용해서 SNS에 언제, 어디서든 접속합니다.

I'm sure that you can remember some interesting posts. What was the most interesting one? What was it about? Was it a picture or a comment? Why was it so memorable for you? Describe it in as much detail as possible.

당신은 흥미로운 포스팅을 기억할 것입니다. 가장 흥미로웠던 포스팅은 무엇입니까? 무엇에 관한 것이었습니까? 사진이었습니까, 코멘트였습니까? 왜 그렇게 기억에 남습니까? 가능한 한 자세히 설명해 주세요.

샘플답변

There is a huge amount of postings uploaded on SNS every day, but there was one post that gave me a strong impression recently.

It was a few days ago. I happened to see a video clip on Instagram under the title "friendship." There were two puffer fish in shallow water. One was caught in a fishing net and the other one wasn't. The fish that wasn't caught, however, wouldn't leave the other one and it hung around right next to him. They stayed together for some time. When a person cut the fishing net and set the fish free, both puffer fish swam off together.

The video clip really stuck in my mind. Some people might say that animals don't have feelings, but these two puffer fish showed that humans are not the only ones who have feelings and emotions.

짧게 설명할 수 있으면서도 강한 인상을 줄 수 있는 포스팅으로 준비합니다. 이 답변은 [인터넷 서핑] 주제와 관련해 기억에 남는 일에 대해 이야기할 때에도 활용할 수 있습니다.

AL Expression

give a strong impression 강한 인상을 주다

stick in one's mind 머릿속에서 떠나지 않다

*puffer fish 복어

▶ **인상적인 이유**

앞서 소개한 포스팅에 대한 나의 생각이나 느낌으로 마무리합니다.

SNS에는 매일 엄청난 양의 포스팅이 올라오는데, 그중 저에게 강한 인상을 준 포스팅이 하나 있었습니다. 며칠 전이었습니다. 우연히 인스타그램에 '우정'이라는 제목의 비디오 클립을 보았습니다. 얕은 물에 복어 두 마리가 있었습니다. 하나는 낚시 그물에 걸렸고 다른 하나는 걸리지 않았습니다. 그러나 잡히지 않은 물고기는 다른 물고기 곁을 떠나지 않고 있었습니다. 그들은 한동안 함께 머물렀습니다. 어떤 사람이 어망을 자르고 풀어주자 두 복어는 함께 헤엄쳐 갔습니다. 이 비디오 클립은 제 마음에 남았습니다. 어떤 사람들은 동물들에게는 감정이 없다고 말하지만, 이 복어 두 마리는 사람만이 감정을 가진 유일한 동물이 아니라는 것을 보여주었습니다.

+PLUS Another Question

Q What kind of device do you use when you post things up on social networking sites? What is special about device? Do you use a different device compared to in the past?

소셜 네트워킹 사이트에 무언가를 게시할 때 어떤 종류의 장치를 사용합니까? 그 기기의 특별한 점은 무엇입니까? 과거와 비교하여 당신은 다른 기기를 사용합니까?

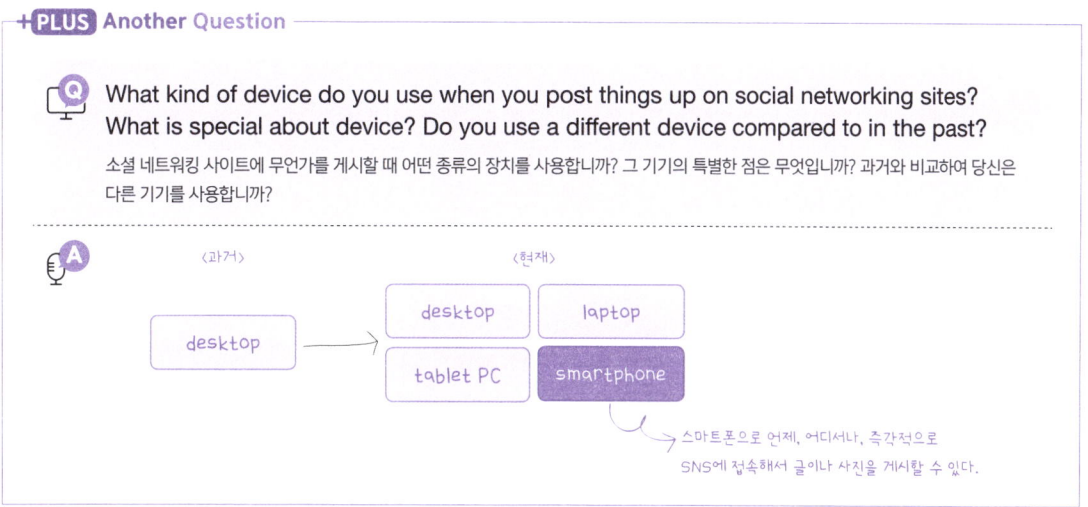

SNS에 글 올리기

설문에서 [SNS에 글 올리기]를 선택하지 않더라도, SNS는 돌발주제로 출제 빈도가 높고 사회적 이슈에서 빠지지 않는 주제입니다. AL 등급을 목표로 하는 분들은 SNS와 관련하여 시험 전에 더욱 철저히 준비할 필요가 있습니다.

SNS의 장단점

 Q Social networking has changed the way we communicate nowadays. Let's discuss about some of the major pros and cons regarding social networking habits. What do you think about it?

소셜 네트워킹은 오늘날 우리가 소통하는 방식을 변화시켰습니다. 소셜 네트워킹 습관에 관한 몇 가지 주요 찬반에 대해 논의해 보겠습니다. 그것에 대해 당신은 어떻게 생각하십니까?

A 찬성1 The biggest advantage is that you can find someone else who shares the same interests no matter where they live.
가장 큰 장점은 사는 곳과 관계없이 동일한 관심사를 공유하는 또 다른 사람을 찾을 수 있다는 것입니다.

찬성2 Social networking sites help people make new friends and strengthen relationships with others.
SNS는 사람들이 새로운 친구를 사귀고 사람들과의 관계를 강화할 수 있도록 합니다.

반대 Social media users can post their own material from time to time and their followers can easily monitor their habits, so personal identity can be easily seen.
소셜 미디어 사용자가 때때로 자신에 관한 것을 게시하고 팔로워가 그들의 습관을 쉽게 모니터링할 수 있으므로 개인 신상정보가 쉽게 노출될 수 있습니다.

SNS를 시작한 계기와 변화

 Q When did you first become interested in SNS? Tell me in detail how your interest first started, and how your interest has changed over the years.

언제 SNS에 처음 관심을 갖게 되었습니까? 당신의 관심이 어떻게 처음 시작되었으며, 어떻게 변했는지 자세히 설명해 주세요.

 A 계기1 I haven't used SNS at all until recently, but because my friends are all doing SNS, I became interested and started.
최근까지 SNS를 전혀 사용하지 않았는데 주변 지인들이 전부 SNS를 하기 때문에 관심을 갖고 시작했습니다.

계기2 Since I like taking pictures, I started SNS to post my pictures on it.
사진 찍는 걸 좋아해서 제 사진을 게시하면서 SNS를 시작하게 되었습니다.

관심의 변화 In the beginning, I used to enjoy personal photos of other people, but as time goes by, I use SNS to get information of restaurants, sightseeing spots and shopping items.
초반에는 다른 사람의 개인적인 사진을 즐겨봤는데 시간이 지날수록 맛집이나 관광지, 쇼핑에 관한 정보를 얻기 위해 SNS를 사용하고 있습니다.

UNIT 09
음악 감상하기

[음악 감상하기]는 일상생활과 깊이 관련이 있기 때문에 OPIc에서도 가장 많이 선택되고, 관련 문제도 다양합니다. 기본적으로 좋아하는 음악 장르와 노래, 가수를 미리 정해 놓습니다. 본인이 음악을 듣는 습관과 함께 감상 방법(기기)도 준비합니다. 취미 항목은 관심을 갖게 된 계기와 시간에 따른 취향의 변화를 생각해 두어야 합니다.

미리 생각해보기

| 음악 감상을 하는 장소 | 음악을 좋아하게 된 계기 | 좋아하는 노래와 장르, 가수 | 음악을 들을 때 사용하는 기기 | 음악 취향의 변화 |

기출문제 음악에 관심을 갖게 된 계기
◀)) MP3 047

You indicated in the survey that you like to listen to music. Tell me about the moment when you first became interested in music. Why did you decide to listen to music? Did anyone influence your music preference? How do your tastes for music differ from the beginning to now? Tell me about it.

당신은 설문에서 음악 감상을 좋아한다고 했습니다. 당신이 처음 음악에 관심을 갖게 된 순간에 대해 말해주세요. 왜 음악을 듣게 되었습니까? 누가 당신의 음악 취향에 영향을 주었습니까? 음악에 대한 취향은 처음과 지금 어떻게 다릅니까?

샘플답변

I was a naïve schoolgirl. I did not have any particular hobbies of my own. I liked to read and watch TV once in a while.

Then, in my fourth-grade summer, I had received a Walkman and a cassette tape from my father. This was what got me started in music. I began going to the store every week for new albums of pop singers. I started listening to the radio for a variety of music. I also started reading music magazines and watching music programs on TV. Music was great to listen to but more than that, it was great having a topic to share with friends who have a similar taste for music. I think listening to music and talking about it helped me make friends.

Now, I don't listen to pop songs as much. Instead, it is always nice to listen to classical music and jazz on the radio.

음악에 관심을 갖기 전의 모습으로 답변을 시작합니다. 당시의 음악 취향과 지금의 음악 취향의 변화도 잊지 말고 답변에 포함하세요.

▶ **계기와 관심**

계기가 된 사건과 함께 그 관심으로 인해 시작한 일들에 대해 이야기하세요.

AL Expression

but more than that 그런데 그보다는
have a similar taste for music 음악 취향이 비슷하다

저는 아무것도 모르는 어린 학생이었습니다. 자신만의 특별한 취미도 없었습니다. 독서를 좋아했고 가끔 TV를 보았습니다. 그런데 4학년 여름에 아버지께서 워크맨과 카세트테이프를 주셨습니다. 이것이 제가 음악에 관심을 갖게 된 계기였습니다. 저는 매주 가게에 가서 팝 가수의 새 앨범을 사기 시작했습니다. 여러 가지 음악을 듣기 위해 라디오를 청취하기 시작했습니다. 또한 음악 잡지를 읽고 텔레비전의 음악 프로그램을 보기 시작했습니다. 음악 감상도 좋았지만, 그 이상으로 비슷한 음악 취향을 가진 친구들과 공유할 수 있는 주제가 있었기에 좋았습니다. 음악을 듣고 그것에 대해 이야기하면서 친구들을 사귈 수 있었습니다. 이제는 팝송을 많이 듣지 않습니다. 대신 라디오에서 나오는 클래식과 재즈를 듣는 것은 언제나 좋습니다.

Choose two musicians or singers you like and describe similarities and differences between them. What is special about each one? Which do you like better? Why?

당신이 좋아하는 두 명의 음악가나 가수를 선택하여, 그 둘 사이의 유사점과 차이점을 설명하세요. 각자 어떤 점이 특별합니까? 당신은 둘 중 어느 쪽이 더 좋습니까? 왜 그렇습니까?

샘플답변

I wouldn't say they are my favorite musicians in the world, but Freddie Mercury of Queen and David Bowie are two legendary icons in the industry. Both were extremely successful in their careers, and they both hailed from Britain but acquired an international following.

But as for their songs and style, they do have contrasts for sure. Mercury occasionally played the piano while singing expressively, almost theatrically. Bowie was a guitar player with a more straightforward rock and pop flair. Mercury, with his band, sang emotionally charged and eclectic lyrics. Bowie was with a band in his early punk era but later sang solo.

When I was in college, I would enjoy watching video clips of Bowie's performance in a striking costume.

▶ **유사점과 차이점**

반드시 좋아하는 대상이 아니어도 됩니다. 유사점과 차이점을 분명히 말할 수 있는 대상이면 됩니다. 우선 비교 대상을 소개하는 말로 시작합니다. 둘 사이의 유사점을 먼저 언급하고, 두 음악가의 대조되는 차이점을 소개합니다.

AL Expression

legendary icon 전설적인 아이콘
hail from ~ 출신이다
flair 천부적인 재능, 직감

세상에서 제가 가장 좋아하는 음악가라고는 말할 수 없지만, 퀸의 프레디 머큐리와 데이빗 보위는 음악계의 전설적인 아이콘입니다. 두 사람 모두 음악적으로 대단히 성공했고, 영국에서 태어났지만 전 세계적으로 많은 팬들이 있었습니다. 반대로, 그들의 노래와 스타일을 자세히 살펴보면, 대조되는 면이 분명히 있습니다. 머큐리는 풍부한 표현력으로, 거의 극적으로 노래를 부르면서 때때로 피아노를 연주했습니다. 보위는 좀 더 솔직하고 직접적인 록과 팝의 재능을 가진 기타 연주자였습니다. 머큐리는 자기 밴드와 함께 감정이 가득 차서 노래를 했고, 다방면의 가사를 불렀습니다. 보위는 초기 펑크 시대에는 밴드와 함께했지만 나중에는 솔로로 노래했습니다. 저는 대학에 다닐 때 파격적인 의상을 입은 보위의 공연을 보여주는 비디오 클립을 즐겨 보곤 했습니다.

+PLUS Mind Map

∘ **비교/대조 하기**

밴 다이어그램을 그려서 두 비교 대상의 유사점과 차이점을 정리해 보세요.

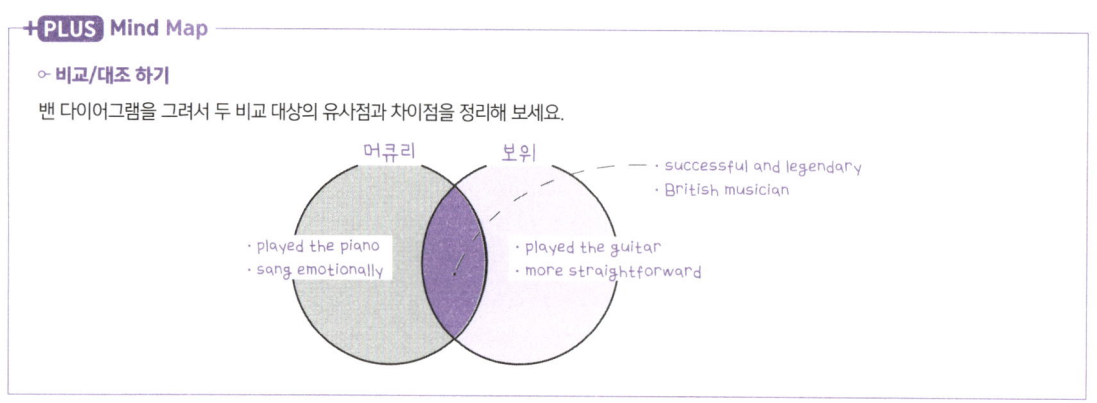

What kind of music device do you use when you listen to music? Do you listen to music with an MP3 player or a radio? Why do you use it? Tell me in detail.

음악을 들을 때 어떤 음악 기기를 사용합니까? MP3 플레이어나 라디오로 음악을 듣습니까? 왜 그것을 사용합니까? 자세히 말해주세요.

샘플답변

For a time, I used to listen to my music on an MP3 player. But now with smartphones, all my MP3s are on my phone. So convenient when on the go. But when I want to sit down to enjoy music, I use YouTube on a PC with headphones. How funny it is that a video streaming service is my go-to for music.

But YouTube has features which blow everything else out of the water. It has a vast library of songs instantly accessible. It has lyric videos which show the words. It has music videos which add a new dimension. And even if it's just a static graphic like a photo of the singer, it makes the experience more interesting.

Plus, my PC has large stereo headphones and the ability to search for information or new songs easily. The world of music is at our fingertips with PCs.

▶ **오늘날의 음악 감상**

음악을 들을 때 이용하는 기기를 과거와 대조하여 소개할 수 있습니다. 스마트폰과 같은 유형의 기기일 수도 있고, 웹사이트와 같은 무형의 프로그램일 수도 있습니다. 요즘에는 스마트폰과 앱 등을 이용해서 음악을 선택적으로 듣는 경향이 있습니다.

AL Expression

go-to 찾는 것
blow everything else out of the water 모든 것을 눌러버리다
add a new dimension 새로운 차원을 더하다
at one's fingertips 즉시 이용할 수 있는

저는 한동안 MP3플레이어로 음악을 들었습니다. 하지만 이제는 스마트폰이 있어서 모든 MP3 파일이 제 휴대폰에 있습니다. 이동 중에 참 편리하지요. 하지만 음악을 앉아서 제대로 즐길 때는 헤드폰을 끼고 PC에서 유튜브를 이용합니다. 음악을 듣기 위해 비디오 스트리밍 서비스를 찾는다는 게 조금 재미있긴 합니다. 그러나 유튜브는 타의 추종을 불허합니다. 유튜브에는 바로 연결할 수 있는 방대한 노래 라이브러리가 있습니다. 또 노래가사를 보여주는 비디오도 있습니다. 새로운 차원의 경험을 더해주는 뮤직 비디오도 있습니다. 가수의 사진과 같은 정적인 그래픽 일지라도, 유튜브가 더 재미있는 경험이 됩니다. 게다가 제 PC에는 대형 스테레오 헤드폰과 정보 검색과 새 노래 검색을 쉽게 할 수 있는 기능이 있습니다. PC로 인해 음악의 세계가 우리 가까이에 있습니다.

+PLUS Mind Map

⌐ **음악을 들을 때 사용하는 기기**

기기의 장점에 대해 미리 생각을 정리하면 좀 더 풍부하고 체계적인 답변을 할 수 있습니다.

이동할 때 — MP3 플레이어 → 스마트폰

음악을 감상하는 방법

컴퓨터를 쓸 때 — YouTube
· vast library of songs
· video clips such as music videos
· easy access to various genres

UNIT 10
악기 연주하기

[악기 연주하기]를 선택했다면 특정 악기를 다뤄 본 적이 있는 응시자일 것입니다. 악기 자체를 묘사해 보고, 처음 악기를 배웠던 시기의 이야기를 꼭 준비하세요. 악기를 연주하는 방법에 관해 물을 수 있기 때문에 특수 악기보다는 흔히 연주하는 악기를 정하는 것이 나을 수 있습니다.

미리 생각해보기

| 다루는 악기 묘사 | 악기 연주 방법 | 악기를 연주하게 된 계기 | 악기 연주를 좋아하는 이유 | 가장 기억에 남는 연주 경험 |

기출문제 악기를 연주하게 된 계기 ◀)) MP3 050

You indicated in the survey that you play a musical instrument. When did you start playing your musical instrument? Who taught you? Did you go to a music institute? How long have you been learning?

당신은 설문에서 악기를 연주한다고 했습니다. 언제 처음 악기 연주를 시작했습니까? 누가 가르쳐 주었습니까? 음악 학원에 다녔습니까? 얼마 동안 배웠습니까?

샘플답변

For one semester, I learned violin in a university class with other students thanks to the encouragement of a friend. A very nice and patient music professor taught the class.

Previously, I'd never played the violin, so I was worried I was picking it up too late in life. To my surprise, it wasn't as unapproachable as I'd feared. Perhaps it was the careful instruction of the professor or the help of my friend. At any rate, I felt pretty comfortable with the instrument by the end of six months.

My family was once surprised to see me back home for winter break carrying my violin in its case. I felt very cultured in that moment.

계기가 되었던 상황을 언제, 어디서, 어떤 악기를 누구에게 배웠는지로 시작합니다. 악기를 배운 후 실력이 발전해가는 모습, 첫 연주 경험 등을 추가합니다.

▶ **당시의 감정**

악기를 처음 잡았을 때 느꼈던 감정이나 악기를 배우면서 달라진 태도 등을 언급해 주세요.

AL Expression

unapproachable 접근하기 어려운
at any rate 좌우간에, 하여튼
cultured 고상한

저는 친구의 부추김에 대학 수업에서 다른 학생들과 함께 한 학기 동안 바이올린을 배웠습니다. 아주 친절하고 인내심 넘치는 음악 교수님이 수업을 가르쳤습니다. 이전에는 바이올린을 연주해 본 적이 없어서, 너무 늦게 바이올린을 잡은 게 아닐까 걱정했습니다. 하지만 놀랍게도, 두려워했던 것만큼 접근하기 어려운 것은 아니었습니다. 아마도 그것은 교수님의 세심한 지도나, 친구의 도움 때문이었을 것입니다. 여하튼, 6개월이 끝날 무렵 저는 이 악기에 상당히 편안해졌습니다. 겨울방학 때 제가 바이올린을 들고 집으로 가자 그런 나를 보고 가족들이 모두 놀랐습니다. 그 순간 제가 매우 고상한 사람처럼 느껴졌습니다.

What kinds of musical instruments do you play? Choose one musical instrument you play and give me a brief description of how to play it.

당신은 어떤 종류의 악기들을 연주합니까? 연주하는 악기 하나를 골라서 그 악기를 연주하는 방법을 간략히 설명해 주세요.

샘플답변

I play the guitar a bit, as well as <u>dabble in</u> keyboard and violin. I <u>took up</u> the guitar thinking it was good for pop songs. The idea was to perform songs for others at various gatherings. But I can't say that I've fully mastered it or even fulfilled the original intent of performing in front of others.

The basics of guitar are simple enough. With your left hand, play the chords on the frets at the neck of the guitar. With your right hand, strum or pluck the strings. You can use a guitar pick, but you can also just use your fingers for a softer sound. This does <u>run the risk of developing callouses</u> on the fingers, but not as bad as on the fingers of the left. A shoulder strap helps stabilize the guitar while standing or even sitting.

다루는 악기가 많다면 연주법을 가장 쉽고 간단하게 설명할 수 있는 악기를 고르면 됩니다. 다루는 악기와 그 악기를 다루기 시작한 계기를 소개하면서 답변을 시작합니다.

▶ **연주 방법**

입문자에게 설명하듯 기초적인 연주법을 묘사합니다. 악기마다 적절한 표현을 써야 하는데, 기타와 같은 현악기는 pluck the strings라는 표현을 쓸 수 있습니다.

AL Expression

dabble in ~에 손대다
take up ~를 (배우기) 시작하다
run the risk of developing callouses 굳은살이 박일 위험이 있다

저는 키보드와 바이올린을 조금 만져봤고, 기타도 조금 연주할 수 있습니다. 저는 기타가 팝송에 좋다고 생각해서 기타를 배우기 시작했습니다. 그런 생각은 다양한 모임에서 사람들에게 노래를 불러주는 것에서 나왔습니다. 그렇지만 제가 기타를 완전히 마스터했거나 다른 사람들 앞에서 공연하는 원래의 목적을 이루었다고 말할 수는 없습니다. 기타의 기초는 간단합니다. 왼손으로 기타의 목의 프렛에서 코드를 연주합니다. 오른손으로 줄을 퉁겨서 연주합니다. 피크를 사용할 수도 있지만 손가락을 사용하면 부드러운 소리를 낼 수도 있습니다. 이것 때문에 손가락에 굳은살이 생길 위험이 있지만 왼쪽 손가락만큼 나빠지는 않습니다. 서 있거나 앉을 때 기타를 안정시키는 데 어깨끈이 도움이 됩니다.

+PLUS Advanced Vocab

⌐ **위키피디아를 이용해 표현 알아보기**

악기를 다루는 법을 설명할 때에는 악기마다 어울리는 표현이 있기 때문에 적절한 단어를 선택해야 합니다. 무료 온라인 백과사전인 위키피디아에서 여러분이 다루는 악기에 대해 찾아보고, 답변에 필요한 표현들을 찾아보세요.

The **guitar** is a fretted musical instrument that usually has six strings. It is typically played with both hands by strumming or plucking the strings with either a guitar pick or the finger(s)/fingernails of one hand, while simultaneously fretting (pressing the strings against the frets) with the fingers of the other hand.
　　　　　　　　　↳ strum the strings with the fingers of one hand

The **piano** is an acoustic, stringed musical instrument ··· 중략 ··· in which the strings are struck by hammers. It is played using a keyboard, which is a row of keys (small levers) that the performer presses down or strikes with the fingers and thumbs of both hands to cause the hammers to strike the strings.
　　　　　　press down the keyboard with the fingers

Please tell me about one memorable experience that you have from playing your musical instrument. Maybe you played in front of many people and something amusing or unexpected happened.

악기를 연주했던 경험 중 기억에 남는 순간에 대해 말해주세요. 아마도 많은 사람 앞에서 연주해야 했을 수도 있고, 예기치 못한 일이 일어났을 수도 있습니다.

샘플답변

A memorable experience I had playing a musical instrument happened in university. I had just moved into an apartment with three other roommates. Each of us had our own bedroom and we were not very close yet.

In the early morning, I was unpacking my boxes and saw my old bamboo flute, called danso. I played it in my bedroom. I had been practicing it during the summer break, so it was a comforting reminder of my fun and relaxed times at home. I played easy and simple children's songs I'd taught myself from textbooks.

Later, we roommates gathered in the living room still full of unpacked boxes. They mentioned that they'd heard me playing in the morning. I was surprised and embarrassed. They didn't necessarily complain, but they didn't necessarily compliment me on it either. I never played it in the apartment again after that.

처음으로 실수 없이 연주한 기억일 수도 있고 형편없는 연주 실력이 들통나서 창피했던 기억일 수도 있습니다. A memorable experience I had playing [악기] happened in(when) ~으로 시작해 보세요.

AL Expression

unpack boxes 상자를 풀다
comforting reminder of ~를 상기시켜 주어 위안이 되는 것
necessarily 어쩔 수 없이, 굳이

▶ **감정 표현**

당시에 느꼈던 감정을 답변에 포함시키세요.

대학 때 악기를 연주한 기억이 있습니다. 저는 룸메이트 셋과 아파트로 막 이사했습니다. 각자 침실이 있었고 아직은 별로 친하지 않았습니다. 이른 아침에, 짐을 풀면서 저는 고대 대나무 피리인 단소를 발견했습니다. 저는 제 방에서 그것을 연주했습니다. 여름방학 동안 연습했었기에 고향에서의 즐거움과 여유로운 시간을 기억하게 해주어 위안이 되었습니다. 저는 혼자서 교과서로 배운 쉽고 단순한 동요들을 연주했습니다. 나중에 룸메이트들이 아직 풀지 않은 상자들로 가득 찬 거실에 모였습니다. 그들은 내가 아침에 연주한 것을 들었다고 했습니다. 저는 놀랐고 창피했습니다. 그들이 불평하지는 않았지만, 그렇다고 굳이 칭찬하지도 않았습니다. 그 후 저는 아파트에서 다시는 연주하지 않았습니다.

+PLUS Advanced Vocab

◦ 악기를 접한 계기
hear it on the radio 라디오에서 그 악기 소리를 듣다
see the street musicians 거리 악사를 보다
play in a band 밴드에서 연주하다

◦ 악기를 배운 방법
teach myself 독학하다
join a club 동아리에 가입하다
take free lessons 무료 강의를 듣다
sign up for an academy 학원에 등록하다
watch some videos on YouTube 유튜브의 동영상을 보다

beg ~ to teach me to play it ~에게 연주하는 것을 가르쳐 달라고 사정하다
learn to play it in after-school classes 방과 후 수업에서 연주를 배우다
have blisters all over fingers 손 여기저기에 물집이 잡히다

◦ 연주 경험
play it at sister's wedding 언니의 결혼식에서 연주하다
participate in school festivals 학교 축제에 참가하다
heart races[is pounding] 가슴이 매우 빨리 뛰다[쿵쾅거리다]
finish the song without any mistakes 실수 하나 없이 노래를 마치다

UNIT 11
배드민턴

생활 스포츠인 배드민턴은 우리가 쉽게 접근할 수 있는 운동입니다. 아마 운동을 즐겨 하지 않는 분들도 한 번쯤 라켓을 쥐어 보셨을 것입니다. [배드민턴]을 선택한다면 [테니스]도 함께 골라보세요. 라켓을 사용하는 운동이며 단식 또는 복식으로 경기를 할 수 있다는 점에서 두 운동은 유사합니다. 단체 운동에 비해서 운동 방법과 규칙이 비교적 단순하다는 이점도 있습니다.

미리 생각해보기

배드민턴[테니스]을 치는 빈도와 장소

배드민턴[테니스]에 관심을 갖게 된 계기와 실력의 변화

배드민턴[테니스]의 운동 방법과 규칙

배드민턴[테니스]을 칠 때의 복장과 준비물

배드민턴[테니스]와 관련된 특별한 경험

기출문제 배드민턴의 규칙

◀》 MP3 053

You indicated in the survey that you play badminton. I'd like to know about the rules of badminton. Are there any rules unique to badminton? Tell me about them.

당신은 설문에서 배드민턴을 친다고 했습니다. 배드민턴의 규칙에 대해 알고 싶습니다. 배드민턴만의 독특한 규칙이 있습니까?

샘플답변

The rules of badminton are simple. A badminton game can take place with either two or four players. The aim of badminton is to hit the shuttlecock over the net with your racket and have it land inside your opponent's court. Your opponent needs to reach the shuttlecock before it hits the ground and hit it back over the net. Once the shuttlecock touches the ground, the rally is over.

If you think your opponent's shot is going to land out, you should let it fall to the floor, otherwise the rally continues. In this respect, badminton is different from tennis or squash, where the ball can bounce. You must hit the shuttlecock once only before it goes over the net. In this respect, badminton is not like volleyball, where multiple players can touch the ball before sending it back over the net.

설문조사에서 선택한 운동이 있다면 그 운동의 규칙에 대해 설명할 수 있어야 합니다. 세세한 것까지 복잡하게 설명하지 않아도 됩니다. 샘플답변처럼 몇 사람이 경기하고, 경기의 목표가 무엇인지 정도 정리합니다.

AL Expression

have it land inside 안쪽에 떨어지게 하다
otherwise 그렇지 않으면
in this respect 이런 면에서

▶ **다른 운동과의 비교**

해당 운동과 유사하지만 차이가 있는 다른 운동과 비교해서 그 특징을 독특한 규칙으로 설명하는 것도 좋습니다.

배드민턴의 규칙은 간단합니다. 배드민턴 경기는 두 명 또는 네 명이 함께 할 수 있습니다. 배드민턴의 목표는 라켓으로 셔틀콕을 네트 너머로 쳐서 상대 코트에 넣는 것입니다. 상대는 셔틀콕이 땅에 떨어지기 전에 다시 네트 위로 넘겨야 합니다. 셔틀콕이 땅에 닿으면 랠리가 끝납니다. 상대의 샷이 아웃될 거라고 판단되면 그대로 바닥에 떨어지게 둬야 합니다. 그렇지 않으면 랠리는 계속됩니다. 이러한 점에서 배드민턴은 공이 바닥에 튀는 테니스나 스쿼시와는 다릅니다. 셔틀콕이 네트를 넘기 전에 한 번만 쳐야 합니다. 이 점은 공을 네트 너머로 다시 보내기 위해 여러 명의 선수가 볼을 건드릴 수 있는 배구와 다릅니다.

You indicated in the survey that you play tennis. When and where do you usually play tennis? With whom do you play? Do you need to prepare anything special to play tennis? Please tell me about your preparation.

당신은 설문에서 테니스를 친다고 했습니다. 보통 언제, 어디에서 테니스를 칩니까? 누구와 칩니까? 테니스를 치기 위해 특별히 준비해야 하는 것이 있습니까? 당신은 어떤 준비를 하는지 말해주세요.

샘플답변

I usually play tennis on weekends at the community tennis courts near my apartment. I go there a lot because anyone who lives in the area can use the court free of charge. If the weather is inclement, I sometimes go to a public indoor tennis court.

I usually play tennis with my friends but sometimes with my colleagues. When I play tennis with my friends, I bring bottled water and some light snacks such as fruits. To play tennis, of course I need a tennis racket and a ball, and one of my friends always brings brand new tennis balls every time we play together, so I don't have to worry about the balls.

We stretch a bit and hit some balls to warm up and then we play a three-set match. Sometimes I win and sometimes I don't but it's all fun.

이번에는 [테니스] 관련 문제로, 테니스를 치는 날에 대해 준비해 봅시다. 문제에서 원하는 대로 테니스를 치는 시간과 장소, 함께 치는 사람, 또 테니스를 치기 전에 하는 일들을 빠짐없이 이야기합니다. 반복적인 일에 관한 내용이므로 부사 usually, sometimes 등과 함께 현재시제를 유지합니다.

▶ **배드민턴일 경우**

play badminton → play tennis
ball → shuttlecock

AL Expression

free of charge 무료로
inclement (날씨가) 안 좋은

저는 보통 주말에 아파트 근처의 지역 테니스 코트에서 테니스를 칩니다. 그 지역에 사는 사람은 무료로 코트를 사용할 수 있기 때문에 그곳에 자주 갑니다. 가끔 날씨가 나쁠 때는 공공 실내 테니스 코트에 갑니다. 저는 보통 친구들과 테니스를 치지만 때로는 동료들과 치기도 합니다. 친구들과 테니스를 칠 때는 생수와 과일 같은 가벼운 간식을 가지고 갑니다. 테니스를 치기 위해서는 당연히 테니스 라켓과 공이 필요합니다. 그래서 친구들 중 한 명이 함께 칠 때마다 항상 새로운 테니스공을 가져와서 저는 공 걱정을 할 필요가 없습니다. 저희는 스트레칭을 하고 워밍업으로 공을 조금 칩니다. 그러고 나서 3세트 경기를 합니다. 때로 이기기도 하고, 때로 지기도 하지만 모두 재미있습니다.

+PLUS Advanced Vocab

⚬ **운동하기 전의 준비 과정**

run around the court before playing tennis 테니스를 치기 전에 코트 주변을 뛴다
stretch my ankles and wrists before exercising 운동 전에 발목과 손목을 스트레칭한다
wear tennis shoes, a hat and sunglasses 테니스 신발을 신고, 모자를 착용하고, 선글라스를 낀다

⚬ **테니스/배드민턴에 관한 기억**

· I injured my ankle during the game before. 경기 도중에 발목 부상을 당한 적이 있습니다.
· I screwed up the game because I didn't practice enough. 연습을 충분히 하지 않아 게임을 망쳤습니다.
· Outside the stadium, people were cheering too loudly, so we protested about that noisy.
  경기장 밖에서 사람들이 너무 시끄럽게 응원해서 그 소음에 대해 항의한 적이 있습니다.
· I went playing badminton with my friends last weekend and we had to wait for a while because there were so many people. 지난 주말 친구들과 배드민턴을 치러갔는데 사람들이 너무 많아서 기다려야 했습니다.
· Because we made a reservation in advance, we were assigned a court as soon as we arrived.
  미리 예약했기 때문에 우리는 도착하자마자 코트를 배정받았습니다.

Tell me about how you first became interested in playing tennis. What made you start playing tennis? Who taught you how to play it? Was it difficult to learn? How has your interest in playing tennis changed over time? Tell me about some of the changes from the past until now.

처음 테니스에 관심을 갖게 된 계기에 대해 말해주세요. 테니스를 치기 시작한 이유는 무엇입니까? 누가 가르쳐줬습니까? 배우기가 어려웠습니까? 테니스를 치는 것에 대한 관심이 시간이 지남에 따라 어떻게 바뀌었습니까? 과거부터 현재까지의 변화에 대해 이야기해 주세요.

샘플답변

I don't exactly remember how I got interested in playing tennis. I guess I got bored with my school and wanted to do something different. I think that's why I started playing tennis.

I signed up for a one to one lesson and, every day after school, I went to the club to get lessons. The coach was very strict. If I didn't hit the ball as he showed me, he didn't allow me to continue to hit balls. As you can imagine, my interest in tennis didn't last long. The coach really turned me off the sport and I stopped playing until a few years back.

I started playing tennis again with the help of my friend. She helped me realize that having fun is far more important than a perfect swing. What is interesting to me now is how my game is improving because I enjoy playing and I am motivated to get better.

▶ **계기 말하기**

관심을 갖게 된 특별한 계기가 없을 수도 있고, 사실 기억이 나지 않을 수도 있습니다. 샘플답변과 같은 문장을 미리 준비하면 어떤 주제이든 첫 말문을 떼기가 어렵지 않습니다. 답변을 미리 준비한 사람과 준비하지 않은 사람 간의 등급 차이가 이러한 부분에서 생깁니다.

AL Expression

strict 엄격한
last long 오래 가다
turn me off 나의 흥미를 잃게 하다
be motivated to get better
더 잘하려는 의욕이 생기다

어떻게 테니스에 관심을 가지게 됐는지 정확히 기억나지 않습니다. 아마 학교생활이 지루했고 다른 뭔가를 하고 싶다고 생각했던 것 같습니다. 그것이 제가 테니스를 치기 시작한 이유라고 생각합니다. 저는 일대일 수업을 등록했고 방과 후 매일 수업을 받기 위해 클럽에 갔습니다. 코치는 아주 엄격했습니다. 코치는 자기가 보여주는 그대로 공을 치지 않으면, 제가 공을 치지 못하게 했습니다. 상상할 수 있듯이, 테니스에 대한 저의 관심은 그렇게 오래 가지 못했습니다. 그 코치로 인해 테니스에 대한 저의 흥미는 시들해졌습니다. 그래서 저는 몇 년 전까지 경기를 하지 않았습니다. 그러다가 친구의 도움으로 저는 테니스를 다시 시작했습니다. 그녀는 재미있게 하는 것이 완벽한 스윙보다 훨씬 중요하다는 것을 알게 해줬습니다. 지금 저의 관심은 나의 경기가 어떻게 향상되는가 입니다. 경기하는 게 즐겁고, 더 잘하려는 의욕이 생기기 때문입니다.

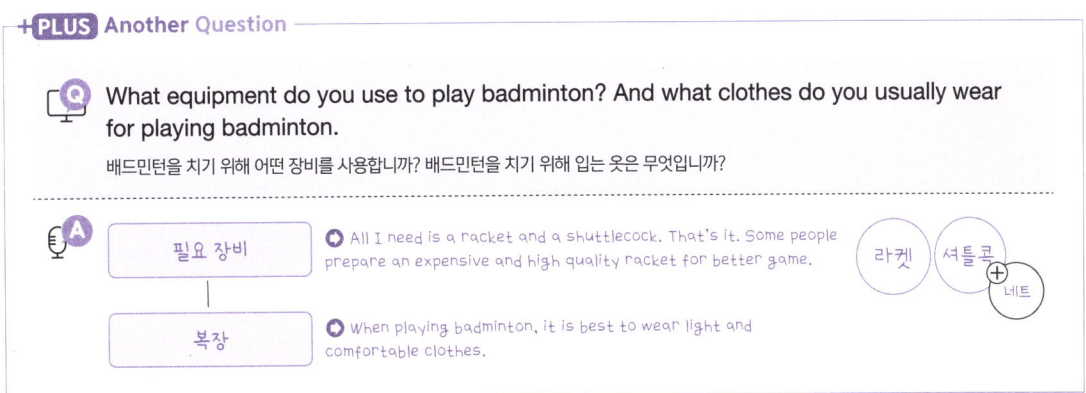

+PLUS Another Question

Q **What equipment do you use to play badminton? And what clothes do you usually wear for playing badminton.**

배드민턴을 치기 위해 어떤 장비를 사용합니까? 배드민턴을 치기 위해 입는 옷은 무엇입니까?

A

필요 장비　➡ All I need is a racket and a shuttlecock. That's it. Some people prepare an expensive and high quality racket for better game.

복장　➡ When playing badminton, it is best to wear light and comfortable clothes.

라켓　셔틀콘　네트

UNIT 12
조깅

[조깅]을 선택한다면 [걷기]도 함께 선택하는 것이 효율적입니다. 두 운동은 비슷한 환경에서 할 수 있고, 우리 생활과 밀접한 관련이 있습니다. 특히 두 운동은 방법과 규칙이 특별히 없기 때문에 까다로운 문제들을 피할 수 있습니다. 나의 조깅 패턴, 복장, 준비해야 할 것, 조깅하는 장소 외에 조깅을 시작한 계기와 조깅의 장단점에 대해 정리해 두세요.

미리 생각해보기

조깅[걷기] 빈도와 장소, 복장

조깅[걷기]을 할 때 겪었던 문제

조깅[걷기] 할 때 부상을 예방하는 법

조깅[걷기]의 장단점

조깅[걷기]과 다른 운동의 차이점

기출문제   조깅하는 장소

🔊 MP3 056

You indicated in the survey that you jog. I'd like to know your favorite place for jogging. Why do you like the place? What can you see there?

당신은 설문에서 조깅을 한다고 했습니다. 당신이 좋아하는 조깅 장소에 관해 알고 싶습니다. 왜 그 장소를 좋아합니까? 그곳에서 무엇을 볼 수 있습니까?

샘플답변

I go jogging every weeknight. I go out to a little park right next to my place to jog.

The park I go to has a pond, a gazebo, a soccer field, and communal exercise equipment. It is quite pretty and well-maintained. There are also walking trails throughout the park. These walking trails are great for jogging because they are wide and smooth. Many people from the neighborhood go walking and jogging here every day. It is so convenient and safe that a good number of joggers and walkers can be spotted in the park even at 11 o'clock at night. I usually jog for half an hour and then walk for another half.

I really like this park and I am thankful that such a place exists in the neighborhood.

조깅을 하는 장소의 위치와 환경에 대한 설명을 원하는 문제입니다. 그리고 그곳에서 조깅을 하는 이유도 포함시켜야 합니다. 끝은 그곳에 대한 총평으로 마무리합니다.

▶ **장소 묘사**

조깅을 하는 장소의 시설에 대해 구체적으로 묘사하는 것이 좋습니다. 그것이 조깅과 관련된 묘사라면 더욱 효과적입니다.

AL Expression

well-maintained 잘 가꾸어진
wide and smooth (길이) 넓고 평탄한
a good number of (수가) 상당히 많은

저는 매일 평일 저녁마다 조깅을 합니다. 저는 조깅을 하러 집 바로 옆에 있는 작은 공원으로 갑니다. 그 공원에는 연못과 전망대, 축구장, 공용 운동기구가 있습니다. 꽤 예쁘고 잘 관리된 공원입니다. 공원 도처에 산책로도 있습니다. 이 산책로는 넓고 평탄해서 조깅하기에 좋습니다. 동네의 많은 사람들이 매일 이곳을 걷거나 조깅을 합니다. 밤 11시에도 조깅을 하는 사람, 산책을 하는 사람이 상당히 많아서 매우 편리하고 안전합니다. 저는 보통 30분 동안 조깅을 하고 나머지 30분은 걷기를 합니다. 저는 이 공원이 정말로 좋고, 이런 공간이 우리 동네에 있다는 것이 감사합니다.

Please tell me about the differences between jogging and other sports. How are they different from each other? Which one do you think is better for you?

조깅과 다른 스포츠의 차이점을 말해주세요. 서로 어떻게 다릅니까? 그중 어느 것이 당신에게 더 좋은 것 같습니까?

샘플답변

Jogging, when compared to other sports, is a very convenient exercise. Almost all other sports, whether it is swimming, basketball, or bicycling, require some kind of equipment. For example, one needs a ball or a bike to play those sports. Moreover, for sports like swimming, one has to be dressed in a swimming suit. Also, one needs a special facility such as fields or pools to do any of these sports.

Jogging, on the other hand, does not have these restrictions. Sure, it is good to be dressed in jogging clothes or wearing a good pair of sneakers. But these are nothing compared to the things required for other sports. Also, there is not much restriction on the place, time or even an opponent. You can jog anywhere at any time. And you won't need someone else to participate because jogging isn't a game.

This may be the reason why I like to jog most. And when I jog, I find it enjoyable and just as helpful for staying fit.

▶ **조깅의 장점**

특별한 장비가 필요하지 않다는 것과 시간과 장소에 구애를 덜 받는다는 것이 조깅의 장점이자 다른 스포츠와의 가장 큰 차이입니다. 답변의 끝은 앞서 이야기한 조깅의 장점 때문에 조깅을 좋아한다는 내용으로 마무리합니다.

AL Expression

when compared to ~와 비교하면
have a restriction 제한이 있다
anywhere at any time 언제, 어디서나

조깅은 다른 스포츠와 비교하면, 매우 편리한 운동입니다. 수영이나 농구, 사이클, 무엇이 되었든 거의 모든 스포츠에는 장비가 필요합니다. 예를 들어, 그런 스포츠는 공이나 자전거가 필요합니다. 게다가 수영과 같은 스포츠는 수영복을 입어야 합니다. 또한, 이런 스포츠를 하려면 경기장이나 수영장 같은 시설이 필요합니다. 반면, 조깅에는 이러한 제한이 없습니다. 물론, 조깅에 알맞은 복장을 갖추거나 좋은 운동화를 착용하는 것이 좋긴 합니다. 그러나 이것들은 다른 스포츠에 필요한 것들과 비교하면 아무것도 아닙니다. 또한 장소와 시간, 심지어 운동 상대에 대한 제한이 많지 않습니다. 언제, 어디서나 조깅을 할 수 있습니다. 조깅은 경기가 아니기 때문에 참여하는 데 다른 사람이 필요하지 않습니다. 이것이 제가 조깅을 가장 좋아하는 이유입니다. 그리고 조깅을 하면 즐겁고, 건강을 유지하는 데 도움이 됩니다.

+PLUS Advanced Vocab

○ **조깅과 걷기의 이점**

be economical 경제적이다
cost nothing 비용이 들지 않다
relieve stress 스트레스가 풀리다
jog wherever you want 원하는 곳 어디서나 조깅을 할 수 있다
do not require special technique 특별한 기술이 필요 없다
stimulate the circulation of blood 혈액순환을 촉진시키다
prevent adult diseases 성인병을 예방하다
strengthen[build up] one's muscles 근육을 강화시키다
be the best and cheapest way to lose weight 살을 빼는 데 최고이자 가장 경제적인 방법이다

○ **주의할 점**

carry water 물을 휴대하다
consider the weather 날씨를 고려하다
wear soft and comfortable sneakers 부드럽고 편안한 운동화를 신다
have the proper walking shoes 적합한 걷기용 신발을 신다
warm up before and after running 달리기 전후로 준비운동을 하다
maintain a straight posture 바른 자세를 유지하다
avoid tripping over 무언가에 걸려 넘어지는 것을 피하다
do not put excessive strains on joints 관절에 과도한 부담을 주지 않다

What do you have to consider when you go jogging? What should you do in order to avoid injuries? Tell me your ways of preventing injuries.

조깅을 할 때 무엇을 고려해야 합니까? 부상을 피하기 위해 무엇을 해야 합니까? 부상을 예방할 수 있는 당신의 방법을 말해주세요.

샘플답변

Jogging is good for many reasons. Anyone can jog. There is no age limit. So it is a sport you can keep doing throughout your whole life. Also, you can go jogging whenever and wherever you want.

As easy as jogging may sound, it is still a physical activity. So there are things you should consider as a jogger to keep yourself from getting injured. One is that you should make sure to wear running shoes that fit your feet properly. Anything too loose or too tight is bad as the shoes may slip off your feet and cause a fall or dig into your feet and cause blisters. Also, you must remember to stretch and warm up before you jog. Some people think jogging is not really a vigorous activity. But jogging does put your body through quite some stress, and without a proper warm-up, you can easily sprain an ankle or pull a muscle.

I always check myself for these two things when I jog.

언제, 어디서, 누구나 할 수 있고, 평생 할 수 있는 스포츠인 조깅의 장점으로 답변을 시작하면서, 자연스럽게 조깅을 할 때 조심해야 할 것으로 화제를 전환합니다.

▶ **부상을 예방하기 위한 일**

발에 맞는 신발을 신고, 뛰기에 편한 복장을 입는 것이 좋습니다. 그날의 날씨와 대기 상태도 살피는 것이 좋습니다. 그리고 어떤 운동이든 시작 전에 스트레칭을 하여 부상을 방지하는 것이 좋습니다.

AL Expression
blister 물집
vigorous activity 격렬한 활동
sprain an ankle 발목을 삐다
pull a muscle 근육이 걸리다

조깅은 여러 가지 이유로 좋습니다. 누구나 조깅을 할 수 있고, 나이 제한이 없습니다. 그래서 조깅은 평생 꾸준히 할 수 있는 스포츠입니다. 또한 원하는 때에는 언제, 어디서나 조깅을 할 수 있습니다. 조깅이 쉽게 보일 수도 있지만, 그래도 조깅은 육체적 활동입니다. 따라서 조깅을 하는 사람으로서 부상을 피하기 위해 고려해야 할 사항이 있습니다. 하나는 본인의 발에 잘 맞는 운동화를 신어야 한다는 것입니다. 너무 느슨하거나 너무 조이면 신발이 벗겨질 수 있고 발에 꽉 끼어 물집이 생길 수 있어서 좋지 않습니다. 또한 조깅 전에는 스트레칭과 워밍업을 꼭 해야 합니다. 어떤 사람들은 조깅이 격렬한 활동이 아니라고 생각합니다. 하지만 조깅을 하면 몸이 상당히 스트레스를 받게 되는데, 적절한 워밍업이 없다면 발목을 삐거나 근육이 걸릴 수 있습니다. 저는 조깅을 할 때 항상 이 두 가지를 확인합니다.

+PLUS Combo Questions

조깅에 대한 다음 콤보문제 기출예시를 보고 답변을 미리 구상해 보세요.

Q1 You indicated in the survey that you like to go jogging. How long have you been jogging? Where do you usually jog? Who do you jog with?

❍ 나의 조깅 패턴

Q2 When you go jogging, what do you wear? Are there any other accessories or items you wear when jogging?

❍ 조깅할 때의 복장

Q3 When did you initially become interested in jogging? How has your jogging style changed over the years? Tell me about it.

❍ 조깅에 관심을 갖게 된 계기와 변화

UNIT 13
헬스

[헬스]를 선택하면 [운동 수업 수강하기], [요가]를 함께 선택하는 것도 좋습니다. 헬스클럽에 다니면서 그곳에서 요가나 PT, 스피닝 같은 운동 수업도 함께 듣기도 하니까요. 물론 이것은 여러분이 관련지어서 할 이야기가 있을 경우에 해당합니다. 이 세 가지 항목은 출제되는 문제 유형도 비슷합니다.

미리 생각해보기

| 자주 가는 헬스장 | 헬스장에 처음 간 계기와 신체의 변화 | 헬스장에서의 복장과 준비물 | 자주 이용하는 운동기구 | 운동하면서 있었던 기억에 남는 일 |

기출문제 처음 헬스장에 간 일   ◀)) MP3 **059**

You indicated in the survey that you go to a gym. When did you first become interested in working out at the gym? What did you like about it? What didn't you like about it? Tell me in as much detail as possible about your early experiences at the gym.

당신은 설문에서 헬스장에 간다고 했습니다. 언제 처음 헬스장에서 운동하는 것에 관심을 갖게 되었습니까? 좋았던 것은 무엇입니까? 좋지 않았던 것은 무엇입니까? 헬스장에서의 초기 경험에 대해 가능한 한 자세히 말해주세요.

샘플답변

I think it was my first year at work that I got interested in working out at the gym. My work finished at six, and I didn't have anything particular to do after work. I wanted to spend my evening doing something meaningful, so I joined a gym near my work.

I went to the gym four to five times a week but not on the weekends. It had just opened and all the facilities were brand new and shiny. There were four coaches at the gym and they were friendly and helpful. One of the coaches showed me how to use equipment properly. I really liked the many ways to work my muscles and get in shape.

The only thing I didn't like about the gym was the location. It was located in the basement of a building and the air was a bit stuffy.

▶ **헬스를 시작한 계기**

처음 헬스를 시작하게 된 계기로 시작합니다. 그리고 처음 간 헬스장에 대한 묘사와 좋았던 점, 마음에 안 들었던 점 등을 순차적으로 설명합니다. 과거의 일이므로 과거시제를 유지하면서 답합니다.

AL Expression

brand new and shiny 반짝반짝 빛나는 새것인
work one's muscles and get in shape
근육을 움직이고 몸매를 다듬다
a bit stuffy 조금 답답한

....

헬스장에서 운동하는 것에 관심을 갖게 된 것은 직장에서의 첫 해였던 것 같습니다. 회사가 6시에 끝났는데, 퇴근 후 특별히 할 일이 없었습니다. 저는 저녁시간을 의미 있는 일을 하며 보내고 싶었고, 그래서 직장에서 가까운 헬스장에 등록했습니다. 저는 주말은 빼고 일주일에 네다섯 번 헬스장에 갔습니다. 헬스장은 막 개업하여 모든 시설이 반짝반짝 빛나는 새것이었습니다. 코치가 네 명이 있었는데, 친절하고 도움이 되었습니다. 코치 중 한 명은 장비를 올바르게 사용하는 방법을 보여주었습니다. 저는 근육을 움직이고 몸매를 다듬는 여러 가지 방식이 정말 좋았습니다. 그런데 제가 헬스장에 대해 싫어했던 유일한 점은 그곳의 위치였습니다. 헬스장이 건물의 지하에 있어서 공기가 조금 답답했습니다.

You indicated in the survey that you take exercise classes. What kind of exercise class did you sign up for? How often do you go to the class? Does anyone take the class with you? Tell me more about the exercise class you are taking now.

당신은 설문에서 운동 수업을 듣는다고 했습니다. 어떤 종류의 운동 수업에 등록했습니까? 얼마나 자주 수업에 갑니까? 누구와 수업을 듣습니까? 지금 듣고 있는 운동 수업에 대해 더 자세히 알려주세요.

샘플답변

My gym recently opened a yoga class for members and I happily signed up for the class. It's for beginners and anyone who is interested in yoga can join the class. It's a mixed group class and there are up to 15 people in a session. The room for the yoga class is on the third floor and it is spacious and bright with many windows and mirrors. The atmosphere of the class is quiet. I go to yoga three times a week alone.

I learned a few basic yoga poses including some postures for meditation. My instructor is always at the front of the room and she demonstrates poses with simple instructions. Some poses are easy to follow but some are challenging and these poses bring forth sighs and moans from the students.

I find yoga is good for enhancing my flexibility and concentration.

▶ **수업 정보**

[운동 수업 수강하기]를 묻는 질문에 대한 답변으로 [요가] 항목을 이용해 봅시다. 요가 수업의 수준과 인원수, 강사와 수업 장소에 대한 이야기는 반복되는 사실이며, 정보성의 내용이므로 현재시제가 적절합니다.

AL Expression

spacious (공간이) 넓은
posture for meditation 명상 자세
demonstrate (동작을) 보여주다
bring forth sighs and moans 한숨과 신음이 나게 하다
enhance flexibility and concentration 유연성과 집중력을 향상시키다

제가 다니는 헬스장에서 최근 요가 수업을 열어서 저는 기꺼이 그 수업을 신청했습니다. 그것은 요가에 관심이 있는 누구나 참여할 수 있는 초보자를 위한 수업입니다. 혼성 그룹 수업이고, 한 수업에 최대 15명이 있습니다. 요가실은 3층에 있는데, 창문과 거울이 많아서 넓고 밝습니다. 수업 분위기는 조용합니다. 저는 일주일에 세 번 요가 수업에 혼자 갑니다. 저는 명상을 위한 자세를 포함하여 몇 가지 기초적인 요가 자세를 배웠습니다. 강사는 항상 앞에 있어서 간단한 설명과 함께 자세를 보여줍니다. 어떤 자세는 따라 하기 쉽지만 어떤 자세는 힘들고, 그런 자세를 하면 수강생들은 한숨을 내쉬거나 신음을 내뱉습니다. 요가는 저의 유연성을 높이고 집중력을 향상시키는 데 좋다고 생각합니다.

+PLUS Mind Map

○ **운동 수업**

일상이나 패턴에 대해 이야기할 때에는 사소한 것이라도 자세히 말해 주는 것이 답변의 분량을 충분히 하는 데 좋습니다. 이를 위해서는 중심 소재를 가운데에 놓고 구체적으로 어떤 할 말이 있는지 적어 본 다음에 답변을 구성하는 것이 좋습니다.

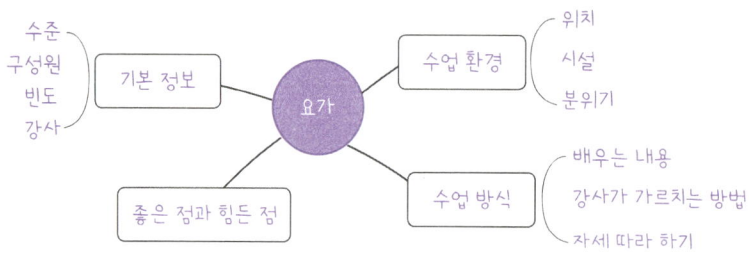

You said that you take an exercise class. How has your body changed since you first began taking the class? In addition, how has your mental attitude changed since you started exercising? Tell me about these changes.

당신은 운동 수업을 듣는다고 했습니다. 처음 다니기 시작한 이후로 당신의 몸에 어떤 변화가 있었습니까? 그리고 운동을 시작한 후 당신의 정신 자세는 어떻게 변했습니까? 이러한 변화에 대해 말해주세요.

샘플답변

Two years ago, I signed up for an intensive fitness training program. My focus was to strengthen my upper body and core so I could lift weights with ease.

It was a painfully slow process but after three months, I could feel a difference. My shoulders and arms looked lean and muscled and, more importantly, I was able to lift heavier weights than before. Plus, my core strength increased. When I started, I could only plank for 10 seconds but now I can hold that position for two minutes. With my enhanced physical strength, I became more confident.

I want to try new things and I'm not afraid of the idea of failure. I know I can keep trying until I succeed.

▶ **신체적 · 정신적 변화**

운동을 시작하면 몸이 더 튼튼해지고 점점 자신감을 갖게 되는 변화를 겪게 됩니다. 초반 운동의 목적과 함께 운동을 하면서 겪은 신체적·정신적 변화를 구체적인 예를 들어 설명하세요.

AL Expression

strengthen 강화하다
with ease 쉽게
lean and muscled 날씬하고 근육이 잡힌
physical strength 체력

2년 전, 저는 집중 체력단련 프로그램을 등록했습니다. 제 목표는 상체와 코어를 강화하여 웨이트를 쉬이 들어 올리는 것이었습니다. 고통스럽고 느린 과정이었지만 3개월 후, 저는 차이를 느낄 수 있었습니다. 제 어깨와 팔은 날씬하고 근육이 잡혀 보였으며, 더 중요한 것은 이전보다 더 무거운 것을 들어 올릴 수 있다는 것이었습니다. 게다가 제 코어의 힘이 증가했습니다. 처음 시작했을 때 저는 플랭크를 10초밖에 못했지만 지금은 2분 간 그 자세를 유지할 수 있습니다. 강화된 체력으로 저는 더욱 자신감을 갖게 되었습니다. 저는 새로운 것을 시도하고 싶고 실패에 대한 생각이 두렵지 않습니다. 저는 성공할 때까지 계속 노력할 것입니다.

+PLUS Advanced Vocab

운동을 시작한 계기

· In preparation for searching a job, I began my workout to manage my body.
취업을 준비하는 과정에서 몸 관리를 위해 운동을 시작했습니다.

· I don't remember exactly why I started exercising, but I guess that I felt the need for exercise.
왜 운동을 시작했는지 정확히 기억이 나진 않지만 운동의 필요성을 느꼈던 것 같습니다.

· I started to exercise because I felt too heavy but I don't know the result yet.
살이 너무 쪄서 운동을 시작했는데 아직 효과는 잘 모르겠습니다.

헬스장 묘사

· The health club that I attend is located on the top floor, so the views are great.
제가 다니는 헬스장은 맨 위층에 위치해 있어서 전망이 아주 좋습니다.

· It is good to have member's lounges where club members can relax while exercising.
운동하는 동안 쉴 수 있는 회원 라운지가 있어서 좋습니다.

· My yoga center is located in an old building but the interior is neatly decorated with modern interiors.
제가 다니는 요가 센터는 낡은 건물에 있지만 내부는 현대적인 인테리어로 깔끔하게 꾸며져 있습니다.

· There is a lot of expensive equipment and they have more than ten qualified instructors working fulltime.
거기에는 비싼 장비들이 많고 열 명이 넘는 자격을 갖춘 강사들이 정규직으로 근무하고 있습니다.

UNIT 14
집에서 보내는 휴가

이 주제는 설문에서 여러분이 선택한 항목들을 활용할 수 있습니다. 예를 들어, 휴가 때 특별히 어디 안 가고 집 안에서 독서를 한다든가, 게임을 한다든가, 운동을 하는 등의 평소 취미 활동을 넣어 이야기하는 것입니다. 추가로, 휴가 때 만나는 사람들과 집에서 보내는 휴가를 선호하는 이유도 준비해 두세요.

미리 생각해보기

| 집에서 보내는
휴가의 일과 | 최근에 집에서
보낸 휴가 | 집에서 휴가를
보내는 중에 있었던
기억에 남는 일 | 집에서 보내는
휴가의 장단점 | 사람들에게 휴가의
의미 |

기출문제　집에서 보낸 기억에 남는 휴가　🔊 MP3 062

You indicated in the survey that you spend your vacation at home. Please tell me about a memorable day when you stayed at home during your vacation in detail. What happened? Who were you with? Tell me the whole story.

당신은 설문에서 집에서 휴가를 보낸다고 했습니다. 집에서 휴가를 보낸 것 중에 기억에 남는 하루에 대해 자세히 말해주세요. 무슨 일이 있었습니까? 누구와 함께 있었습니까? 전부 이야기해 주세요.

샘플답변

My family and I stopped going on vacations during peak seasons. We do not like the crowds that fill up every corner of vacation destinations. We feel that it is better to stay home and relax than go on an expensive trip in peak season.

One day last summer, we did one thing at home as a family as we were all on vacation from school and work. We had bought many books that we wanted to read. Then, with snacks on the table in a well air-conditioned room, we went on a read-a-thon for two days. We binged on comics as well as self-help books and best-selling fiction. For every meal, we ordered in pizza and fried chicken. No one worked, studied, cleaned or cooked.

It was a good break for all of us. We had fun talking and laughing together and bonded so much. This experience turned out to be greater quality time than we anticipated.

휴가를 집에서 보내는 이유로 답변을 시작합니다. 휴가와 관련한 특별한 사건이 아니어도 집에서 휴식하면서 보낸 어떤 기분 좋은 휴일을 시간 순서로 이야기할 수 있습니다.

AL Expression
peak season 성수기
binge on (책을) 탐독하다
bond 유대감을 느끼다
quality time 귀중한 시간
*read-a-thon 독서 마라톤

▶ **집에서 보낸 휴가의 의미**
끝으로 그날의 의미나 소감으로 마무리합니다.

우리 가족은 성수기에 휴가 가는 것을 그만 두었습니다. 저희는 사람들이 휴가지를 가득 메우는 것을 좋아하지 않습니다. 돈이 많이 드는 성수기 여행보다는 집에서 편안히 쉬는 것이 낫다고 생각합니다. 지난여름 어느 날, 우리 가족 모두 학교 방학과 휴가로 집에서 한 가지만 했습니다. 읽고 싶은 책을 여러 권 사서 냉방이 잘 되는 방에서 테이블 위에 간식을 먹으면서 이틀 동안 독서 마라톤을 했습니다. 우리 가족은 자기계발서부터 베스트셀러 소설까지, 그뿐만 아니라 만화책도 마구 읽었습니다. 끼니로 피자와 프라이드치킨을 집으로 주문했습니다. 아무도 일하거나, 공부하거나, 청소하거나, 요리하지 않았습니다. 우리 모두에게 좋은 휴식이었습니다. 우리 가족은 함께 이야기하고 웃으며 재미있는 시간을 보냈고, 강한 유대감을 느꼈습니다. 이 경험은 예상했던 것보다 더 훌륭한 시간이었습니다.

I'd like to know about a typical day when you stay at home during your vacation in detail. What do you usually do in the morning and afternoon?

휴가 때 집에서 보내는 일반적인 하루에 대해 자세히 알고 싶습니다. 보통 당신은 오전과 오후에 무엇을 합니까?

샘플답변

When I am off work and have a whole day to myself at home, I do whatever I cannot do when I am working.

First, I sleep in. I don't get up until I can sleep no longer. I get up and I fix myself a big breakfast. After that, I catch up on writing my blog.

Then, for lunch, I go out to eat. I love going to a restaurant during a weekday for their course specials. I enjoy the sun and the breeze outside during that time of day. Then, I go shopping for groceries. I get just what I need to cook dinner the same night. When I come home, I watch TV and relax.

Then, for dinner, I usually grill a steak medium rare and open a bottle of wine. Then with a side of salad, I enjoy dinner. I might go out to jog before going to bed. Or I might read some books.

Basically, I do whatever I want at the moment. It is a great way to refresh and recharge before going back to the daily routine.

▶ **구체적인 일과**

집에서 보내는 휴가는 일할 때는 하지 못하는 일상적인 일들을 할 수 있다는 장점이 있습니다. 일반적인 하루에 대해서는 시간의 순서로 말하되, 아침-점심-저녁으로 구분하여 말해 봅시다. 이렇게 구분하면 생각보다 구체적인 답변이 됩니다. 마지막으로 그러한 하루의 의미에 대해 정리합니다.

AL Expression

sleep in 늦잠을 자다
fix oneself a big breakfast 푸짐한 아침상을 차리다
catch up on 밀렸던 ~를 만회하다

일에서 벗어나 하루 종일 집에서 보낼 때, 저는 일할 때에는 할 수 없는 일을 합니다. 우선, 저는 늦잠을 잡니다. 저는 더 이상 잠들 수 없을 때까지 일어나지 않습니다. 일어나면 아침 식사를 거하게 준비합니다. 그 후에는 밀린 블로그를 씁니다. 그런 다음 점심을 먹으러 나갑니다. 저는 평일에 레스토랑에 가서 그곳의 코스를 특별가로 먹는 것을 좋아합니다. 그 시간 바깥의 햇볕과 바람을 즐깁니다. 그런 다음 식료품을 사러 가서 그날 저녁에 요리할 것을 삽니다. 집에 와서는 TV를 보고 편히 쉽니다. 저녁 식사로 보통은 스테이크를 미디엄 레어로 굽고 와인을 한 병 땁니다. 샐러드를 곁든 저녁을 즐깁니다. 자기 전에는 조깅을 할 수도 있고, 아니면 책을 읽기도 합니다. 기본적으로 저는 그 순간에 원하는 것을 다 합니다. 일상으로 돌아가기 전에 몸을 회복하고 충전하는 좋은 방법인 것 같습니다.

+PLUS Advanced Vocab

⊙ 집에서 보내는 휴가

make oneself a nice brunch 맛있는 브런치를 만들다
take a nap 낮잠 자다
watch movies 영화를 보다
enjoy reading 독서를 즐기다
watch the reruns of one's favorite TV program 가장 좋아하는 TV 프로그램의 재방송을 보다
invite people over for lunch[dinner] 사람들을 점심[저녁] 식사에 초대하다

⊙ 집에서 보내는 휴가가 좋은 이유

take a rest 휴식을 취하다
get enough rest 충분한 휴식을 취하다
have one's own time 나만의 시간을 가지다
save money 돈을 아끼다
avoid peak season 성수기를 피하다
avoid traffic jam 교통 혼잡을 피하다
do things I can't normally do 평소 하지 못하는 일을 하다

What do you think a vacation means to people in your country? What do people have a vacation for? Do people have a vacation for their health or for rest? How does it affect people?

당신의 나라에서 사람들에게 휴가란 어떤 의미라고 생각합니까? 사람들은 무엇 때문에 휴가를 가집니까? 건강 또는 휴식을 위해서 휴가를 보냅니까? 휴가가 사람들에게 어떤 영향을 줍니까?

샘플답변

One reason people have a vacation is the excitement of traveling to other places to learn and experience new things. The world is full of different cultures. We see other peoples and attractions in the media. So people are tempted to go see, for example, La Sagrada Familia in Barcelona.

Another reason is to take a break from their everyday routine and regain their energy. Daily life can feel tiring and stressful. A vacation can allow us to rest and to clear our heads. Physically moving to a different landscape is a great way to change our mental landscape.

And finally, a further reason to go on vacation is to bond with our travel companions and build memories. There are lots of travel destinations with fun activities to do. Whether to enjoy nature, relax at a resort hotel, or explore a new city or country, vacations can be fun and memorable for the vacationers.

▶ **휴가의 의미**

[집에서 보내는 휴가]뿐만 아니라 [국내/해외 여행]과도 관련하여 출제될 수 있는 문제입니다. 샘플답변처럼 One reason, Another reason, And finally를 이용해 다음과 같이 휴가의 의미를 생각해 볼 수 있습니다.
① 새로운 것을 경험한다는 것, ② 일상으로부터 벗어나 휴식을 취하는 것, ③ 추억을 쌓는 계기가 된다는 것

AL Expression

clear one's head 머리를 식히다
mental landscape 정신세계
further reason 또 다른 이유
whether to ~이든

사람들이 휴가를 갖는 이유는 다른 곳으로 여행하여 새로운 것을 배우고 경험하는 즐거움 때문입니다. 세계는 다양한 문화로 가득합니다. 우리는 미디어에서 다른 사람들과 명소들을 봅니다. 그래서 사람들은 예를 들어 바르셀로나의 사그라 다 파밀리아와 같은 명소를 방문하려고 합니다. 또 다른 이유는 일상에서 벗어나 에너지를 되찾기 위함입니다. 일상은 지루하고 스트레스가 많습니다. 휴가를 통해 우리는 휴식을 취하고 머리를 식힐 수 있습니다. 육체적으로 다른 풍경으로 이동하는 것은 정신세계를 바꿔 주는 좋은 방법입니다. 마지막으로, 휴가를 가는 또 다른 이유는 여행 동반자와 유대를 만들고 추억을 만들기 위함입니다. 재미있는 활동이 있는 여행지가 많이 있습니다. 자연을 즐기든, 호텔에서 휴식을 취하든, 새로운 도시나 국가를 탐험하든, 휴가는 사람들에게 재미있고 잊지 못할 추억이 됩니다.

+PLUS Mind Map

⌒ **구체화하기**
휴가의 의미를 대략적으로 생각해보고, 그것을 구체화해서 답변에 핵심이 되는 문장을 만듭니다.

① to learn and experience new things ─ 구체화 ⟫ One reason people have a vacation is the excitement of traveling to other places to learn and experience new things.

② to take a break and regain energy ⟫ Another reason is to take a break from their everyday routine and regain their energy.

③ to build memories with travel companions ⟫ A further reason to go on vacation is to bond with our travel companions and build memories.

UNIT 15
국내/해외 여행

여러분이 여행으로 다녀 온 나라나 도시에 대한 정리가 필요합니다. 특히, 넓은 장소에 대해 객관적이고 구체적인 정보를 준비해야 하는 주제이기도 합니다. 개인적인 여행의 경험부터 우리나라 사람들의 여행문화에 이르기까지 다양한 문제가 출제됩니다. 기출문제를 바탕으로 미리 준비해야 할 내용이 무엇이 있는지 확인하세요.

미리 생각해보기

| 어릴 적 가봤던 여행지 | 여행 갈 때 가져가는 물건 | 여행 중에 있었던 기억에 남는 일 | 관광객들이 해외 여행지에서 주로 하는 일 | 우리나라 사람들의 여행 추세 |

기출문제　여행 시 챙기는 옷

🔊 MP3 065

You indicated in the survey that you enjoy going on trips. What clothes do you usually bring when you travel? Name all the clothes that you pack in your suitcase and tell me the reasons you bring them.

당신은 설문에서 여행 가는 것을 좋아한다고 했습니다. 여행할 때 보통 어떤 옷을 챙겨 갑니까? 가방을 쌀 때 챙겨가는 옷을 모두 말하고, 그것들을 가져가는 이유도 이야기해 주세요.

샘플답변

When I pack for my trips, I try to pack as lightly as I can. More is not better when it comes to packing. Excess baggage is a big hindrance to pleasant traveling. So, in order to bring as few clothes as possible, I make good use of accessories.

Scarves are the biggest examples. Functionally, they keep you warm. But scarves can be worn in different ways to make your wardrobe seem much richer. They are very versatile and much easier to carry than a jacket.

Also, it is very useful to bring a shirt with a hood. Oftentimes during your trip, you run into a light shower or a drizzle. If you wear a hoodie instead of taking an umbrella or a raincoat, you can use it for all kinds of other purposes in addition to rain.

▶ **대표적인 옷가지**

보통 여행을 갈 때 옷을 한두 벌만 챙기지는 않습니다. 하지만 매번 챙기는 옷들을 모두 말하기에는 답변이 지나치게 길어질 것입니다. 가벼운 여행 짐의 중요성을 강조하고, 이와 관련하여 특별히 챙겨가는 옷과 그 용도를 소개합니다.

AL Expression

big hindrance　커다란 장애
the biggest example　대표적인 예
versatile　다용도인

여행 짐을 꾸릴 때 저는 최대한 가볍게 싸려 합니다. 짐을 싸는 것과 관련해서는 많은 것이 좋은 게 아닙니다. 짐이 많으면 쾌적한 여행에 큰 장애물이 됩니다. 그래서 옷은 가능한 한 적게 가져가기 위해 액세서리를 잘 활용합니다. 스카프가 그 예입니다. 기능적으로 스카프는 몸을 따뜻하게 합니다. 그러면서도 옷을 더 잘 입은 것처럼 여러 가지 방법으로 스카프를 두를 수 있습니다. 스카프는 용도가 아주 다양하면서도 갖고 다니기에 재킷보다 훨씬 용이합니다. 모자 달린 셔츠를 가져가는 것도 아주 유용합니다. 여행 중에는 종종 약한 소나기나 이슬비를 만나게 됩니다. 우산이나 비옷 대신에 모자가 달린 옷을 입으면 비뿐만 아니라 여러 가지 목적으로 쓸모가 있습니다.

Choose one city you have been to for a trip and give me a full description of the place. Where is the best place you have ever been overseas? Why did you like it? Can you tell me about the city in detail?

당신이 가본 도시 하나를 선택하고 자세히 묘사해 주세요. 당신이 해외에서 가봤던 곳 중 가장 좋았던 곳은 어디였습니까? 왜 그곳이 좋았습니까? 그 도시에 대해 자세히 말해줄 수 있습니까?

샘플답변

I travel abroad once or twice a year. And there are so many places that I love. But if I had to choose just one to talk about, it would have to be Barcelona, Spain.

Spain, itself, is rich in its history of art and food. But Barcelona, on top of that, is like a country of its own in Spain. The region used to be a separate country long ago. And they have their own unique culture. They even speak a different language! I loved the architecture as well as the delectable food. People were extremely friendly. Also, I liked the fact that the cost of living wasn't so expensive.

I promised myself to visit Barcelona again within a decade because I liked my trip there so much. It stays as one of my favorite cities in the world.

▶ **여행지의 매력**

해외 여행지를 묘사하는 답변에는 그 곳의 지리적인 정보뿐만 아니라 여행의 경험과 느낌이 함께 녹아 있습니다. 낯선 문화로의 여행에서 빠지지 않고 언급하는 것이 그곳의 음식, 건물(풍경), 그리고 사람입니다. 끝으로 좋은 기억이 있는 여행지는 다시 한 번 가고 싶다고 하면서 마무리합니다.

AL Expression

rich in its history of art and food 예술과 음식 문화가 역사적으로 풍요로운
on top of that 그것 말고도, 게다가
delectable food 맛있는 음식

저는 일 년에 한두 번 해외여행을 합니다. 그리고 제가 사랑하는 곳이 너무 많습니다. 그래도 제가 이야기할 곳을 하나만 골라야 한다면 스페인 바르셀로나일 것입니다. 스페인 자체가 예술과 음식의 역사가 풍부합니다. 그러나 바르셀로나는 그 자체가 스페인 안의 또 다른 나라 같습니다. 오래 전 이 지역은 별개의 나라였습니다. 그리고 그들은 독특한 문화를 가지고 있습니다. 심지어 다른 언어를 구사하기도 합니다! 맛있는 음식뿐만 아니라 건축물도 좋았습니다. 사람들은 매우 친절했습니다. 그리고 물가가 그렇게 비싸지 않았다는 사실이 좋았습니다. 저는 그 여행이 너무 좋았기 때문에 10년 내에 다시 바르셀로나를 방문하겠다고 스스로 약속했습니다. 바르셀로나는 제가 세계에서 가장 좋아하는 도시로 남아 있습니다.

┼**PLUS** 샘플답변 **따라 하기**

○ **가장 좋았던 여행지 소개하기**

샘플답변의 필수문장을 그대로 이용해서 큰 틀을 갖추고, 나의 이야기에 맞게 부분적으로 변형해 봅시다. 여기에 여행지에 대한 세부적인 인상이나 구체적인 경험들을 추가할 수 있습니다.

I travel abroad once a year. And there are so many places that I love. But if I had to choose just one to talk about, it would have to be Kyoto, Japan. Japan, itself, is rich in its history of art and food. But Kyoto, on top of that, has exceptional historic value. Kyoto is the former Imperial capital of Japan for more than one thousand years. I really enjoyed countless temples, shrines and other historically priceless structures. I loved the architecture as well as the delectable food. People were extremely friendly. I promised myself to visit Kyoto again within a decade because I liked my trip there so much. It stays as one of my favorite cities in the world.

How have travel patterns of people in your country changed from the past? Can you compare the difference between the past and the present in detail? What do people usually do on a trip and what activities did people in the past do?

당신의 나라에서 사람들의 여행 패턴은 예전과 어떻게 달라졌습니까? 과거와 현재의 여행 패턴을 자세히 비교할 수 있습니까? 여행할 때 사람들이 보통 무엇을 하며, 과거에는 어떤 활동을 했습니까?

샘플답변

Koreans have started to travel abroad more than in the past when there were restrictions on foreign travel. Our parent's generation only traveled abroad for immigration or special business. Then the restrictions on travel were lifted and people could travel outside the country for pleasure.

I hear from others that, in the past, the only chance to take a plane trip was to go to Jeju Island, which is still a **domestic trip**. Now people **fly off to** various parts in Asia, Europe, or exotic islands somewhere. And people have also started traveling abroad during traditional holidays like Seollal or Chuseok, which used to be about family gatherings.

All in all, traveling abroad has become normalized in Korea. This has been assisted by the **growing affluence** of the society. It's also made easier with online travel websites, which promote tour packages and such.

▶ **여행 문화의 변화**

우리나라 사람들의 여행의 가장 큰 변화는 과거에 비해 해외여행의 빈도가 크게 늘었다는 것입니다. 해외여행이 증가한 데에는 명절에는 가족친지가 모두 모여야 한다는 사람들의 인식이 변화한 것도 있습니다. 해외여행이 일반화된 것에 대한 구체적인 원인들도 함께 언급하면서 답변을 마무리합니다.

AL Expression

domestic trip 국내여행
fly off to ~으로 (비행기를 타고) 날아가다
growing affluence 점점 더 풍요로워짐

한국인들은 해외여행에 제약이 있을 때인 과거보다 해외여행을 더 많이 하기 시작했습니다. 우리 부모님 세대에는 이민이나 특별한 사업 차 해외여행을 했습니다. 그런데 여행에 대한 제약이 풀리자 사람들은 즐기기 위해 해외로 여행할 수 있게 되었습니다. 과거에 비행기 여행을 할 수 있는 유일한 기회는 국내인 제주로 가는 것이었다고 합니다. 이제 사람들은 아시아, 유럽 또는 이국적인 섬 어딘가로 비행기를 타고 갑니다. 또한 사람들은 가족 모임이라고 으레 생각된 설날이나 추석과 같은 전통 명절에도 해외여행을 가기 시작했습니다. 대체로 해외여행은 한국에서 일반적인 것이 되었습니다. 이것은 사회적 풍요에 힘입은 것입니다. 여행 패키지 등을 홍보하는 온라인 여행 웹 사이트도 이를 쉽게 합니다.

+PLUS Combo Questions

해외여행에 대한 다음 콤보문제 기출예시를 보고 답변을 미리 구상해 보세요.

Q1 You indicated in the survey that you take vacation internationally. Can you tell me about your first overseas trip? When and where did you go? How long did you travel? What did you do there?

❷ 처음 갔던 해외여행

Q2 Can you tell me what kind of transportation you prefer when traveling abroad? Why do you prefer that transportation?

❷ 해외 여행지에서 선호하는 교통수단

Q3 Can you tell me which country you want to travel to for your next vacation? What are you going to do there?

❷ 향후 여행하고 싶은 나라

설문주제 콤보문제

여러분은 이 책에서 다룬 설문주제 이외에도 다양한 항목을 선택할 수 있습니다. 어떤 주제를 선택하든 앞서 학습한 문제유형을 적용할 수 있습니다. 다음 주제별 콤보문제로 미리 연습하세요.

[혼자 노래 부르거나 합창하기] 콤보문제

계기와 변화

You indicated in the survey that you like to sing. When did you first become interested in singing? How did you learn to sing? How has it developed over the years?

⊙ 처음 노래 부르기에 관심을 갖게 된 계기와 노래 실력의 변화

기억에 남는 일

Please tell me about one memorable singing experience that you've had. Maybe you sang in front of many people and something funny or unexpected happened.

⊙ 기억에 남는 노래 부르기

장점과 단점

What are the advantages and disadvantages of singing alone? Please tell me in detail.

⊙ 혼자 노래 부르는 것의 장단점

[요리하기] 콤보문제

좋아하는 것

You indicated in the survey that you like to cook. What kind of food do you like to cook? Why do you like to cook it? How often do you cook it?

⊙ 요리하는 것을 좋아하는 음식

마지막 경험

I'd like to know about the last time you cooked for someone else. When was it? What did you cook? For whom? How did you make it? Please tell me the story in as much detail as possible.

⊙ 마지막으로 했던 요리

기억에 남는 일

Please tell me about an unexpected or interesting event that you experienced while you were cooking. What happened? Tell me about your experience with lots of details.

⊙ 요리 중에 있었던 기억에 남는 일

[자전거] 콤보문제

나의 습관

You indicated in the survey that you ride a bike. How often do you go for a ride? When and where do you usually ride your bicycle? What do you usually do after you go for a ride?

○ 자전거를 타는 나의 습관

사물 묘사하기

Can you describe your bicycle in as much detail as possible? What color is it? What functions does it have?

○ 내 자전거의 모습과 기능

장점과 단점

What are some good things about bike-riding? And what do you have to consider when you go bike-riding? What should you do to avoid an injury?

○ 자전거 타기의 이점과 부상을 피하기 위해 고려하는 것

[요가] 콤보문제

나의 습관

You indicated in the survey you do yoga. Where do you do yoga? Who do you do it with? How often do you do it? Tell me all the details about it.

○ 나의 요가 습관

계기와 변화

When did you first become interested in yoga? How did you learn to do yoga? How has it developed over the years?

○ 처음 요가에 관심을 갖게 된 계기와 실력의 변화

기억에 남는 일

Talk about a memorable yoga experience or yoga instructor that you've had. First, give me some background information on the experience, such as when and where it occurred. Then, describe several details of exactly what happened that made the memory unforgettable.

○ 기억에 남는 요가 경험이나 요가 강사

CHAPTER
03
롤플레이

UNIT 01   예약/예매 하기
UNIT 02   주어진 상황에서 질문하기
UNIT 03   상황 설명하고 도움 요청하기
UNIT 04   상황 설명하고 대안 제시하기
UNIT 05   불만 제기하기
롤플레이 콤보문제

원어민 음성 바로듣기

개인신상

설문주제

롤플레이

롤플레이

돌발주제

롤플레이의 상황은 다양합니다.

OPIc에서는 콤보문제의 한 유형으로 롤플레이가 출제됩니다. '롤플레이 (Role Play)'라는 말 그대로, 문제에서 설정된 상황에서 응시자가 역할극을 하는 것입니다. 응시자는 이 유형에서 전화로 질문해야 하기도 하고, 부탁을 해야 하기도 합니다. 또, 어떤 문제 상황에 대해 불만을 표시하거나 대안을 제시해야 하기도 합니다.

롤플레이 문제가 나오면 연기를 하세요.

OPIc이 응시자 자신에 대한 말하기 시험이지만, 롤플레이 유형만큼은 자기 자신에 대해 말하는 게 아니라, 주어진 상황 속 그 사람이 되어 그 역할에 충실해야 합니다. 또, 보이지 않지만 상대가 있다고 가정하기 때문에 어느 정도의 연기력도 필요합니다.

있지도 않은 이야기도 만들어내는 순발력이 필요합니다.

문제에서 주어지는 상황은 다양하지만, 정보는 구체적이지 않습니다. 예를 들어, 문제에서는 병원에 전화를 걸어 진료예약을 해야 한다는 상황을 줍니다. 그러면 응시자는 필요한 질문을 서너 가지 해야 합니다. 그런데 어떤 병원에 전화하는지, 어떤 증상으로 전화하는지에 대한 정보는 응시자 스스로 만들어서 답변해야 합니다.

미리 준비한 자가 고득점을 얻을 수 있습니다.

따라서 롤플레이 문제에서는 응시자의 순발력이 중요합니다. 이러한 순발력은 미리 준비하는 데서 나옵니다. 기출문제를 미리 확인하고, 각 상황 설정을 구체적으로 해두어야 당황하지 않고 실력을 발휘할 수 있습니다. 병원 예약과 관련된 상황이라면 병원의 이름과 나의 증상, 진료 시간을 미리 생각해 두세요. 제품 불만과 관련된 상황에서는 상점의 이름과 제품의 종류, 제품의 하자, 원하는 조치(환불이나 교환) 등을 미리 설정해 둬야 합니다.

UNIT 01
예약/예매 하기

일상생활에서 예약을 필요로 하는 상황이 제시됩니다. 예를 들어, 문제에서 '콘서트 표를 예매하라' 또는 '렌터카를 예약하라' 등의 상황을 주고, 직원에게 문의하라는 것입니다. 하지만 구체적인 것은 제시해 주지 않으니, 스스로 구체적인 설정을 해 두어야 합니다. 영화 예매라면 보고 싶은 영화 제목과 날짜, 시간, 인원수 등을 미리 생각해야 합니다.

표 예매하기

+ 영화 및 공연 예매하기
+ 비행기편 예매하기
⇒ 매표 직원에게 전화하기

미리 생각해두기

✛ **공통**
− 업체의 이름
− 예매 인원
− 선호 좌석
− 지불 수단
− 내 연락처

✛ **영화, 공연, 콘서트**
− 영화관/공연장의 이름
− 볼 영화/공연 제목
− 상영/공연 시간과 날짜, 요일
− 부대시설(스낵바, 주차장 등)

✛ **비행기편**
− 항공사의 이름
− 출발지와 도착지
− 출발 시간과 날짜, 요일
− 기내 서비스

장소 예약하기

+ 식당 예약하기
+ 호텔 예약하기
⇒ 업체 직원에게 전화하기

미리 생각해두기

✛ **공통**
− 식당/호텔의 이름
− 예약 인원
− 예약 시간과 날짜, 요일
− 부대 서비스(주차장, 발렛 서비스, 기념일 서비스)
− 예약 규정(노쇼, 환불 정책)
− 지불 수단
− 내 연락처
− 물어볼 것들

✛ **식당**
− 선호하는 테이블
− 음식 주문

✛ **호텔**
− 호텔 숙박 기간
− 선호하는 객실

진료 예약하기

+ 일반 진료 예약하기
+ 치과 진료 예약하기
⇒ 병원 직원에게 전화하기

미리 생각해두기

✛ **공통**
− 병원의 이름
− 의사의 이름
− 아픈 증상 2가지
− 예약 시간과 날짜, 요일
− 내 연락처
− 물어볼 것들

완전절친 TIP

다음과 같은 말로 문제를 시작하면 롤플레이 문제라는 신호입니다.

− I'd like to give you a situation and ask you to act it out. 제가 상황을 제시할 테니 대처해 보세요.
− This is a situation question. Imagine that ~ 이제 상황 문제입니다. ~라고 가정해 보세요.
− Unfortunately, there is a problem that you have to resolve. 유감스럽지만 해결해야 할 문제가 생겼습니다.
− Excellent. That's the end of the situation. Have you ever ~ 훌륭합니다. 상황이 끝났습니다. 당신은 ~해 본 적이 있습니까?

기출문제 비행기편 예매하기

◀)) MP3 068

I'd like to give you a situation and ask you to act it out. You're going to travel abroad next week. Please call the airport and ask a representative some questions to book a flight ticket.

제가 상황을 제시할 테니 대처해 보세요. 다음 주에 당신은 해외여행을 갈 예정입니다. 공항에 전화하여 담당자에게 몇 가지 질문을 하고 항공권을 예매해 보세요.

샘플답변

Hi. Good afternoon. Can I book a flight through you? Great. I'd like to travel on the 19th of this month. And I'll be traveling by myself. Hopefully, I can get a direct flight to Madrid, Spain. Yes, that will **do just fine**.

문의① Oh, do you know if I can get an advance booking discount if I buy the ticket today? Wonderful. That'll be fine then.

문의② And can you get me an aisle seat near the middle of the plane, or is it **beyond your purview**?

문의③ And how much will that **come out to**? Okay, thanks.

My name is Jin-Seo Ryu. My cellphone number is 010-1234-5678. And the confirmation number, if you please? Thank you very much. Have a good day.

전화를 건 목적(예매)을 밝히고, 미리 정해 둔 나의 여행 정보를 말합니다. 예약을 위해 두세 가지 질문할 것을 정합니다. 마지막으로 개인정보를 알려줍니다. 개인정보는 실제 응시자의 정보와 일치하지 않아도 괜찮습니다.
문의① 할인 여부
문의② 선호 좌석
문의③ 가격

AL Expression

do just fine 괜찮다
beyond one's purview 역량 밖인
come out to (돈이) ~로 나오다

안녕하세요. 당신을 통해 항공편을 예약할 수 있나요? 잘됐네요. 제가 이달 19일에 여행하고 싶은데요. 혼자 여행할 거예요. 스페인 마드리드까지 직항편을 사고 싶어요. 네, 그러면 괜찮아요. 오늘 티켓을 사면 조기 예매 할인을 받을 수 있나요? 좋네요. 그리고 좌석은 가운데 근처 통로 쪽으로 주실 수 있나요? 그건 당신의 권한 밖인가요? 그러면 총 얼마가 되나요? 네, 감사합니다. 제 이름은 류진서고요. 제 휴대폰 번호는 010-1234-5678입니다. 그리고 예약 확정 번호 좀 알려주시겠어요? 정말 감사합니다. 좋은 하루 되세요.

+PLUS Another Question

I'd like to give you a situation and ask you to act it out. You and your friend will see a movie this Saturday. Call a box office and book movie tickets for both of you.

제가 상황을 제시할 테니 대처해 보세요. 당신과 친구는 이번 주 토요일에 영화를 보기로 했습니다. 매표소에 전화해서 두 사람의 표를 예매하세요.

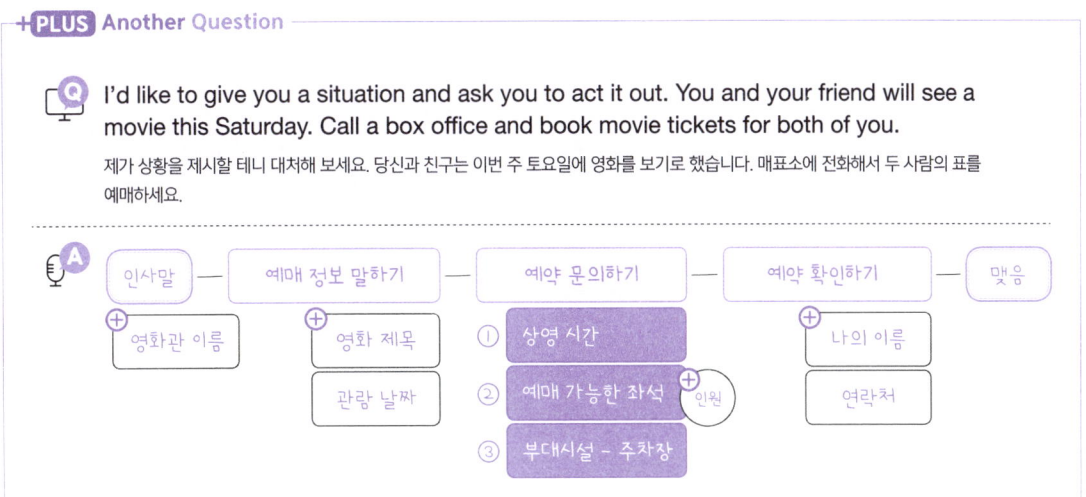

장소 예약하기

기출문제 **식당 예약하기** ◀)) MP3 069

I'd like to give you a situation and ask you to act it out. You're going to have dinner with your family this weekend at a new restaurant. Please call the restaurant to reserve a table for your family.

제가 상황을 제시할 테니 대처해 보세요. 당신은 이번 주말에 새로 생긴 식당에서 가족들과 저녁을 먹을 계획입니다. 식당에 전화해서 가족의 식사를 예약해 보세요.

샘플답변

Good morning, ma'am. Do you take reservations at all? You do. Alright. Because my family and I want to go there for dinner tonight. There will be 6 of us. Mmm. Let's say about 7. The last name is Choi.

문의① Could we get a table by the window? And away from the kitchen would be nice, also.

문의② Do you have vegetarian dishes at all? I see. That should do.

문의③ Actually, my aunt is having her birthday soon. Do you offer any special birthday services? Oh, that would be amazing. I think she'd love that.

문의④ One more thing. About how much is the parking there? And since this is a weekend, do you think there will be a space for us to park? Oh, I see. That sounds doable.

Okay then. Thanks very much.

전화를 건 목적(예약)을 밝히고, 미리 정해 둔 모임의 정보를 말합니다. 몇 명이 몇 시에 갈지, 그리고 예약하는 사람의 이름을 남깁니다.
문의① 선호하는 자리
문의② 메뉴 종류
문의③ 특별한 날을 위한 서비스 여부
문의④ 주차 가능 여부

AL Expression
take reservations 예약을 받다
That should do. 괜찮아요.
offer special services 특별 서비스를 제공하다
That sounds doable. 할 수 있을 것 같네요.

안녕하세요. 혹시 예약은 안 되나요? 되는군요. 좋습니다. 저희 가족이 오늘 밤에 저녁 식사를 하러 가고 싶은데요. 6명입니다. 음, 7명 정도라고 할게요. 성이 최입니다. 혹시 창가 쪽 테이블로 할 수 있을까요? 그리고 주방 쪽에서 먼 곳이면 좋겠습니다. 채식 메뉴는 없나요? 그렇군요. 그거면 괜찮아요. 실은, 이모님께서 곧 생신이거든요. 특별 생일 서비스 같은 것도 제공하시나요? 오, 그거 정말 좋을 것 같아요. 이모가 좋아하시겠어요. 하나만 더요. 주차 요금은 얼마인가요? 오늘이 주말이다 보니, 저희가 주차할 자리가 있을까요? 알겠습니다. 아주 좋네요. 알겠습니다. 감사합니다.

진료 예약하기

기출문제 일반 진료 예약하기

I'd like to give you a situation and ask you to act it out. You're not feeling well, so you need to go to see a doctor. Please call a clinic and make an appointment with a doctor.

제가 상황을 제시할 테니 대처해 보세요. 당신은 몸이 좋지 않아서 병원에 가야 합니다. 병원에 전화해서 의사의 예약을 잡으세요.

샘플답변

Hi. I'm just calling to see if I could just walk in or do I have to set up an appointment? Okay. I'd like to make an appointment to see the doctor, if you don't mind.

문의① Is there any time in the afternoon on Thursday? 3 o'clock works for me. Fine.

문의② It's my first time at your clinic. Do I have to bring any medical documents with me? Ah, I fill out a form when I get there. Alright.

문의③ And I've got another appointment later that day. How much time do you think it'll take? Okay.

My name is Eun-Ju Kim. My phone number? 010-1234-5678. Thanks so much. See you Thursday. Bye.

전화를 건 목적(예약)을 밝히고, 미리 정해 둔 증상이나 진료과목을 말합니다. 특별히 정하지 않고 make an appointment to see the doctor라고 뭉뚱그려 말할 수도 있습니다. 예약의 마지막은 이름과 전화번호 등의 개인 정보를 대는 것입니다.
문의① 예약 시간
문의② 준비 서류
문의③ 진찰 소요 시간

AL Expression

just walk in 그냥 (그곳으로) 가다
set up an appointment 약속을 잡다
work for ~에게 유효하다[좋다]

안녕하세요. 그냥 가도 되는지 아니면 예약을 하고 가야 하는지 알아보려고 전화했습니다. 알겠습니다. 괜찮다면 진료 예약을 하고 싶은데요. 목요일 오후에 되는 시간이 있을까요? 3시가 괜찮습니다. 좋습니다. 그곳 병원에 처음 가는 건데요. 제 의료 기록을 가지고 가야 할까요? 거기 가서 진료 서류를 작성하는군요. 알겠습니다. 그리고 제가 그날 진료 다음에 약속이 있습니다. 진찰이 얼마나 걸릴까요? 알겠습니다. 제 이름은 김은주입니다. 휴대폰 번호요? 010-1234-5678입니다. 감사합니다. 목요일에 뵐게요. 안녕히 계세요.

+PLUS Advanced Vocab

∽ 아픈 증상 말하기
· I think I sprained my ankle. 제가 발목을 삔 것 같습니다.
· I have a splitting headache. 머리가 깨질 것처럼 아픕니다.
· I think I am coming down with a cold. 제가 감기에 걸린 것 같습니다.

∽ 가능한 의사 확인하기
· Is Dr. Yoon available today? 윤 선생님이 오늘 시간이 되시나요?
· What time can I see Dr. Lee? 이 선생님은 몇 시에 진찰이 가능하나요?
· Does she make house calls? 선생님이 방문 진찰을 하시나요?

UNIT 02
주어진 상황에서 질문하기

주어진 상황에서 상대방에게 질문을 해야 합니다. 예약/예매하기와 비슷합니다. 예를 들어, 가게에 전화해서 상품에 대해 문의할 수도 있고, 공공기관에서 시설 이용에 관해 문의할 수도 있습니다. 정보를 얻기 위함이지만, 내가 질문을 받는다고 생각하고 모든 정보 요소를 미리 설정해 두는 것이 좋습니다.

상품 문의하기

+ 스마트폰, 신발 등 제품 문의하기
+ 여행상품, 렌터카, 헬스 등 서비스 문의하기
⇨ 업체 직원에게 전화하기

미리 생각해두기
✛ **공통**
― 업체의 이름
― 가격 및 이용료
― 지불 수단, 할인
― 가게의 위치

✛ **제품**
― 제품의 이름
― 제품의 특징

✛ **서비스 상품**
― 이용 날짜
― 예약 방법
― 프로그램

모임에 관해 묻기

+ 생일 축하 모임
+ 승진 축하 모임
+ 가족 모임
⇨ 지인(친구, 동료, 가족)에게 물어보기

미리 생각해두기
― 상대 지인의 이름
― 구체적으로 축하할 일
― 모임 날짜와 장소
― 일정상의 문제
― 초대 손님
― 참석자의 수
― 선물
― 드레스 코드
― 준비물
― 가는 방법

시설 이용 문의하기

+ 도서관 이용 문의하기
+ 컴퓨터실 이용 문의하기
⇨ 시설 직원에게 문의하기

미리 생각해두기
✛ **공통**
― 운영시간
― ID 카드 발급 여부
― 이용 비용

✛ **도서관**
― 도서 대출 방법
― 도서 예약 방법
― 도서 신청 방법
― 찾는 도서 제목

✛ **컴퓨터실**
― 예약 가능 여부
― 시간제한 여부
― 프린트 가능 여부
― DVD 시청 가능 여부

완전절친 TIP

롤플레이에서는 주로 전화로 말하는 상황이 연출됩니다. 그렇다면 전화상의 표현을 쓰는 것이 옳습니다. 전화를 걸었을 때 시작하는 말과 감사의 말, 끝인사를 정해 두고 답변에 이용하세요.

- 시작하는 말   Hello? Is this ~? This is ~.
- 감사의 말   Thank you so much. You've been very helpful.
- 맺는 말   Goodbye then. Have a good day!

상품 문의하기

헬스 등록 문의하기　　　　　🔊 MP3 071

I'd like to give you a situation and ask you to act it out. You want to join a new gym near your home. Call the gym and ask the manager three or four questions to find out everything you need to know about the gym.

제가 상황을 제시할 테니 대처해 보세요. 당신은 집 근처에 새로 생긴 헬스장에 등록하려고 합니다. 헬스장에 전화해서 관리자에게 서너 개의 질문을 하여 헬스장에 대해 알아야 할 모든 것을 알아보세요.

샘플답변

Hello, can I speak to the manager please? I'm interested in joining your gym, but I'd like to ask a few questions before that.

문의① Firstly, how much is the membership, monthly and annually? Is annual membership cheaper than the monthly one?

문의② Secondly, my main goal is to lose weight. Do you have any special program for weight loss? And if so, is it included in the fee or does it cost extra? I'm a bit worried because I've never done any type of exercise in my life.

문의③ Thirdly, when and what time can I use the gym? What time is the quietest to work out?

문의④ Lastly, if I go on holiday or I am ill, can I postpone my membership for that time?

I'd much appreciate any assistance you can give.

전화를 건 의도를 밝히고, 미리 정해 둔 문의사항들을 차근차근 풀어놓습니다. 마지막에는 상담해 준 상대 직원에게 감사의 표현을 잊지 않습니다.

문의① 회원 등록비
문의② 프로그램
문의③ 이용 시간
문의④ 멤버십 연장 여부

AL Expression

annual membership 연회비
cost extra 추가로 돈을 내다
postpone one's membership
회원 자격을 연기하다

안녕하세요. 매니저와 통화할 수 있을까요? 저는 그곳 헬스장에 등록하고 싶은데, 그 전에 몇 가지 질문을 하고 싶습니다. 우선, 회비는 월회비와 연회비가 얼마입니까? 연회비가 월회비보다 저렴합니까? 두 번째로, 저의 주요 목적은 체중 감량입니다. 체중 감량을 위한 특별 프로그램이 있습니까? 그렇다면 회비에 포함되어 있습니까? 아니면 추가 비용이 듭니까? 제가 평생 어떤 종류의 운동도 해 본 적이 없어서 조금 걱정이 됩니다. 세 번째로, 헬스장을 언제, 몇 시에 이용할 수 있습니까? 가장 조용한 운동 시간은 몇 시입니까? 마지막으로 휴가를 가거나 아프게 되면 그 시간 동안 회원 자격을 연기할 수 있습니까? 도움 주시면 감사하겠습니다.

+PLUS Advanced Vocab

○ 렌터카 업체에 상품 문의하기

· What color do you have? 어떤 색이 있나요?
· What are some additional options that you offer? 어떤 추가 기능을 제공하나요?
· Is it automatic or manual? 차가 자동인가요, 수동인가요?
· How much is it per day? 하루에 얼마인가요?
· How much do you charge an hour? 한 시간에 얼마인가요?
· Could I get a discount? 할인을 받을 수 있나요?
· Is there anything I need to do to make a reservation? 예약하려면 무엇을 해야 하나요?
· Can I make my reservation online? 온라인으로 예약할 수 있나요?
· How can I confirm my reservation? 예약을 어떻게 확인할 수 있나요?

기출문제 친구와의 모임 ◀) MP3 072

I'd like to give you a situation and ask you to act it out. You're invited to a party by one of your friends. However, you have no information about it so you need to call your friend and ask three or four questions about the party.

제가 상황을 제시할 테니 대처해 보세요. 당신은 친구로부터 파티 초대를 받았습니다. 그런데 파티에 대한 아무런 정보도 없습니다. 친구에게 전화하여 파티에 관해 서너 가지 질문해 보세요.

샘플답변

Hi Yoon-ho. How is it going? I was thinking of the party this weekend. And I have some questions about it.

문의① First of all, what kind of party is it? It's not your birthday, is it? Oh, really? That's great news! Sure, we should have a party.

문의② What time and where is the party? Actually, I might be a little late, because I have an appointment with my clients. I'll try to be there as soon as I'm done though. Yeah, I heard the new restaurant serves good pasta and such. And the atmosphere is supposed to be really nice.

문의③ Lastly, what should I wear to the party? Do you have a dress code for the party? I'll be meeting my client that day, so I might be dressed formally. Is that ok? Sounds good. See you then.

모임에 대해 질문할 것이 있음을 밝히고, 미리 정해 둔 질문들을 시작합니다. 이러한 롤플레이 문제는 문제에서 제시해주는 것이 거의 없기 때문에 자신의 경험을 바탕으로 친구의 이름(Yoon-ho), 모임이 있는 날(weekend) 등 모임의 배경을 스스로 정해야 합니다.
문의① 파티의 목적
문의② 파티 장소와 시간
문의③ 드레스 코드

AL Expression

I'm done (할 일을) 끝내다
be dressed formally 정장을 차려입다

윤호야. 잘 지내? 이번 주 파티에 대해 생각해 봤는데, 몇 가지 물어볼 게 있어. 먼저, 무슨 파티야? 네 생일은 아니잖아? 정말? 정말 좋은 소식이다! 그럼, 파티를 해야지. 파티는 몇 시에 어디에서 해? 사실 고객과 약속이 있어서 조금 늦을 수도 있어. 하지만 끝나는 대로 최대한 빨리 갈게. 그래, 그 새로 생긴 식당에서 맛있는 파스타 같은 걸 내놓는다고 하더라. 분위기도 정말 좋을 거야. 끝으로 파티에서 뭘 입어야 하니? 파티 드레스 코드가 있어? 나는 그날 고객을 만나기 때문에 정장 차림일 거야. 괜찮아? 좋아. 그럼 그때 보자.

+PLUS Advanced Vocab

⌒ 모임의 종류에 대해 묻기
· What is the occasion? 어떤 행사인가요?
· Is it your wedding anniversary[promotion party, housewarming party, year-end party, bridal shower]? 결혼기념일[승진 파티, 집들이, 연말 파티, 신부 파티]인가요?

⌒ 시간과 장소에 대해 묻기
· Could you tell me the time and place? 시간과 장소를 말해주실 수 있나요?
· Do you know how I can get to the place? 그 장소에 어떻게 가나요?

⌒ 복장과 준비물에 대해 묻기
· Is there a dress code for the party? 그 파티에 드레스 코드가 있나요?
· What would you like me to bring to the party? 파티에 뭘 가져갈까요?
· Is there anything I should bring? 제가 가져가야 할 것이 있나요?

시설 이용 문의하기

기출문제 도서관 이용 문의하기 ◀) MP3 073

I'm going to give you a situation and ask you to act it out. You're at the library to check out a book, but you can't find the book that you need. Now you find a librarian and ask some questions about finding the book.

제가 상황을 제시할 테니 대처해 보세요. 당신은 도서관에서 책을 대출하려고 하는데 필요한 책을 찾을 수 없습니다. 사서에게 가서 그 책을 찾는 것에 대해 몇 가지 질문해 보세요.

샘플답변

Hi. How are you doing today? I wonder if you could help me. I was looking for a certain book on your online catalogue. But for the life of me, I can't seem to find it. It's called *Tuck Everlasting*. I think it was written in the 70s. Yes, that's right. That's the author, I believe.

문의① Oh, it's out on loan. When do you expect it back?

문의② And do I have to keep checking with you at this desk or can you notify me when it's in? Alright, yes I'll reserve it now. Here is my ID card.

문의③ Umm. Will it be on the shelf when it is returned? Oh, you will keep it here at the front counter? I see. Fair enough.

Thank you so much. You've been very helpful. Goodbye then.

찾지 못한 도서의 제목을 미리 생각해 두어야 합니다. 찾고 있던 책은 대출 중이라고 가정하고 이러한 상황에서 문의할 수 있는 것들을 미리 생각해 보세요.
문의① 반납 예정일
문의② 예약 방법
문의③ 책 찾을 곳

AL Expression

for the life of (me) (내가) 아무리 해도
out on loan 대출 중인
Fair enough. (일리 있는 말에 대해 납득하며) 좋습니다.

안녕하세요. 좀 도와주시겠어요? 온라인 카탈로그에 있는 책을 한 권 찾고 있었는데요. 아무래도 저는 못 찾을 것 같아요. <터크 애버래스팅>이라는 책이에요. 70년대에 쓰인 것 같은데. 네, 맞아요. 그 작가가 맞는 것 같아요. 아, 대출 중이군요. 언제쯤 들어올까요? 계속 여기에서 당신과 확인해야 하나요, 아니면 그 책이 들어오면 저에게 알려주실 수 있을까요? 좋아요. 지금 예약할게요. 여기 제 신분증이요. 책이 들어오면 책장에 있나요? 당신이 여기 프런트 카운터에 보관해 두신다고요? 좋습니다. 감사합니다. 정말 도움이 됐습니다. 안녕히 계세요.

+PLUS Advanced Vocab

시설 이용 문의하기
· What are your hours? = What are your operating hours? 운영 시간이 어떻게 되나요?
· What facilities are available? 어떤 시설이 이용 가능한가요?
· Do you run a free shuttle bus? 무료 셔틀버스를 운행하나요?
· Do I need to show my ID to use the facility? 시설을 이용하려면 신분증을 제시해야 하나요?
· When should I return this? = By when should I return this? = When are these due? 언제까지 반납해야 하나요?
· How many books can I check out at a time? 한 번에 몇 권을 빌릴 수 있나요?

UNIT 03
상황 설명하고 도움 요청하기

자신이 처한 상황을 자세히 설명하면서 도움을 요청해야 하는 유형입니다. 부탁을 하기 위해서는 문제에서 제시하는 상황을 잘 들어야 합니다. 하지만 구체적인 요소들은 스스로 생각해내야 하기 때문에 기출문제를 보고 상황별로 상세한 설정을 해야 합니다. 그러면서 답변할 때에는 정중한 태도로 도움이 필요한 이유를 밝힙니다.

분실물 찾기

+ 공공장소에서 소지품을 분실한 상황
+ 상점에 쇼핑한 물건을 두고 온 상황
⇒ 담당자나 직원에게 요청하기

제대로 듣기
- 분실한 장소
- 분실한 물건

미리 생각해두기
✛ **공통**
- 분실한 시간
- 분실한 물건의 외양
- 분실 배경 상황
- 분실 장소와 시간
- 나의 연락처
- 도움 요청 내용

✛ **공공장소**
- 장소의 이름

✛ **상점**
- 업체의 이름

수리 요청하기

+ 전자기기 수리 요청하기
+ 공공기관의 시설 수리 요청하기
+ 집안 시설 수리 요청하기
⇒ 수리전문가 또는 지인에게 요청하기

제대로 듣기
- 장소
- 고장 난 것
- 나의 상황
- 요청 대상

미리 생각해두기
✛ **공통**
- 물건의 상태, 오작동
- 그것을 고쳐야 하는 이유
- 도움 요청 내용

✛ **공공기관**
- 시설 이용 규칙

시설 개방 요청하기

+ 수영장 개방 요청하기
+ 강의실 개방 요청하기
+ 공공시설 개방 요청하기
⇒ 시설 관리자나 강사에게 요청하기

제대로 듣기
- 장소
- 요청 대상

미리 생각해두기
✛ **공통**
- 담당자의 이름, 직위
- 기존 개방 시간, 요일
- 문이 닫힌 상황(시간 등)
- 문을 열어야 하는 이유
- 도움 요청 내용

✛ **강의실**
- 강의실 위치
- 강의실 번호

완전절친 TIP

롤플레이에서 문의하거나 요청할 때에는 상대와 실제로 대화를 한다는 느낌으로, 상대의 답변을 가정해서 호응하는 표현을 넣어 보세요.

- Oh, Really?
- Okay, I got it.
- You know what?
- Awesome.
- Alright.
- I can't believe it!

기출문제 공원에서 휴대폰을 분실한 상황

🔊 MP3 074

This is a situation question. Imagine that you went to a park. When you came home, you realized that you lost your cellphone. Please call the lost and found center and ask for help.

이제 상황 문제입니다. 당신이 공원에 갔다고 가정해 보세요. 집에 돌아왔을 때 당신은 휴대폰을 잃어버렸다는 것을 알게 되었습니다. 분실물 센터에 전화해서 도움을 요청해 보세요.

샘플답변

Hello. I'm calling about a lost item at your parks. Is this the right department to talk to?

상황 설명 Well, I lost my cellphone on a bench at Jungang Park this morning, the one at the pond's edge. And when I went back around noon, it was gone. So you do have a lost phone? Oh. Well, **just in case**, it was a black smartphone. It had a yellow and white cover on it.

도움 요청 Do you think anyone will **bring it in** if they find it? If you get it, can you call me? I'll give you a number. It's my friend's phone. Ready? 010-1234-5678. You can contact me at this number.

If you do find it, it'll **mean the world to me**. Thanks for your help. Have a good day then. Bye.

문제에서 휴대폰을 공원에서 잃어버린 상황을 정확히 들어야 합니다. 분실물 센터에 전화할 때에는 언제, 어디서, 무엇을 잃어버렸는지 정보를 미리 설정해서 전달해야 합니다. 그리고 도움을 요청하면서, 상대가 도와준다고 가정하고 감사하는 표현으로 마무리합니다.

AL Expression
just in case 만약을 위해서
bring in 가져오다
mean the world to ~에게 무엇과도 바꿀 수 없다

안녕하세요. 그곳 공원에서 분실한 물건이 있어서 전화드립니다. 이 부서에 말씀드리면 되는 게 맞나요? 제가 오늘 아침 중앙공원 연못 가장자리에 있는 벤치에서 휴대폰을 분실했습니다. 오후 즈음에 다시 가 봤을 땐, 휴대폰이 없더라고요. 분실 휴대폰을 가지고 계신가요? 그럼, 만약을 위해서, 제 휴대폰은 검은색 스마트폰이고, 노란색과 흰색 커버가 씌워져 있었어요. 혹시라도 누군가가 발견하면 그걸 가져올까요? 받으시면 저에게 전화 주실 수 있나요? 번호를 드릴게요. 이건 제 친구의 휴대폰이에요. 준비되셨나요? 010-1234-5678입니다. 이 번호로 저에게 연락 주시면 됩니다. 찾아주시면, 저는 세상을 다 가진 것 같을 거예요. 감사합니다. 좋은 하루 보내세요. 안녕히 계세요.

+PLUS Advanced Vocab

◦ 분실 상황 설명하기
· I think I have left my wallet at the hotel. 호텔에 지갑을 두고 온 것 같아요.
· I could have dropped my wallet in the restroom. 지갑을 화장실에서 떨어뜨렸을 수 있어요.
· I had it when I paid the bill, but I can't remember after that. 계산할 때는 가지고 있었는데, 그 후 기억이 안 납니다.
· I can describe my wallet for you. 제 지갑을 묘사해 드릴게요.
· It's square[rectangular] shaped. It has a pocket on the front. 네모[직사각형] 모양이고, 앞에 주머니가 있습니다.

◦ 도움 요청하기
· Could you keep it at the concierge desk for me? 관리데스크에 보관해 주실 수 있나요?
· Would you mind keeping it until I come and pick it up? 제가 와서 가져갈 때까지 보관해 주실 수 있나요?
· Would it be possible for you to send it to me by air? 지갑을 항공편으로 보내주실 수 있나요?

도서관에서 컴퓨터 수리 요청하기 🔊 MP3 075

This is a situation question. Suppose that you are in the library now and need to use the computer to do your assignment. However, you find out that your computer isn't working well and suddenly shut down. Please explain your situation to the librarian and ask for some alternatives to finish your work.

이제 상황 문제입니다. 당신은 지금 도서관에 있고, 과제를 하기 위해서 컴퓨터를 써야 합니다. 하지만 컴퓨터가 제대로 작동하지 않다가 갑자기 꺼졌습니다. 사서에게 당신의 상황을 설명하고, 과제를 끝낼 수 있는 몇 가지 대안을 요청해 보세요.

샘플답변

Hi there. Sorry to bother you. I have a problem with the computer. Think you could help me?

상황 설명 I was working on it, and it suddenly froze. The seat number is 16. I tried to turn it off and back on, but it won't restart now. I was working on a file, so I hope I can retrieve it. Also my USB flash drive is in the computer. I wonder if it would matter if I take it out.

도움 요청 What can I do about it? That would be great. When can the engineer get to me? Okay, then, can I use another vacant seat to see if my files are saved? Or can you check my USB flash drive on your computer just for a sec?

Alright. Thanks a lot. It was kind of an important file so I really want to get it back. Thanks again.

문제에서 제시한 것만으로는 상황 설명이 충분치 않습니다. 도서관이라는 특성을 고려하여 자리 번호나 이용 시간 등 시설 이용 규칙을 생각하면서 상황을 구체적으로 설명합니다.

AL Expression

freeze (작동이) 멈추다
retrieve 되찾다
get to ~에게 오다

안녕하세요. 방해해서 죄송합니다. 제 컴퓨터에 문제가 있어서요. 도와주실 수 있을까요? 이 컴퓨터로 작업하고 있었는데, 갑자기 멈췄어요. 제 자리 번호는 16이에요. 껐다 켜 봤는데, 지금은 재시작이 되지 않아요. 제가 파일 작업을 하고 있었는데, 그 파일을 다시 불러올 수 있다면 좋겠어요. 그리고 제 USB 플래시 드라이브는 컴퓨터에 꽂혀 있어요. 그걸 빼면 문제가 될지도 모르겠어요. 어떻게 해야 할까요? 그게 좋을 것 같아요. 그 엔지니어분이 언제쯤 올까요? 그럼, 파일이 저장되었는지 확인하기 위해 다른 빈자리를 써도 될까요? 아니면 잠시만 그쪽 컴퓨터로 확인해 주실 수 있나요? 알겠습니다. 감사합니다. 꽤 중요한 파일이어서 다시 복구됐으면 좋겠네요. 감사합니다.

+PLUS Another Question

Q There was something wrong with your window and you called a repairman for repair. Unfortunately, the repairman said he couldn't fix your window until next week. Ask him to come as soon as possible, telling him two or three reasons why you need it fixed soon.

집 창문에 문제가 생겼고 당신은 수리를 위해 기사에게 전화했습니다. 안타깝게도, 기사는 다음 주에나 창문을 고칠 수 있다고 합니다. 창문을 왜 빨리 고쳐야 하는지 두세 가지 이유를 이야기하며, 기사에게 가능한 한 빨리 와 달라고 부탁해 보세요.

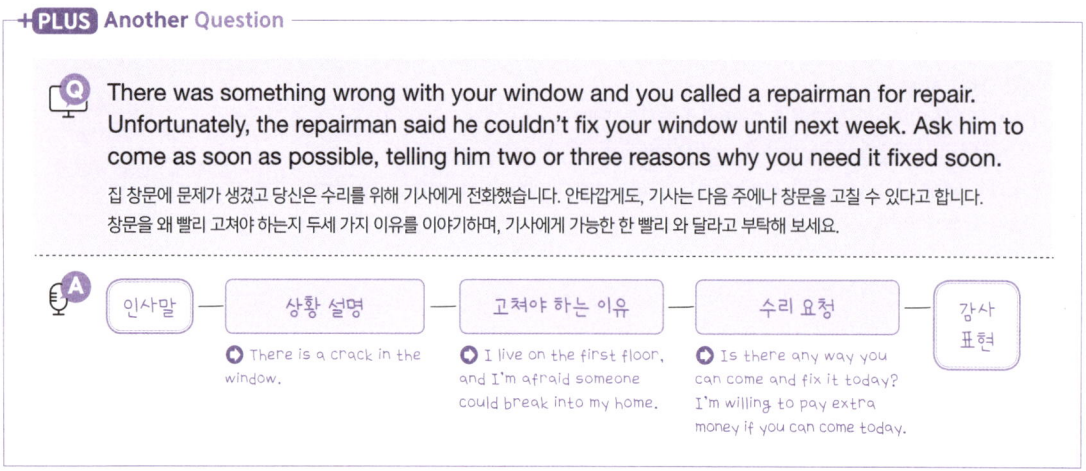

인사말 — 상황 설명 — 고쳐야 하는 이유 — 수리 요청 — 감사 표현

○ There is a crack in the window.

○ I live on the first floor, and I'm afraid someone could break into my home.

○ Is there any way you can come and fix it today? I'm willing to pay extra money if you can come today.

시설 개방 요청하기

This is a situation question. You arrived at the swimming pool 1 hour before it opens. Call the swimming center and explain the situation, asking the person in charge to open it.

이제 상황 문제입니다. 당신은 수영장 문이 열리기 한 시간 전에 수영장에 도착했습니다. 센터에 전화해서 상황을 설명하고 담당자에게 문을 열어 달라고 부탁해 보세요.

샘플답변

Hello? Is this the administration office of the pool? Are you the person in charge? I'm sorry to call you about this, but I'm glad that I finally found someone who can help me.

상황 설명 Actually, I was wondering what was going on, and if the opening was canceled or whatnot, because the swimming pool is closed. I thought it opens at 7 o'clock on weekends. Alright, I was wrong. But I was so puzzled.

도움 요청 Is there any way you could let me in early? I know, you don't usually do it, but I'm here with 3 children, and it's very cold outside. There is no way I can wait here for another hour. The children may catch a cold.

I'm sorry for causing you trouble. Thank you so much. Sorry again for having to call you. See you soon.

시설 개방은 수영장과 강의실 등 다양한 장소가 제시될 수 있으니, 우선 문제를 잘 듣는 것도 중요하고, 다양한 상황에 대비해 미리 연습해 보는 것이 중요합니다. 우선 전화 상대를 확인하고 도움이 필요한 상황을 어필합니다. 문을 지금 열어야 하는 불가피한 상황을 제시하고, 상대가 도움을 준다는 가정하에 감사를 표현하면서 마무리합니다.

AL Expression

person in charge 담당자
or whatnot ~등등, 그런 것들
puzzled 어리둥절한
let ~ in ~를 들여보내다

여보세요? 수영장 사무실이죠? 담당자이신가요? 이런 일로 전화해서 죄송하지만, 저를 도울 수 있는 분을 드디어 찾은 것 같네요. 사실은 수영장 문이 닫혀 있어서, 수업이 취소됐나, 무슨 일인지 싶었습니다. 수영장이 7시에 연다고 생각했거든요. 그렇군요. 제가 잘못 알았군요. 하지만 저는 굉장히 당황했어요. 혹시 조금 일찍 들어갈 수 있는 방법이 있나요? 보통 그러지 않는다는 건 알지만 제가 아이 셋과 같이 왔는데 밖이 몹시 추워요. 여기서 한 시간을 더 기다릴 수는 없을 것 같아요. 아이들이 감기에 걸릴 것 같아요. 귀찮게 해서 죄송합니다. 정말 감사해요. 전화해서 정말 죄송해요. 금방 봬요.

+PLUS Another Question

Q You arrived at your language class on the first day but the door of the classroom was not open. Please call the instructor and ask what you should do.

당신은 어학 수업 첫 날 교실에 도착했는데 문이 열려 있지 않았습니다. 강사에게 전화해서 어떻게 해야 하는지 물어보세요.

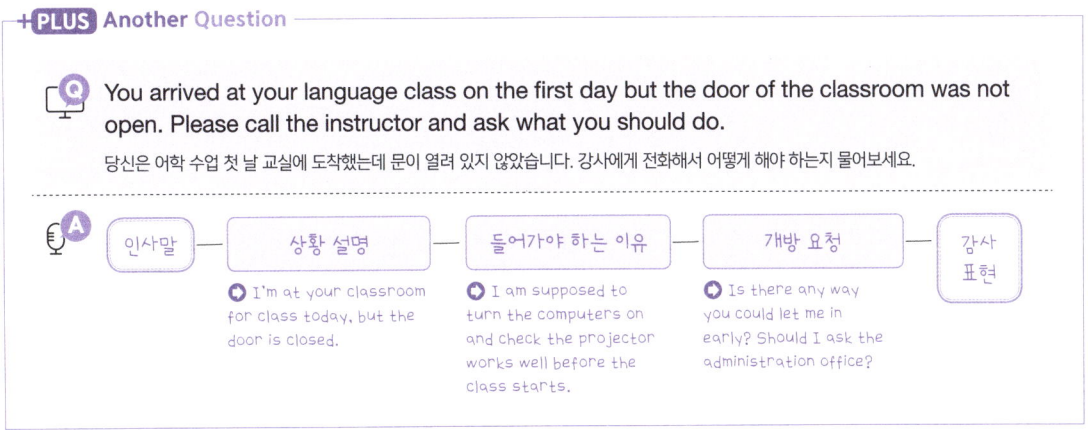

A

인사말	상황 설명	들어가야 하는 이유	개방 요청	감사 표현
	I'm at your classroom for class today, but the door is closed.	I am supposed to turn the computers on and check the projector works well before the class starts.	Is there any way you could let me in early? Should I ask the administration office?	

UNIT 04
상황 설명하고 대안 제시하기

주어진 문제를 해결하기 위해 상황을 설명하고 대안을 제시해야 하는 문제입니다. 예를 들어, 여러분이 친구나 고객을 만나야 하는데 문제가 생겨서 약속 장소에 못 가는 상황이 발생합니다. 상대에게 전화를 걸어 상황을 설명하고 대안을 두세 가지 제시해야 합니다. 문제 해결을 위한 대안을 제시해야 하기 때문에 순발력과 빠른 상황 대처 능력이 요구됩니다.

약속 취소하기

+ 영화/공연 관람 취소하기
+ 운동 계획 취소하기
+ 파티나 행사 취소하기
+ 초대나 식사 취소하기
+ 회의 취소하기
⇨ 가까운 사람이나 고객, 동료에게 대안 제시하기

미리 생각해두기
— 약속 시간, 날짜, 장소
— 약속 연기 이유
— 대안 정하기
— 약속을 대체할 만한 것

손해 보상하기

+ MP3 플레이어 보상하기
+ 자전거 보상하기
+ 게임 CD 보상하기
⇨ 손해를 입은 지인에게 대안 제시하기

미리 생각해두기
— 물건을 빌린 시기
— 물건의 가격
— 손해가 발생한 구체적인 상황
— 손해를 피하기 위한 나의 노력
— 대안 정하기
— 그 물건을 대체할 만한 것

성적 만회하기

+ 시험 미응시 만회하기
+ 결석 만회하기
⇨ 선생님, 교수에게 대안 제시하기

미리 생각해두기
✛ **공통**
— 수업 이름, 시간, 강의실
— 교수의 이름
— 대안 정하기
— 대체할 만한 과제

✛ **결석**
— 결석하는 이유
— 결석한 이유

✛ **미응시**
— 미응시하는 이유
— 미응시한 이유

완전절친 TIP

롤플레이 콤보문제의 마지막 문제로 [관련 경험 말하기]가 출제될 수 있습니다. 응시자의 경험을 말하도록 되어 있기 때문에 엄밀히 롤플레이 문제는 아닙니다만, 응시자의 스토리텔링 능력을 상황과 함께 평가하기 때문에 제대로 답변하면 고득점을 받을 수 있습니다. 실제로는 그런 경험이 없어서 정말로 '그런 경험이 없다'고 말하고 넘어가거나 '다른 이야기를 해주겠다'라고 말하는 분들이 있는데, 시험에서는 가짜 경험이라도 만들어 낼 수 있어야 합니다. 즉석에서 이러한 문제를 받으면 당황스러우니, 문제유형을 파악하고 상황에 따라 어떤 답변을 내놓을지 미리 준비하세요.

– 급한 일이 생겨 친구와의 약속을 지키지 못한 경험
– 친구에게서 빌린 물건을 망가뜨린 경험
– 사정 때문에 회의나 프로젝트에 참여하지 못했던 경험
– 물건을 빌려주었다가 상대가 고장 낸 경험

약속 취소하기

◀) MP3 077

기출문제 영화 관람 취소하기

Unfortunately, there is a problem that you have to resolve. You and your friend wanted to go to a movie tonight, and you bought two movie tickets in advance. However, something urgent has suddenly come up and you can't see the movie. Call your friend and explain the situation and then, give your friend some suggestions to solve this problem.

유감스럽지만 해결해야 할 문제가 생겼습니다. 당신과 친구는 오늘 밤 영화를 보려고 미리 영화 티켓 두 장을 구입했습니다. 그러나 갑자기 급한 일이 생겨서 영화를 볼 수 없게 되었습니다. 친구에게 전화해서 이 상황을 설명하고 해결책을 제시해 보세요.

샘플답변

Hi Mi-na, this is Jun. I know we are supposed to meet today for a movie and you are looking forward to it. Now, I am afraid to tell you this, but I can't make it to the movie tonight. My boss has organized a last-minute meeting for two hours from now, so I really have to go. I feel really bad, but I have no choice.

대안① If you still want to watch the movie, you can go with someone else. I'll send the e-tickets to you.

대안② Or, I'll cancel the tickets and we'll go some other time. If not tonight, we'll get together soon and we can plan around your schedule because it's all my fault.

I am really sorry about this. Please let me know what you decide. I am cool either way.

문제가 발생한 상황, 즉 약속을 지키지 못하는 피치 못할 사정을 설명한 후에 대안을 제시합니다. 마무리는 사과하는 표현을 꼭 넣어 주세요.
대안① 다른 친구와 봐도 됨
대안② 다른 시간에 가도 됨
그 외, 약속을 다른 활동으로 대체하거나 보상을 하는 등의 대안을 제시할 수 있습니다.

AL Expression

last-minute meeting 급조한 회의
cool either way 어느 쪽이든 괜찮은

안녕, 미나야. 나 준이야. 우리 오늘 영화 보기로 했지. 네가 기대하고 있는 것도 알아. 그런데 이런 말을 해서 정말 미안하지만, 오늘 밤 영화를 보러 갈 수가 없어. 사장님이 갑자기 지금부터 두 시간 동안 회의를 소집하셔서 가 봐야겠어. 정말 싫지만 선택의 여지가 없네. 그래도 영화를 보고 싶으면 다른 사람과 함께 가도 돼. 내가 너에게 온라인 티켓을 보낼게. 아니면 표를 취소하고 다른 시간에 가자. 오늘밤이 아니어도 곧 만날 거고, 이게 모두 내 잘못이니까 네 일정에 맞춰서 계획해 보자. 네 결정을 알려줘. 어느 쪽이든 나는 괜찮아.

+PLUS Advanced Vocab

○ 약속 취소에 대해 대안 제시하기
· Can we postpone our meeting? 우리 약속을 연기할 수 있을까?
· Would you like to go to a concert another day? 다른 날에 콘서트 보러 갈래?
· Do you want me to buy you the bag you've always wanted? 네가 항상 갖고 싶어 하던 가방을 사 줄까?
· Why don't we eat out and go bar hopping instead? 대신 근사한 식당에 가서 저녁 먹고 술 마시는 건 어때?
· Let's go on a picnic when the weather is nice. 날씨 좋을 때 소풍 가자.
· Shall we go to the movies this Sunday? 일요일에 영화 보러 갈까?

기출문제 약속을 취소한 경험

◀)) MP3 078

Excellent. That's the end of the situation. Have you ever experienced a situation in which you broke a promise with other people due to an important or urgent problem? What was the problem? How did you handle it? Please give me all the details.

훌륭합니다. 상황이 끝났습니다. 중요하거나 긴급한 문제로 인해 다른 사람들과의 약속을 어긴 적이 있습니까? 어떤 문제였습니까? 어떻게 처리했습니까? 자세히 말해주세요.

샘플답변

Yes, such a situation happened last year. I was meant to meet up with a few friends for special homemade beer at a local bar.

Unfortunately, just before I was about to leave home, I received a call from my boss. She explained that one of my team members who was due to start a presentation in less than an hour had called in sick and she asked me to come in and lead the presentation. I couldn't believe it! I was really looking forward to the night out with my friends, but I couldn't say no to my boss. I had no choice but to call one of my friends and tell her what had just happened. Of course, she understood as she is my friend.

Fortunately, everything was completed sooner than I'd thought, so I was able to catch up with my friends and had a great beer night.

샘플답변에 제시된 것과 같이 Yes, such a situation happened last ~라고 하면서 그러한 경험이 있었음을 인정하고 시작합니다. 약속 상황→긴급한 문제 발생→약속 취소로 이어지면서, 상황이 어떻게 마무리되었는지로 끝을 맺습니다.

▶ **당시의 느낌**

약속을 취소할 수밖에 없었던 당시의 기분이나 감정을 답변에 포함합니다.

AL Expression

be due to ~할 예정이다
have no choice but to ~할 수밖에 없다
catch up with ~에 (뒤늦게) 합류하다

네, 그런 상황이 지난해에 있었습니다. 저는 친구들과 만나 동네 술집에 가서 특별한 수제 맥주를 마실 예정이었습니다. 그런데 집을 나서기 직전에 상사에게서 전화가 왔습니다. 상사는 팀원 중 한 명이 발표 시간을 한 시간도 안 남기고 아프다고 전화해서, 저에게 대신 발표를 진행해 달라는 것이었습니다. 믿을 수가 없었습니다. 저는 친구들과 어울릴 그날만을 기대하고 있었지만, 상사에게 안 된다고는 말할 수는 없었습니다. 저는 친구 한 명에게 전화해서 방금 있었던 일을 설명할 수밖에 없었습니다. 물론 그녀는 제 친구니까 이해해줬습니다. 다행히도 모든 일이 생각보다 빨리 끝났고, 저는 발표를 마치자마자 친구들과 합류해서 맥주 파티를 할 수 있었습니다.

+**PLUS** **Mind Map**

⊶ **관련 경험 말하기**

[상황 설명하고 대안 제시하기]에 이어서 [관련 경험 말하기]가 출제될 수 있습니다. 여러분은 관련 경험이 없더라도 그러한 경험이 있음을 인정하면서 답변을 시작해 보세요.

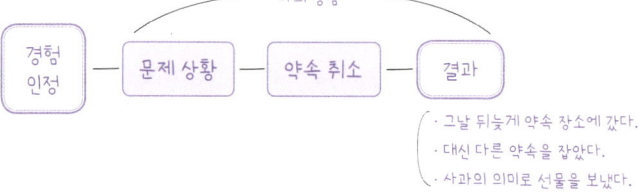

손해 보상하기

◀) MP3 **079**

기출문제 게임 CD 보상하기

Unfortunately, there is a problem that you have to resolve. You borrowed a new game CD from your friend. But unfortunately, you lost it. Call your friend and explain the situation, suggesting two or three alternatives.

유감스럽지만 해결해야 할 문제가 생겼습니다. 당신은 친구에게 새로운 게임 CD를 빌렸는데, 유감스럽게도 그것을 잃어버렸습니다. 친구에게 전화해서 상황을 설명하고 두세 가지 대안을 제시해 보세요.

샘플답변

Hey Ron. Dude, I was going to return your *Call of Duty* CD but I can't find it now. Yeah, I checked everywhere. I was playing it, and then I took it out of the Play Station yesterday to give it to you. But maybe I was re-arranging my stuff and it got lost somehow. Did you want it back now? Right.

대안① How's that new version instead? But I suppose you'll still want this old version? Geez. Don't know what to tell you. I could keep looking for it. It might **turn up somewhere**.

대안② Or how about I just pay you for it? How much was it? Alright. Let me look around for a few days. Then we'll decide.

대안③ **Or else** I'll treat you to dinner or something.

Alright then. Sorry about the **mix-up**, man. Catch ya later. Bye.

문제가 발생한 상황, 즉 게임 CD를 잃어버린 사정을 설명하고 대안을 제시합니다. 이를 위해, 친구의 이름, 게임 CD의 이름 등을 생각해 두어야 합니다. 마무리할 때에는 그 사태에 대해 사과하는 표현을 꼭 포함하세요.
대안① 새 버전으로 사주기
대안② 돈으로 주기
대안③ 다른 보상을 해주기

AL Expression
turn up somewhere 어디선가 나타나다
or else 그렇지 않으면
mix-up 혼동

안녕, 론. 내가 <콜 오브 듀티> CD를 돌려주려고 했는데, 지금 찾을 수가 없네. 그래, 모든 곳을 찾아 봤어. 게임을 하다가 어제 플레이 스테이션에서 꺼냈어. 그런데 내 물건들을 정리하다가 그 CD가 어디로 사라진 것 같아. 지금 당장 CD를 받고 싶니? 그래. 대신 새 버전은 어때? 그래도 이 오래된 버전이 필요하지? 이런. 뭐라고 말해야 할지 모르겠다. 계속 찾아볼게. 어딘가에서 나타날 수 있어. 아니면, 그냥 돈으로 줄까? 그거 얼마였니? 알겠어. 며칠 더 찾아볼게. 그러고 나서 정하자. 그렇지 않으면 저녁이라도 사줄게. 좋아, 그럼. 엉망으로 만들었네. 미안. 나중에 연락할게. 안녕.

+PLUS Advanced Vocab

↻ 손해에 대해 대안 제시하기

· Can I buy you a new player? 내가 새 플레이어로 사 줄까?
· Do you mind if I bought you a new one instead? 대신 새로 사 줘도 될까?
· How about having a new one delivered to your home? 새것으로 너의 집에 배달시켜줄까?
· Would you like me to give you an equivalent sum of money? 같은 금액으로 줄까?
· How about giving you cash as compensation for the one I broke? 내가 망가뜨린 보상으로 돈을 줄까?
· Can I buy you something that you like other than an MP3 player? MP3 플레이어 말고 네가 좋아하는 다른 것을 사 줄까?

관련 경험 말하기

기출문제 손해를 보상한 경험　　　　　　　　　🔊 MP3 080

Very good. That's the end of the situation. Have you ever broken some items you borrowed from someone? Or have you ever experienced a time when someone broke an item that you lent them? When was it? What problem was it? How did you handle the situation? Tell me all the details.

훌륭합니다. 상황이 끝났습니다. 당신은 누군가에게 빌린 물건을 고장 낸 적이 있습니까? 아니면 당신이 빌려준 물건을 누군가 고장 낸 경험이 있습니까? 언제입니까? 무슨 문제였습니까? 상황을 어떻게 처리했습니까? 자세히 말해주세요.

샘플답변

When I was little, I don't remember the exact reason but my mom insisted that I had to take violin lessons. Lessons were going well and my mom and my teacher were glad about my progress.

One day, my teacher was pleased enough to lend me her violin and said that I could use it for a while. When I got home, I carefully **removed it from** its case and placed it on the table. I looked away for only a few seconds and my cat came running into my room and leaped up onto the table. His claws **gouged into** the perfect varnish finish of the violin. I cried all day and mom comforted me saying that she would **pay any compensation**.

Fortunately, the teacher who had heard all forgave me and refused any money. I don't know if it was this incident, but after that, I lost my interest and the lessons did not last long.

관련 경험의 배경에 대한 설명으로 시작합니다. 빌린 물건과 사고가 난 상황을 구체적으로 언급하고, 마지막에는 어떻게 해결되었는지 결론을 말하면서 답변을 끝냅니다.

AL Expression

remove it from　~에서 꺼내다
gouge into　~으로 파고들다
pay compensation　돈으로 보상하다

어렸을 때 정확한 이유는 기억하지 못하지만 어머니는 제가 바이올린 수업을 받아야 한다고 주장하셨습니다. 어쨌든 수업은 잘 진행되었고 어머니와 선생님은 제가 발전하는 것에 기뻐하셨습니다. 어느 날, 선생님은 한동안 쓰라고 하시며 저에게 바이올린을 빌려주셨습니다. 집에 와서 그것을 케이스에서 조심스럽게 꺼내 테이블 위에 올려놓았습니다. 저는 아주 잠깐 동안 한눈을 팔았는데 제 고양이가 제 방에 뛰어들어 와서 탁자 위로 뛰어올랐습니다. 발톱이 바이올린의 완벽한 니스 마감을 파고들었습니다. 저는 하루 종일 울었고 어머니는 저를 위로해 주면서 어떠한 보상금도 내주시겠다고 했습니다. 다행히도, 모든 걸 들은 선생님은 저를 용서하고 보상을 거절하셨습니다. 이 사건 때문인지는 모르겠지만 그 후에는 바이올린에 대한 관심을 잃었고 수업은 오래 가지 못했습니다.

+PLUS Mind Map

⌀ 관련 경험 말하기

손해가 발생한 상황에 대해서는 육하원칙에 맞추어 자세히 묘사하는 것이 좋습니다.

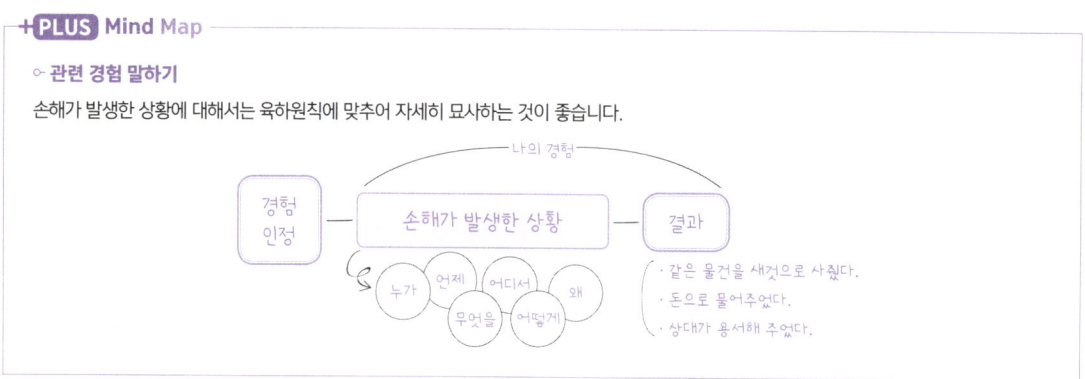

기출문제 결석 만회하기

🔊 MP3 081

Unfortunately, there is a problem that you have to resolve. You are planning to take a course this semester, but you find out that you will miss some of the classes due to an important project. Call the professor and explain what the situation is, offering at least two alternatives to make up the classes.

유감스럽지만 해결해야 할 문제가 생겼습니다. 이번 학기에 수강하는 수업이 있는데, 중요한 프로젝트 때문에 몇 번 결석할 것 같습니다. 교수에게 전화해서 상황을 설명하세요. 그리고 수업을 만회하기 위해 최소 두 가지의 대안을 제시해 보세요.

샘플답변

Hi Professor Lee. I'm in your Geology 101 class at 11 AM Mondays and Wednesdays. My name is Noah Kim. I was wondering what I could do if I miss some of your classes later this month. You see, I have a field trip with my History 102 class at the end of the month, on the 27th to 29th. We're going to the National Museums in Yongsan, Seoul. But I think we had some quiz in your class at that time.

대안① So I wondered if I could take those when I get back. Or ahead of time, or maybe take it online. Oh, I see. You don't give makeup quizzes.

대안② Well, in that case, could I turn in some extra work instead? I could write a report on the chapter, like, give a summary of it. Alright. Great. I'll do that.

Thanks a lot for your understanding, Professor. See you in class then. Bye.

우선 교수의 이름, 수업의 이름, 수업을 듣는 요일, 결석할 수밖에 없는 이유 등을 생각해 놓아야 합니다. 수업에 못 들어올 것이라는 사정을 설명하고 대안을 제시합니다. 마무리에는 양해를 구하거나 감사하는 표현을 넣어주세요.
대안① 다른 시간에 응시하기
대안② 리포트로 대체하기

AL Expression

have a field trip 현장학습을 가다
ahead of time 예정보다 빨리
makeup quiz 재시험
turn in ~를 제출하다

안녕하세요, 이 교수님. 저는 월, 수 11시 지질학 수업을 듣고 있습니다. 이름은 김노아예요. 제가 이번 달 말에 교수님 수업을 못 들을 것 같아서 어떻게 해야 할지 여쭙습니다. 아시다시피, 제가 이달 말에 27일에서 29일까지 역사 102 수업 견학을 가요. 용산에 있는 국립중앙박물관에 갈 것입니다. 그런데 그때 교수님 수업에 쪽지시험이 있었던 것 같아요. 그래서 제가 돌아오면 쪽지시험을 볼 수 있는지 궁금합니다. 아니면 사전에, 어쩌면 온라인으로 시험을 칠 수 있을 것 같아요. 알겠습니다. 재시험은 하지 않으시군요. 그런 경우라면, 대신 추가 과제를 할 수 있을까요? 그 챕터에 대한 요약본이나 보고서를 쓸 수 있습니다. 알겠습니다. 하겠습니다. 이해해 주셔서 감사합니다, 교수님. 그럼 수업 시간에 뵐게요.

+PLUS Advanced Vocab

⊶ 시험 미응시에 대해 대안 제시하기

· Is there any way I can take the test next week? 제가 다음 주에 시험을 볼 수 있을까요?
· Could you let me take a make-up test? 재시험을 보게 해주실 수 있나요?
· To make up for it, can I write a report? 만회하기 위해 보고서를 쓸 수 있나요?
· Since I missed the test, could I write a report? 시험을 보지 못했으니 보고서를 쓸 수 있나요?
· Could I volunteer to be your teaching assistant for one whole semester? 한 학기 동안 교수님 조교로 자원할 수 있나요?
· What about helping you grade test papers? 시험 채점을 도와드리는 것은 어떠세요?

UNIT 05
불만 제기하기

앞서서 상황을 설명하고 대안을 제시해야 하는 문제와 크게 다르지 않습니다. 다만 나의 잘못이 아닌 상대가 일으킨 문제에 대해 해결을 요청 또는 제안하는 것이 핵심입니다. 그리고 그 잘못된 상황에 대해 불만이나 실망을 표현합니다. 예를 들어, 식당에서 음식이 잘못 나온 문제를 직원에게 말하고, 불만을 이야기하면서 적절한 대안을 요구하는 것입니다.

주문 착오

+ 음식 주문 착오
+ 배송 착오
⇨ 매니저나 직원에게 불만 제기

상품 하자

+ 새로 산 제품의 하자
+ 서비스의 하자
⇨ 매니저나 직원에게 불만 제기

예약 착오

+ 비행기 예약 착오
+ 호텔 예약 착오
+ 렌터카 예약 착오
⇨ 매니저나 직원에게 불만 제기

미리 생각해두기
✛ **공통**
— 업체의 이름
— 대안 및 요구사항
— 이 상황이 불만인 개인적인 이유

✛ **음식**
— 잘못 온 음식
— 주문한 음식

✛ **배송**
— 잘못 배송된 것
— 내가 원하는 것

미리 생각해두기
— 업체의 이름
— 구매 날짜
— 제품별 하자 2가지
— 대안 및 요구사항
— 이 상황이 불만인 개인적인 이유

미리 생각해두기
— 업체의 이름
— 이용 날짜와 시간
— 서비스별 예약 착오 2가지
— 대안 및 요구사항
— 이 상황이 불만인 개인적인 이유

완전절친 TIP

문제에서 구체적이지는 않지만 대략적인 상황을 제시하기 때문에 문제 속 핵심어를 제대로 들어야 합니다. 아래 예시문제에서 the furniture delivered was different from what you saw in the online catalog를 제대로 듣지 못한다면, 문제에 맞지 않은 엉뚱한 답변을 할 수 있습니다. 핵심어를 들었더라도, 시험 화면의 Replay 버튼을 눌러서 한 번 더 확인하세요.

I'm sorry, but there is a problem I need you to resolve. You **ordered furniture online**, and the furniture arrived. Unfortunately, **the furniture delivered was different from what you saw in the online catalog**. Call the store and explain the situation. Give two to three alternatives or ask for some possible solutions.

주문 착오

I'm sorry, but there is a problem I need you to resolve. You ordered furniture online, and the furniture arrived. Unfortunately, the furniture delivered was different from what you saw in the online catalog. Call the store and explain the situation. Give two or three alternatives or ask for some possible solutions.

유감스럽지만 해결해야 할 문제가 생겼습니다. 당신은 가구를 온라인으로 주문했고, 가구가 도착했습니다. 그런데 배달된 가구가 당신이 온라인 카탈로그에서 본 것과 다릅니다. 상점에 전화해서 상황을 설명하세요. 두세 가지 대안을 제시하거나 가능한 해결책을 요구하세요.

샘플답변

Hi. Is this GoodFurn? I wonder if you could help me. I'm Park. I recently got furniture delivered but it was the wrong kind.

문제상황 I ordered a white cabinet. Five shelves, product number 45. But I received the smaller sized cabinet with only three shelves. I was wondering what to do.

대안 If I order it now, when can I get the right cabinet? In 3 weeks? I didn't realize it would take that long.

요청사항 Can you call me when you're about to ship it? I'll get the wrong one ready so that it will be ready for pickup.

Actually, I can't believe this situation. The cabinet was supposed to stand in my office today. I was waiting for two weeks to get it done! And now, I have nothing to contain all my belongings. And I have to wait another 3 weeks! I want you to get it delivered ASAP!

Alright. Thanks for your help. Bye.

가구를 구매한 배경을 먼저 설명하고 문제 상황을 충분히 설명합니다. 그동안의 쇼핑 경험과 상상력을 결합해서 구체적인 문제 상황을 만들어 보세요. 끝은 문제가 해결될 것이라는 가정으로 감사를 표합니다.
문제상황 작은 서랍장이 배송됨
대안 원래 주문품으로 교환하기
요청사항 배송 시 연락 주기

AL Expression

get delivered   배달을 받다
take that long   (시간이) 그렇게 오래 걸리다

▶ **불만 제기하기**
어쨌든 상대의 잘못입니다. 이 상황이 불만스러운 개인적인 이유를 미리 생각해 놓고, 답변에 심경을 토로하는 내용을 추가하세요.

여보세요. GoodFurn인가요? 좀 도와주셨으면 하네요. 저는 박이라고 합니다. 최근에 가구가 배달되었는데 상품이 잘못 왔어요. 저는 하얀색 수납장을 주문했어요. 선반이 5개이고 제품번호는 45예요. 그런데 제가 받은 것은 더 작은 3단짜리 수납장이에요. 어떻게 해야 할지 모르겠네요. 제가 지금 주문하면 원래 주문한 수납장을 언제 받을 수 있나요? 3주 후에요? 생각보다 오래 걸리네요. 배송할 때 전화 주시겠어요? 작은 서랍장은 다시 가져가실 수 있도록 준비시켜 놓을게요. 사실, 일이 이렇게 되다니, 믿을 수 없네요. 오늘은 제 사무실에 수납장이 와 있어야 했어요. 2주나 기다렸다고요. 그런데 지금 제 소지품을 넣어 둘 것도 없어요. 그리고 또 3주를 기다려야 한다니! 당장 배달해 주셨으면 좋겠습니다. 알겠어요. 감사합니다.

+**PLUS** Mind Map

∘ **식당에서의 음식 주문 착오**

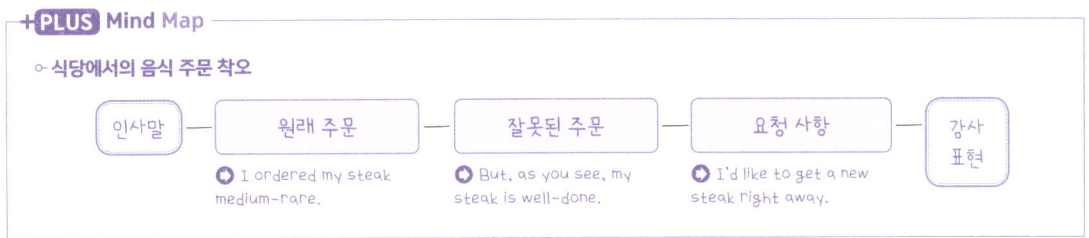

| 인사말 | — | 원래 주문 | — | 잘못된 주문 | — | 요청 사항 | — | 감사 표현 |

❶ I ordered my steak medium-rare.   ❶ But, as you see, my steak is well-done.   ❶ I'd like to get a new steak right away.

기출문제 주문 착오 경험 ◀)) MP3 083

Very good. That's the end of the situation. Could you tell me an experience in which you were dissatisfied with a product that you bought? When did this take place? What product did you purchase? How did you solve the problem? Tell me the whole story.

훌륭합니다. 상황이 끝났습니다. 구입한 제품에 만족하지 못한 경험을 말해줄 수 있습니까? 언제 일어난 일입니까? 어떤 제품을 구입했습니까? 문제를 어떻게 해결했습니까? 전부 이야기해 주세요.

샘플답변

Just a while ago, I bought a travel bag online since I was planning to go on my first overseas trip with my friend. I was greatly thrilled to finally take my first international trip and wanted to make everything perfect.

However, when the bag was delivered and I opened the box, I soon noticed there was a shipping mistake. It should have been black, but it was pink. With irritation and anger, I called the store and the girl who picked up the phone apologized and said that they would take it back because it was their fault. Unfortunately, they did not have any black ones left, so they had offered me a refund. I was really annoyed because there was not enough time to search again for the bag I initially wanted to buy.

Having no choice, I had to go to the local store and buy the bag at a price much higher than what I had seen online.

제품을 구매한 배경으로 답변을 시작합니다. 이어서 However나 Unfortunately 등의 연결어로 문제가 되었던 상황 설명을 시작합니다. 중간에 당시 느꼈던 기분이나 감정을 표현해 주면 좋습니다. 마지막은 그 일이 어떻게 되었는지로 마무리합니다.

AL Expression

be greatly thrilled to ~에 굉장히 흥분하다

with irritation and anger 짜증이 나고 화가 나서

having no choice 선택의 여지없이

얼마 전 저는 친구와 함께 첫 해외여행을 계획하고 있었기 때문에 온라인으로 여행 가방을 구입했습니다. 저는 첫 해외여행을 가게 되어 너무나 신이 났고 모든 것을 완벽하게 하고 싶었습니다. 그러나 가방이 도착하고 상자를 열었을 때 곧 배송 실수가 있음을 알았습니다. 가방이 검은색이어야 했는데 분홍색이었던 것입니다. 짜증과 화가 나서 가게에 전화를 했고, 전화를 받은 여자는 사과하고 자기들의 잘못이기 때문에 다시 수거할 것이라고 했습니다. 그런데 검은색 가방은 남아 있지 않아서 그들은 제게 환불을 해주었습니다. 원래 사고 싶었던 가방을 다시 검색할 시간이 없었기 때문에 저는 정말 짜증이 났습니다. 선택의 여지없이 저는 동네 상점에 가서 온라인으로 본 것보다 훨씬 비싼 가격으로 가방을 사야 했습니다.

기출문제 　휴대폰의 하자 　　　　🔊 MP3 084

This is a situation question. Let's assume that you just bought a new cellphone. However, when you arrived home, you realized that the phone was not as described. Call the place of purchase and explain the situation. Ask for some possible solutions.

이제 상황 문제입니다. 방금 전 당신이 새 휴대폰을 구입했다고 가정해 보세요. 집에 도착해 보니 제품이 설명과 다르다는 걸 알게 되었습니다. 구입한 장소에 전화해 상황을 설명하고, 가능한 해결책을 요구하세요.

샘플답변

Hello, is this Dream Store? I just bought a new mobile phone from your shop earlier today. The reason that I'm calling you is that the new phone does not have some functions that your clerk promised.

문제상황① Firstly, the camera on the new cellphone doesn't have a high resolution of 10 megapixels. It is no better than the camera on my old cellphone.

문제상황② Secondly, I was told that the new phone includes a smart card function, but I couldn't pay my taxi fare with it.

문제상황③ Lastly, the wireless charging function, which is the very reason I chose to purchase this new cellphone, does not work.

I'm not sure whether there was a misunderstanding or miscommunication between your clerk and me, but I need a solution.

대안 Can I exchange my phone for another one that has all these three functions? Or, can I get a refund?

This situation has caused me considerable stress, so I urge you to find an immediate solution. I'll wait to hear from you. Bye.

OPIc에서는 기기와 관련한 문제가 빈번하게 출제됩니다. 특히 휴대폰과 관련한 답변을 준비하는 경우가 많기 때문에 휴대폰의 기능에 대해 한번쯤 정리해 볼 필요도 있습니다. 실제 상황이라고 가정하고 휴대폰 가게와 구매한 휴대폰 모델 등을 정합니다.

문제상황① 카메라의 화소가 낮음
문제상황② 스마트카드 기능이 안 됨
문제상황③ 무선 충전이 안 됨
대안 교환 또는 환불

▶ **불만 제기하기**

이러한 문제 상황 때문에 스트레스를 받고 있다는 내용을 포함시켜서 해결이을 촉구합니다.

AL Expression

high resolution 고해상도
no better than ~보다 나을 게 없는
the very reason 바로 그 이유
considerable stress 상당한 스트레스

안녕하세요. 드림스토어인가요? 저는 오늘 그쪽 가게에서 새 휴대폰을 샀습니다. 제가 전화한 이유는 새 휴대폰에 점원이 약속한 기능이 없기 때문입니다. 우선, 새 휴대폰의 카메라는 10메가 픽셀의 해상도를 가지고 있지 않습니다. 제 이전 휴대폰의 카메라보다 나을 것이 없습니다. 둘째, 새 휴대폰에 스마트카드 기능이 포함되어 있다고 들었는데, 제가 택시 요금을 지불하지 못했습니다. 마지막으로, 제가 이 휴대폰을 구입하기로 선택한 큰 이유인 무선 충전 기능이 안 됩니다. 그곳 직원과 저 사이에 어떤 오해나 의사소통의 문제가 있었는지 모르겠지만, 해결이 필요합니다. 이 세 가지 기능을 모두 갖춘 다른 제품과 이 휴대폰을 교환할 수 있을까요? 아니면 환불받을 수 있나요? 이 상황이 상당한 스트레스가 되고 있으니 즉시 해결해 주시길 바랍니다. 전화 기다리겠습니다.

예약 착오

기출문제   비행기 예약 착오   🔊 MP3 085

I'm afraid that there is a problem that you need to resolve. When you arrived at the airport, you were told your flight was canceled and other flights were fully booked. Call the travel agency and explain the situation.

유감스럽지만 해결해야 할 문제가 생겼습니다. 당신이 공항에 도착했을 때 비행기가 취소되었고 다른 비행기는 예약이 꽉 찼다는 이야기를 들었습니다. 여행사에 전화해서 상황을 설명하세요.

샘플답변

Hi. This is Won-ho Lee. I'm calling because there's a problem with my reservation.

문제상황 About a month ago, I booked a direct flight to New York with your agency. But when I arrived at the airport this morning, I was told that the flight was canceled. On top of that, other flights are all fully booked. I wasn't informed of anything about the cancelation at all.

And you know what? I'm so annoyed by this situation. Why wasn't I informed about this in advance? I've been doing business with your agency for some time now and I truly am disappointed with your service.

대안① I expect you to find me another flight to New York as soon as possible.

대안② And I want to know how I can get reimbursed from your company for this cancellation.

Alright then. I'll wait to hear from you. Thanks for your help. Bye.

문제에서 상황을 비교적 구체적으로 제시하고 있습니다. 비행기편과 관련한 문제에 대비해 출발 도시와 도착 도시를 미리 생각해 두세요.
문제상황 비행기편이 취소됨
대안① 대체 비행편 찾아주기
대안② 결항에 대해 보상하기

▶ **불만 제기하기**
문제 상황 속의 당사자가 자신이라고 생각하고 불만을 직접적으로 표현해 보세요.

AL Expression
(not) at all 전혀
get reimbursed 배상을 받다

여보세요? 저는 이원호라고 합니다. 제 예약에 문제가 있어서 전화합니다. 한 달 전에 그쪽 여행사를 통해 뉴욕행 직항을 예약했습니다. 하지만 오늘 아침에 공항에 도착하니 그 항공편은 취소되었다고 합니다. 게다가 다른 비행기편이 모두 예약이 꽉 찼다고 하네요. 저는 항공취소에 대해 들은 게 전혀 없어요. 그리고 사실, 저는 이 상황이 화가 나요. 왜 저에게 사전에 아무런 연락도 없었던 겁니까? 이 여행사와 오랫동안 거래했었는데 이번 일은 정말 실망스럽네요. 최대한 빨리 뉴욕행 항공편을 찾아서 연락주세요. 그리고 항공취소에 대해 그쪽에서 보상을 받는 방법도 알고 싶네요. 그러면 전화 기다리겠습니다. 감사합니다.

+PLUS Mind Map

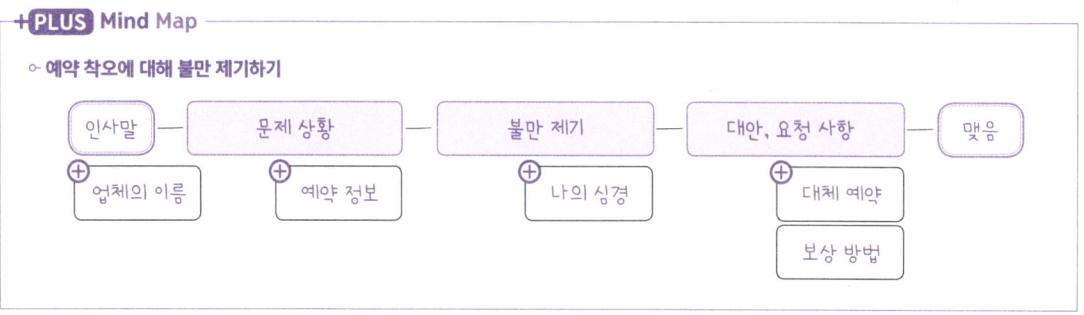

예약 착오에 대해 불만 제기하기

롤플레이 콤보문제

롤플레이는 설문주제에서 출제될 수도 있고, 돌발주제에서 출제될 수도 있습니다. 어떤 주제로 출제되더라도 3단 콤보의 구성을 따르고 있으니 다음 예시를 참고해 미리 준비해 보세요.

영화 관련 롤플레이 콤보문제

예매하기

I'd like to give you a situation and ask you to act it out. You and your friend will see a movie this Saturday. Call a box office and book movie tickets for both of you.

➲ 영화관 매표소에 전화해서 이번 주 토요일에 친구와 볼 영화표를 예매하기

약속 취소하기

Unfortunately, there is a problem that you have to resolve. You and your friend want to go to a movie tonight, and you bought two movie tickets in advance. However, something urgent has suddenly come up and you can't see the movie. Call your friend and explain the situation and then, give your friend some suggestions to solve this problem.

➲ 급한 일이 생겨서 친구와의 영화 약속을 취소해야 하는 상황으로, 친구에게 전화해서 상황을 설명하고 해결책을 제시하기

관련 경험 말하기

Excellent. That's the end of the situation. Have you experienced a situation in which you broke a promise with other people due to an important or urgent problem? What was the problem? How did you handle it? Please give me all the details.

➲ 급한 문제로 다른 사람과의 약속을 어긴 경험

MP3 플레이어 관련 롤플레이 콤보문제

질문하기

This is a role-playing question. A friend of yours has just purchased a new MP3 player. It's one you are considering buying as well. Call your friend and ask three or four questions about the MP3 player.

➲ 친구에게 전화해서 친구가 산 새 MP3 플레이어에 대해 질문하기

손해 보상하기

Unfortunately, there is a problem that you need to resolve. You borrowed an MP3 player from one of your friends, but unfortunately, you broke it. Call your friend and explain the situation and give two or three alternatives.

➲ 친구에게서 빌린 MP3 플레이어를 를 고장 낸 상황으로, 친구에게 전화해서 상황을 설명하고 해결책을 제시하기

관련 경험 말하기

Very good. That's the end of the situation. Have you ever broken some items you borrowed from someone? Or have you ever experienced a time when someone broke an item that you lent them? When was it? What problem was it? How did you handle the situation?

➲ 빌린 물건을 고장 냈거나, 누군가 나의 물건을 깨뜨린 경험

CHAPTER
04

돌발주제

UNIT 01 어학원
UNIT 02 환경문제
UNIT 03 재활용
UNIT 04 지형
UNIT 05 휴일·명절
UNIT 06 산업
UNIT 07 가전기기
UNIT 08 패션·의복
UNIT 09 교통수단
UNIT 10 전화

UNIT 11 인터넷 서핑
UNIT 12 TV·DVD
UNIT 13 음식·외식
UNIT 14 여가활동
UNIT 15 독서
UNIT 16 약속
UNIT 17 쇼핑
UNIT 18 건강
UNIT 19 호텔
UNIT 20 은행
돌발주제 콤보문제

원어민 음성 바로듣기

돌발주제에서 다루는 주제들은 다양합니다.

OPIc AL 등급을 노리는 분들은 난이도 5 또는 6을 선택합니다. 그러면 보통 2개의 돌발주제가 콤보세트로 출제됩니다. 2콤보문제일 수도 있고, 3콤보문제일 수도 있습니다. OPIc 돌발주제로는 어떤 문제가 나올까요? OPIc의 문제 데이터는 그 양이 방대하고, 출제되는 문제는 응시자의 설문조사에 따라 랜덤이기 때문에 아무도 모릅니다.

돌발주제는 사회적인 이슈를 포함합니다.

세계의 화두인 환경문제를 비롯해, 우리나라의 지형이나 명절, 전통, 생활, 문화와 관련한 주제들이 돌발주제에 들어갑니다. 우리 일상생활과 밀접한 공공장소나 우리가 매일 이용하는 첨단기술과 관련한 주제도 여기에 속합니다. 또 우리가 딱히 취미라고 말하기 애매한, 독서, 쇼핑 등의 여가활동에 대한 주제도 돌발주제에 속합니다. 돌발주제의 돌연변이는 롤플레이와 어울려서 돌발상황을 만들어내는 경우입니다. 예를 들어, 돌발주제인 은행과 함께 어울려서 은행에서 계좌 개설을 위해 직원에게 질문하라는 롤플레이 문제가 출제되는 것이지요.

시험 전에 단골 돌발주제를 미리 확인하세요.

영어를 좀 한다고 하는 분들도 시험장의 긴장감 속에서 돌발주제를 받으면 버벅거리기 쉽습니다. OPIc이 한두 단어로 끝낼 수 있는 시험이 아니기 때문에 더욱 준비해야 합니다. 돌발주제별 3단 콤보문제를 확인하고, 원어민의 샘플답변을 들어보면서, 시험장에서 어떤 대답을 할지 나에게 맞는 답변을 미리 만들어 두세요.

UNIT 01
어학원

OPIc 시험에서 응시자가 외국어를 배우고 있다는 전제하에서 출제되는 돌발주제입니다. 영어든 일본어든 언어를 배우면서 있었던 기억에 남는 일부터 한국의 어학원 시스템까지 다양한 문제가 출제되고 있으니 기출문제 유형을 잘 파악하여 답변을 준비합시다.

미리 생각해보기

- 다니는 어학원의 모습
- 현재 다니는 어학원을 선택한 이유
- 어학원에 처음 갔을 때의 기억
- 어학원에 등록하는 과정
- 현재 배우고 있는 언어와 공부법

기출문제　우리나라 어학원의 모습
🔊 MP3 086

Can you tell me about the language institutes in your country? Where are they typically located? What does the institute look like on the outside and inside? Tell me as much detail as you can.

당신의 나라에 있는 어학원에 관해 말해줄 수 있습니까? 어학원은 일반적으로 어디에 위치하고 있습니까? 어학원의 외부와 내부는 어떻게 생겼습니까? 가능한 한 자세히 설명해 주세요

샘플답변

Many Seoul language institutes are located near main subway stations such as Gangnam or Jongno. In these areas, there is always a large floating population of young people.

The language institute that I go to is in the Gangnam area. It's on the 7th floor of a 15-story modern building. The building itself is just a boring tower with no design merit. The inside of my institute is overall decorated in white tones. The walls are white and covered with boring posters of foreign countries. There are about fifteen chairs in each room with a teacher's chair and desk at the front. A large monitor and a computer are on the desk and sometimes the teacher shows a video with them.

I've been to other language institutes, but I don't think there were any big differences.

▶ **포인트**

장소를 묘사할 때는 외부 묘사로 시작해서 실내 묘사로 이어지는 것이 좋습니다. 본인이 다니는 어학원을 가는 과정부터 강의실에 앉는 순간까지 머릿속으로 그리면서 답변을 만들어 보세요.

AL Expression

large floating population 많은 유동 인구
with no design merit 디자인적인 특색이 없는

서울의 어학원들은 강남, 종로와 같은 주요 지하철역 근처에 많이 있습니다. 이 지역은 오가는 젊은 사람들이 항상 많습니다. 제가 다니는 어학원은 강남에 있는데, 현대적인 15층 건물의 7층에 위치합니다. 건물 자체는 디자인적 특성이 없는 평범한 건물입니다. 어학원의 내부는 전체적으로 하얀색 톤으로 장식되어 있습니다. 벽은 흰색이고 특색 없는 외국 포스터로 덮여 있습니다. 강의실마다 강사의 의자와 책상이 앞쪽에 있고 의자가 약 15개 정도 있습니다. 큰 모니터와 컴퓨터가 책상 위에 있고 때로는 이걸로 강사가 비디오를 보여줍니다. 다른 어학원에도 가봤지만 그다지 큰 차이가 없었던 것 같습니다.

Why did you first go to a language institute? What made you initially choose that institute? When did you start going? Did anyone recommend the institute to you? Tell me all the details regarding your first day at the institute.

처음에 왜 어학원에 갔습니까? 애초에 그 학원을 선택한 이유는 무엇입니까? 언제부터 다니기 시작했습니까? 누가 그 학원을 추천했습니까? 학원에서의 첫날에 대해 자세히 말해주세요.

샘플답변

I'm a salaryman at a large company. I just started this job, but I'm fairly ambitious and so are some of my coworkers. One day, we decided to take English lessons together. An added bonus was that the company was footing the bill.

On the first day, we had our English ability assessed by a machine. After that, we were placed into classes that were supposed to suit our English abilities. When I walked into my class, I found a teacher sitting in the front of the room. She asked me to introduce myself in English and I was red-faced because I wasn't ready for that.

After 50 minutes, I was exhausted from trying to keep up with the fast dialogues but it was enough to make me determined to learn more.

▶ **포인트**

처음 갔을 때의 경험을 이야기하는 것이므로 답변은 대부분 과거시제입니다. 학원에 다니기로 마음을 먹은 배경과 계기로 시작하세요. 보통 학원에 간 첫날에는 레벨테스트를 하고 반배정을 받습니다. 그리고 수업에 들어가서는 영어로 자기소개를 합니다.

AL Expression

fairly ambitious 상당히 야망이 있는
added bonus 덤
foot the bill 비용을 부담하다
red-faced 얼굴을 붉힌

저는 대기업의 샐러리맨입니다. 저는 얼마 전 이 일을 시작했지만 상당히 야심이 있으며 제 동료들도 마찬가지입니다. 어느 날 우리는 영어 수업을 함께하기로 결정했습니다. 덤으로 회사가 지용을 부담했습니다. 첫날에는 어떤 기계로 영어 능력을 평가받았습니다. 그 후에 우리는 실력에 맞는 수업을 듣게 되었습니다. 첫 수업에 들어갔는데 선생님은 방 앞쪽에 앉아 있었습니다. 그녀는 영어로 자기소개를 하라고 했는데 저는 준비가 안 되어 있어서 얼굴이 빨개졌습니다. 50분 수업이 지났을 때 저는 빠른 대화를 쫓아가느라 완전히 지쳤지만 더 많은 것을 배우기로 결심하게 되었습니다.

+PLUS Advanced Vocab

∘ **어학원의 모습**
· There is a long corridor and small classrooms are lined up on both sides.
긴 복도가 있고 양 옆으로 작은 강의실들이 쭉 늘어서 있습니다.

· There is a separate rest area for students and free Wi-Fi is available.
학생들을 위한 휴식 공간이 따로 마련되어 있고 무료 와이파이가 제공됩니다.

∘ **어학원에 다닌 동기**
· I registered that institute because they had opening event and offered a big tuition discount.
어학원이 오픈하면서 수강료 할인 이벤트를 했기 때문에 그곳을 등록했습니다.

· I started studying English because there was a chance to go to an overseas branch of our company if I got a high score on my English proficiency test.
영어능력시험에서 높은 점수를 내면 회사의 해외 지점으로 갈 수 있는 기회가 있어서 영어 공부를 시작했습니다.

∘ **첫날의 모습**
· There were about ten students in the same class, and everyone seemed to have a similar level of English.
같은 반에 열 명 정도의 학생이 있었는데 모두들 영어 수준이 비슷한 것 같았습니다.

· Since my class was an advanced class, the instructor spoke very fast that I barely catch words.
제 반이 고급반이었기 때문에 강사가 매우 빠르게 말해서 저는 단어들을 겨우 알아들었습니다.

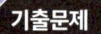

I'm sure you have some memorable experiences while attending the institute. Was there a particular memorable experience that happened to you at the institute? Talk about this experience in as much detail as you can.

어학원에 다니는 동안 기억에 남을 만한 경험이 있을 것입니다. 어학원에서 특별히 기억에 남는 경험이 있습니까? 가능한 한 자세히 이야기해 주세요.

샘플답변

Speaking of the special experience of the language institute, I would say the first day I went there was one. The institute has been great for my confidence and the first day provided me with a memorable experience.

It was not only memorable but a foundation stone for my future. At my first English class, I had to choose an English name. Funnily enough, the night before, I watched the Jim Carrey movie, *The Mask*. So I told the teacher my name was Jim. From that moment on, my former self, the shy person, without a mask, stepped forward as the confident movie star. I found using an English name made it easier for me to meet and talk to strangers.

Even though I don't use my English name all the time, it remained a strong part of my persona and that's the reason why the first day became my most memorable day at the institute.

▶ **포인트**

특별한 경험으로 어학원에서의 첫날을 이야기할 수 있습니다. 언어를 처음 배울 때 소극적이었던 태도가 점점 자신감 있는 모습으로 변하는 과정을 준비해 보세요.

AL Expression

speaking of the special experience of　~의 특별한 경험으로 말하자면

foundation stone　초석

funnily enough　재미있게도

step forward　앞으로 나아가다

persona　페르소나(캐릭터, 성격)

어학원의 특별한 경험에 대해 말씀드리자면, 저는 그곳에 갔던 첫날이었다고 할 수 있습니다. 어학원은 제 자신감에 큰 영향을 미쳤고 첫날은 저에게 기억에 남는 경험을 주었습니다. 그것은 기억에 남을 뿐만 아니라 저의 미래를 위한 초석이 되었습니다. 첫 영어 수업에서 저는 영어 이름을 정해야 했는데, 재미있게도 저는 전날 밤에 짐 캐리의 영화 <마스크>를 보았습니다. 그래서 저는 강사에게 제 이름이 짐이라고 말했습니다. 그 순간부터 이전의 자신이, 가면 없이는 수줍던 한 사람이 자신감 넘치는 영화배우로 한 걸음 나아간 것입니다. 저는 영어 이름을 사용하는 것이 제가 낯선 사람과 만나고 이야기하는 것을 더 쉽게 한다는 것을 알게 되었습니다. 비록 항상 영어 이름을 사용하지는 않지만, 그것은 제 페르소나(캐릭터)에 강한 부분으로 남아 있고, 그것이 어학원에서의 첫날이 가장 기억에 남는 날이 된 이유입니다.

➕ PLUS Advanced Vocab

➴ 외국어를 배우기 시작한 동기

· I decided to learn Japanese because I have loved to watch Japanese dramas since I was a middle school student.　중학교 때부터 일본 드라마를 좋아하기 때문에 일본어를 배우기로 결심했습니다.

· Spanish is a very attractive language, so I am taking online class every day and practice speaking on my own.　스페인어는 매우 매력적인 언어이므로 매일 온라인 수업을 듣고 혼자서 말하기 연습을 합니다.

➴ 외국어를 배우는 목적

· I think that learning a new language enriches my life in so many ways.
저는 새로운 언어를 배우는 것이 많은 면에서 제 삶을 풍요롭게 한다고 생각합니다.

· I have wanted for a long time to travel around the world after retirement, so I am studying English steadily.
저는 오래 전부터 은퇴 후 세계를 여행하기를 원했기 때문에 영어를 꾸준히 공부하고 있습니다.

· I think individuals who learn a second language are more open-minded than those who do not.
제 생각에 제2외국어를 배우는 사람들은 그렇지 않은 사람들보다 더 열린 마음인 것 같습니다.

UNIT 02
환경문제

환경문제는 OPIc에서도 출제 비율이 높은 주제입니다. 환경문제에 대한 개인적인 경험뿐만 아니라 한국 사회에서 어떤 환경문제가 거론되는지, 세계적으로는 어떤 현상이 있는지 등을 묻습니다. 개인적·국가적·세계적 차원에서 환경에 대한 여러분의 의견을 정리해 두세요.

미리 생각해보기

| 환경을 지키기 위해 내가 하는 일 | 환경문제와 관련해 기억에 남는 일 | 환경 관련 자원봉사 경험 | 깨끗한 환경이 필요한 이유 | 최근 우리나라에서 거론되고 있는 환경문제 |

기출문제　우리나라의 환경문제

◀) MP3 089

I'd like to know about the problems or issues recently discussed related to the environment. What things are people discussing the most and why are they so important in your society? Tell me about it.

환경과 관련하여 최근에 논의된 문제 또는 이슈에 대해 알고 싶습니다. 사람들이 가장 많이 논의하는 것은 무엇이며, 왜 그것이 당신의 사회에서 그렇게 중요합니까?

샘플답변

The most recent issue we discuss is how to fix Korea's air quality. Some people blame China for this air pollution crisis. Fine dust from China and Mongolia is a problem, but we should handle our own air pollution issues before we blame our neighboring countries. We also consume too much energy in winter, and our air quality deteriorates. It affects our daily lives and it often makes going for a walk outdoors a health risk.

At this point, we need to change our attitude to energy consumption. "Walk more, drive less." "Put on more clothes rather than turn up the heater." These efforts may not make much of a difference, but it's a really good starting point to improve our attitude toward the greater issue. Sometimes little people like us start the process and then eventually lead big businesses and the government into doing the right thing in my opinion.

▶ **포인트**

최근 가장 많이 거론되고 있는 환경문제로 미세먼지에 대해 이야기할 수 있습니다. 개선을 위해 어떤 노력이 필요한지 자신의 의견을 넣어 마무리합니다.

AL Expression

pollution crisis 오염 위기 상황
deteriorate 악화되다
at this point 이 시점에서
good starting point 훌륭한 시발점
little people 일반 대중

가장 최근에 논의되는 문제는 한국의 대기의 질을 어떻게 고칠 것인가 입니다. 어떤 사람들은 이 대기 오염 위기에 대해 중국을 비난합니다. 중국과 몽골에서 발생하는 미세먼지는 문제이지만, 주변국을 비난하기 전에 자체 대기 오염 문제도 처리해야 합니다. 우리 역시 겨울에 너무 많은 에너지를 소비하여 대기의 질을 악화시킵니다. 그것은 우리의 일상생활에 영향을 미치며, 밖에서 산책을 하는 것만으로도 건강에 위험 요소가 될 수 있습니다. 이 시점에 에너지 소비에 대한 우리의 태도를 바꿀 필요가 있습니다. '더 많이 걷고 덜 운전하세요.' '히터를 켜기보다는 옷을 더 입으세요.' 이러한 노력은 큰 차이를 만들지는 못하지만 더 큰 문제에 대한 우리의 태도를 개선하는 데에는 좋은 출발점이 됩니다. 때로는 우리 같은 서민들이 그 과정을 시작하고, 그래서 결과적으로 올바른 일을 하는 쪽으로 대기업과 정부를 이끌기도 합니다.

In every country, clean water and air is essential for everyone. However, some areas do not have enough of these because of environmental pollution. Please give your opinion about this issue.

모든 나라에서 깨끗한 물과 공기는 모두에게 필수입니다. 그러나 일부 지역은 환경오염 때문에 이것들이 충분하지 못합니다. 이 문제에 대해 당신의 의견을 말해주세요.

샘플답변

Clean water and air are crucial for everyone. However, some parts of the world don't have access to one, the other or both.

In some countries of Africa with poor water supply systems, people have no choice but to drink dirty water so they are exposed to a variety of diseases. Water pollution is also a very serious problem. It's gotten to the point where people are afraid to drink water from the tap anymore.

Many manufacturers in lesser developed countries are growing rapidly and expanding their businesses. But they are not equipped with air cleaning facilities, so people breathe polluted air every day.

The world has become a global village and such issues are everybody's concerns. All countries need to work together to find solutions to water and air pollution.

▶ **포인트**

문제의 내용을 다시 언급하여 문제를 잘 이해했음을 표현하는 것도 고득점의 기술입니다. 환경오염의 실태를 지적한 후, 물과 공기의 환경오염은 전 세계 공통의 문제이기 때문에 모두가 합심해서 해결해야 한다는 주장으로 답변을 마무리합니다.

AL Expression

crucial for everyone 모두에게 중요한

It's gotten to the point where ~하는 지경에 이르렀다

everybody's concern 모두의 걱정

깨끗한 물과 공기가 모든 사람들에게 중요합니다. 그러나 세계의 일부 지역은 그중 하나 또는 둘 다 접할 수 없습니다. 가난한 급수 시스템을 가진 아프리카의 일부 국가에서는 더러운 물을 마시고 다양한 질병에 노출될 수밖에 없습니다. 수질 오염도 매우 심각한 문제 입니다. 사람들이 수돗물을 마시는 것을 두려워하는 지점에 이르렀습니다. 덜 선진화된 나라들의 많은 제조업체들이 빠르게 성장하고 사업을 확장하고 있지만 공기 청정 시설을 갖추고 있지 않기 때문에 사람들은 매일 오염된 공기를 마시게 됩니다. 세계는 지구촌이 되었고 이러한 문제는 모두의 걱정입니다. 모든 국가는 물과 대기 오염에 대한 해결책을 찾기 위해 함께 노력해야 합니다.

+PLUS Advanced Vocab

∘ **환경보호를 위한 국가적 활동**

· Efforts to prevent water pollution continue in many ways and governments are implementing regulations to reduce pollutant emissions.
수질 오염을 막기 위한 노력은 여러 방면에서 계속 되고 있으며 정부는 오염원 배출을 줄이기 위한 규제를 시행하고 있습니다.

· Corporations and related organizations are continuously studying technologies for purification of water.
기업 및 관련 기관은 물 정화 기술을 지속적으로 연구하고 있습니다.

· In order to reduce the air pollution, Korean government is actively supporting the development of electric vehicles. 한국 정부는 대기 오염을 줄이기 위해 전기 자동차 개발을 적극 지원하고 있습니다.

· The government strongly encourages the use of small cars because they are very desirable from an economical and environmental standpoint because of their low fuel consumption and low emissions.
정부는 경차 사용을 적극 권장하고 있는데 이 차들은 연료소비가 적고 배기가스 배출량이 적어 경제적·환경적인 관점에서 매우 바람직하기 때문입니다.

A lot of people volunteer in programs to improve the environment in the community. Have you ever participated in such a program? If so, tell me about what you did and why you got involved in that program.

많은 사람들이 지역사회의 환경을 개선하기 위한 프로그램에 자원합니다. 당신은 그런 프로그램에 참여한 적이 있습니까? 그렇다면, 무엇을 했는지, 왜 그 프로그램에 참여했는지 말해주세요.

샘플답변

I volunteered in a river cleaning project last summer. A few local shops organized it.

I got involved because I saw a video clip of a turtle eating a plastic bag, which was stuck amongst the coral. I learned that plastic bags and pieces of plastic look like food to turtles and eating this stuff results in the death of many of them. Also, abandoned fishing nets are a big threat to many marine animals. Since then, I've always wanted to do some volunteer work. A large number of volunteers joined in. We walked together, picked up trash, laughed and encouraged each other as if we were in the middle of a walking festival.

Obviously, we couldn't clean the whole ocean with this onetime event. But it attracted attention from many more people and this clean-up project turned into a monthly event eventually. I still volunteer and I am very proud of myself.

▶ **포인트**

자원봉사 활동으로 해변을 청소한 경험을 말해 봅시다. 프로그램에 참여한 계기와 행사의 시작과 결과를 말해주세요. 경험은 과거시제이지만, 일반적인 사실에 대해 이야기할 때에는 현재시제로 적절히 옮겨가야 합니다. 답변의 끝은 그 활동을 통해 느낀 보람이나 자부심 등으로 마무리합니다.

AL Expression

get involved 참여하다
result in the death 죽음을 초래하다
be a big threat to ~에 큰 위협이다
attract attention 관심을 끌다

지난여름 저는 해변 청소 프로젝트에 자원했습니다. 지역의 상점 몇 곳이 이 프로젝트를 기획했습니다. 제가 참여한 이유는 산호 사이에 끼어 있는 비닐봉지를 먹고 있는 거북이를 찍은 영상을 보았기 때문입니다. 저는 비닐봉지와 플라스틱 조각이 거북이에게 음식처럼 보이고 이런 걸 먹는 행위가 많은 거북이들을 죽게 한다는 사실을 알게 되었습니다. 또한 버려진 낚시 그물이 많은 해양 동물에게 큰 위협이 되고 있습니다. 그 이후로 저는 항상 자원봉사를 하고 싶었습니다. 많은 자원봉사자들이 참여했습니다. 우리는 함께 걷고, 쓰레기를 집어 들고, 마치 걷기 축제의 한가운데 있는 것처럼 서로 웃고 격려했습니다. 이 일회성 행사로 바다 전체를 청소할 수 없는 것은 당연했습니다. 그러나 이 일이 더 많은 사람들에게서 주목을 받았으며, 결국 이 행사는 월례 행사로 바뀌었습니다. 저는 여전히 자원봉사를 하고 있으며 스스로 매우 자랑스럽습니다.

+PLUS Advanced Vocab

⚬ **일상생활에서 환경을 보호하는 활동**

· I always carry a tumbler to avoid using disposable items.
　일회용품을 쓰지 않기 위해 항상 텀블러를 가지고 다닙니다.

· I personally try to save water and not to use too much energy.
　개인적으로는 물을 아껴 쓰고 너무 많은 에너지를 사용하지 않으려고 노력하고 있습니다.

· I don't throw away the water used and save them to water plants or clean the bathroom.
　저는 사용한 물을 그냥 버리지 않고 화분에 물을 주거나 화장실을 청소하는 데 씁니다.

· In hot summer, I mainly use the fan to minimize the use of air conditioner not to use too much energy.
　에너지를 너무 많이 사용하지 않기 위해 더운 여름에도 에어컨 사용을 최소화하려고 선풍기를 주로 사용합니다.

UNIT 03
재활용

재활용에 관한 문제는 환경문제와 더불어 국제적·사회적으로 관심이 높은 주제입니다. 한국의 재활용 시스템에 대해서 설명하라는 문제가 출제되고 있으므로 평소 자신이 하는 재활용뿐만 아니라 우리 지역에서 재활용이 어떻게 이뤄지는지 관찰하고 상세하게 정리해 놓을 필요가 있습니다.

미리 생각해보기

어릴 적 재활용의 기억	재활용과 관련된 기억에 남는 일	재활용의 종류와 과정	우리나라의 재활용 시스템의 장단점	재활용 시스템의 과거와 현재 비교

기출문제   재활용에 대해 처음 접했던 일

◀) MP3 092

Do you remember the first time you heard about recycling? Tell me how you heard about it, how old you were, and who taught you about it. Describe it in detail from beginning to end.

재활용에 대해 처음 들었을 때를 기억합니까? 당신은 재활용에 대해 어떻게 들었는지, 당시 몇 살이었는지, 누가 가르쳐 주었는지 말해주세요. 처음부터 끝까지 자세히 설명해 주세요.

샘플답변

I don't remember exactly when I heard about recycling for the first time, but I think I was told to recycle throughout my childhood from my parents.

In the kitchen area at home, there were a few baskets in which we threw all recyclables such as plastics, cans, bottles, papers, etc. When they were full, mom called my sister and me and we took those baskets to the dumping area in the apartment block, where we sorted out all the recyclables and put them in designated bins. It usually took some time, so my sister and I didn't like to do that in winter. We did it quite often, probably two times a week or so.

As I learned thoroughly from my parents about recycling since I was a child, it's not difficult for me to know how to recycle wastes in my daily life.

▶ **포인트**

누구나 처음 시기를 다 기억하는 건 아닐 겁니다. 정확한 시기를 말할 필요는 없습니다. 재활용 방법은 부모님이나 선생님 등 어른에게 배웠을 것입니다. 재활용 쓰레기를 종류대로 분류하는 과정에 대해 설명한 후, 재활용이 어려운 일이 아니라는 내용으로 훈훈하게 답변을 마무리합니다.

AL Expression

sort out ~를 분류하다
designated bin 지정된 수거함
learn thoroughly 철저히 배우다

처음 재활용에 관해 들었을 때는 정확히 기억하지 못합니다. 그러나 어린 시절 내내 부모님으로부터 재활용에 대해 들었던 것 같습니다. 집의 주방에는 플라스틱, 캔, 병, 종이 등의 모든 재활용품을 던져두는 바구니가 몇 개 있었습니다. 그곳이 가득 차면 어머니는 누나와 저를 부르셨습니다. 그러면 저희는 바구니를 아파트 단지에 있는 수거지역으로 가져가서, 그곳에서 모든 재활용품을 분류하고 그것을 지정된 쓰레기통에 넣었습니다. 보통 시간이 걸렸으므로 누나와 저는 겨울에는 이 일이 하고 싶지 않았습니다. 우리는 일주일에 두 번 정도 꽤 자주했습니다. 어릴 때부터 부모님으로부터 재활용에 대해 철저히 배웠기 때문에 일상에서 쓰레기를 재활용하는 법이 제게는 어렵지 않습니다.

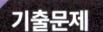
I'd like to know about the recycling system in your country. How and when do people recycle in your country? Do you think people in your country handle the process well? Please tell me about what you think.

당신의 나라에서 시행하는 재활용 시스템에 대해 알고 싶습니다. 사람들은 언제, 어떻게 재활용을 합니까? 사람들이 그 과정을 잘하고 있다고 생각합니까? 당신이 생각하는 것에 대해 말해주세요.

샘플답변

Korea uses a system called jongyangje for the effective collection of waste, refuse and resources. All garbage generated must be disposed of properly. Otherwise, you may be fined.

Garbage must be separated according to its type. Combustibles and food waste must be disposed of in specific bags and these can be purchased at local supermarkets. Recyclable waste doesn't require a specific bag but it should be put in a clear plastic bag. To throw away bulky waste, you have to go to your local government office or access their online site and pay a fee.

I think most people handle this process well but there are still people who don't because it takes time, effort and a little bit of money. If they only realized how such a small effort to recycle can make a big difference in the future, there would be no reason not to do it.

▶ **포인트**

한국의 재활용 시스템으로 종량제에 대해 설명할 수 있습니다. 종량제 봉투 구입부터 분류를 하는 방법까지 그 과정을 소개합니다. 마지막에는 반드시 이 시스템에 대한 의견을 제시하세요.

AL Expression

refuse 쓰레기
garbage generated 발생한 쓰레기
combustibles 가연성 물질
a little bit of money 약간의 비용

한국은 폐기물과 쓰레기, 자원을 효율적으로 수거하기 위해 종량제라는 시스템을 사용합니다. 생성된 모든 쓰레기는 적절히 처리해야 합니다. 그렇지 않으면 벌금이 부과될 수 있습니다. 쓰레기는 그 종류에 따라 분리해야 합니다. 가연성 물질 및 음식물 쓰레기는 반드시 지정 봉투에 버려야 하며, 이 봉투는 동네 슈퍼마켓에서 구입할 수 있습니다. 재활용할 수 있는 쓰레기는 지정 쓰레기봉투를 필요로 하지 않지만 투명한 비닐봉투에 넣어야 합니다. 부피가 큰 폐기물을 처분하려면 관할 관공서에 가거나 온라인 사이트에 접속하여 수수료를 지불해야 합니다. 저는 대부분의 사람들이 이 과정을 잘 처리한다고 생각하지만, 시간과 노력, 돈이 조금 필요하기 때문에 여전히 지키지 않는 사람들도 있습니다. 만약 그들이 재활용하는 작은 노력이 미래에 큰 변화를 가져올 수 있는 방법이라는 걸 깨닫기만 한다면, 이런 시스템을 지키지 않을 이유는 없을 것입니다.

+PLUS Mind Map

◦ 재활용 시스템 분류

재활용, 종량제, 대형 폐기물 등의 큰 분류에서 세분화하면서 생각을 정리해 봅니다. 또 활동별로 차이점과 공통점을 찾아내어 구분하여 언급하면 답변의 길이도 늘고, 좀 더 준비된 답변이라는 인상을 줍니다.

```
┌──────────────┐   — 정해진 시간에 배출 —   ┌──────────────┐
│ 재활용 분리배출 │                          │ 쓰레기 종량제 │
└──────────────┘                          └──────────────┘
    ┌─ 플라스틱              ┌──────────┐ ┌──────────┐
    ├─ 종이                  │음식물 쓰레기│ │ 일반 쓰레기 │   종량제 봉투나 스티커 구매
    └─ 유리                  └──────────┘ └──────────┘
                              ┌──────────────┐
                              │ 대형 폐기물 배출 │   개별 신고
                              └──────────────┘
```

Describe an experience in which you had difficulties with recycling. You may have been in a situation in which you were not familiar with the new place and did not know the rules. Please tell me about it in as much detail as possible.

재활용에 어려움을 겪었던 경험을 설명해 주세요. 새로운 장소에 익숙하지 않아서 재활용 규칙을 알지 못하는 상황이었을 수도 있습니다. 가능한 한 자세히 말해주세요.

샘플답변

In Korea, each local government has a different system with regards to food waste disposal. In my village, we use food waste disposal machines. These machines work with public bus cards. If you put the card into the machine, the machine opens and you can dump the food garbage.

One day I forgot to take my bus card. I was on the way to work, and I didn't have time to go back and get it. It would be really ridiculous to carry a garbage bag and go to work. I thought I would dump it properly when I got back. So I left my food garbage on top of the bin.

When I went back later that evening with my card, my garbage was already gone. Someone must have done it for me. I felt very thankful and now, I do the same if I find a garbage bag on top of the machine.

▶ **포인트**

주제와 관련하여 과거에 있었던 일에 대해 말할 때에는 관련한 배경 설명이 우선합니다. 에피소드는 가급적 기승전결이 드러나도록 이야기하고 과거 시제를 유지합니다. 마지막에는 그 일로 인해 자신에게 어떤 변화가 있었는지를 덧붙입니다.

AL Expression

with regards to ~와 관련된
on the way to work 일하러 가는 길에
must have done it 그 일을 했음에 틀림이 없다

우리나라는 지방마다 음식물 쓰레기 처리 시스템이 각기 다릅니다. 우리 지역에서는 음식물 쓰레기 처리 기계를 사용합니다. 이 기계는 공용 버스 카드로 작동합니다. 카드를 기계에 넣으면 기계가 열리고 음식 쓰레기를 버릴 수 있습니다. 어느 날 저는 버스 카드를 가져가는 것을 잊었습니다. 출근하는 중이었고, 그래서 돌아가서 다시 가져올 시간이 없었습니다. 그렇다고 쓰레기봉투를 갖고 직장에 간다는 건 정말 웃긴 일일 것입니다. 저는 음식물 쓰레기를 통 위에 놓고, 돌아와서 제대로 버리려고 생각했습니다. 그런데 그날 밤 카드를 가지고 돌아왔을 때, 제 쓰레기는 이미 버려져 있었습니다. 누군가 저를 위해 그 일을 했을 것입니다. 매우 고마웠습니다. 이제는 저도 쓰레기통 위에 음식물 쓰레기봉투를 발견하면 똑같이 합니다.

+PLUS Advanced Vocab

∘ **우리나라의 재활용 시스템**

· The recycling system in Korea has been practiced for a long time and I think that it is being kept well overall.
한국에서 재활용 시스템은 오랫동안 시행되었고 전반적으로 잘 지켜지고 있다고 생각합니다.

· I heard that some of the local governments are still struggling because garbage recycling is not properly maintained in their areas. 어떤 지역에서는 여전히 쓰레기 분리수거가 제대로 지켜지지 않아서 지자체가 고심하고 있다고 들었습니다.

· I think that Korea needs to build more thorough recycling system because there are not many natural resources to use. 한국은 천연자원이 많지 않기 때문에 더욱 철저한 재활용 시스템이 필요하다고 생각합니다.

· The biggest difference when comparing the past and the present is that government regulations have been strengthened. 과거와 현재를 비교할 때 가장 큰 차이는 정부의 규제가 강화된 것입니다.

· Compared to the past, people are constantly being educated about the need for recycling nowadays.
과거와 비교하면 요새는 지속적으로 사람들이 재활용의 필요성에 대한 교육을 받고 있습니다.

UNIT 04
지형

지형(geography)입니다. 우리나라 지형에 관한 것뿐만 아니라 해외의 다른 나라의 지형에 관해서도 문제가 출제됩니다. 평소 우리나라 지형에 관해 잘 생각해 보지 않아서 어렵게 느껴진다고 하는 분도 많습니다. 난도가 높은 주제로 여겨지지만, 우리나라의 지형에 관해 잘 정리해 둔다면 어렵지 않습니다.

미리 생각해보기

| 우리나라의 지형 | 독특한 지형에 가본 경험 | 우리나라와 다른 나라의 지형적 차이 | 최근에 있었던 지형적 변화 | 지형별 여가활동 |

기출문제 우리나라의 지형

◀) MP3 095

Could you tell me about the geographical features of your country? Are there many mountains or beaches? Please explain about it in as much detail as you can.

당신의 나라의 지형에 대해 말해줄 수 있습니까? 당신의 나라에는 산이나 해변이 많습니까? 가능한 한 자세히 설명해 주세요.

샘플답변

My country, Korea, is located in East Asia, between China and Japan. It is on a peninsula and is surrounded on three sides by ocean.

Mountains cover about 80% of the land, and so the large population is used to living near mountains. This kind of hilly terrain is good for storing rainwater in mountain springs. And hiking the hills is great exercise close to nature and trees. But travel is made more difficult because of the mountains. Today, Korea is very industrialized and urbanized. Many live in tall apartment complexes. This is efficient use of space but the result feels very crowded, especially in the cities.

And since the winds usually blow from the west, the pollution from China makes the air quality in Korea bad, especially in wintertime. But the four seasons of Korea's climate are pleasant to experience.

▶ **포인트**

우리나라의 국제적인 지리상의 위치와 함께 지형적 특징에 대해 소개합니다. 초등학교 수준의 지식으로도 충분합니다. 샘플답변을 보고 부족한 내용은 추가하고 변형하여 나름대로의 답변을 만들어 보세요.

AL Expression

on a peninsula 반도에 위치한
hilly terrain 구릉성 지형
industrialized and urbanized
산업화되고 도시화된
efficient use of ~의 효율적인 쓰임

우리나라는 동아시아에 속하고, 중국과 일본 사이에 위치하고 있습니다. 우리나라는 반도이고, 3면이 바다로 둘러싸여 있습니다. 땅의 약 80%가 산이며, 따라서 많은 인구가 산 근처에 살고 있습니다. 이러한 구릉성 지형은 산속의 샘에 빗물을 저장하여 좋습니다. 그리고 구릉지를 오르는 것은 자연과 숲에 친화적인 훌륭한 운동입니다. 하지만 산 때문에 이동하는 것은 더 어렵습니다. 오늘날의 한국은 산업화되고 도시화되었습니다. 많은 사람들이 고층 아파트 단지에 삽니다. 공간을 효율적으로 사용할 수 있지만 결과적으로, 특히 도시에서는 매우 혼잡해진 것 같습니다. 그리고 일반적으로 서풍이 불어오기 때문에 중국의 오염으로 인해 한국의 대기 질이, 특히 겨울철에 악화되었습니다. 그러나 한국의 사계절은 경험해 볼만 합니다.

Have you ever been to a geographically unique area in your country? Where was it and what did the place look like? What did you see there? What did you do there? What was special about that place? Please tell me in as much detail as possible.

당신의 나라에서 지형적으로 독특한 지역에 가본 적이 있습니까? 어디였으며, 그곳은 어떻게 생겼습니까? 그곳에서 무엇을 보았습니까? 그곳에서 무엇을 했습니까? 그곳의 특별한 점은 무엇이었습니까? 가능한 한 자세히 이야기해 주세요.

샘플답변

A few years ago, I traveled to Jeju Island on an eco-tour. I had been there before a few times on business. But, this was the first time I'd traveled there for leisure.

The tour included visiting areas with beautiful small-scale waterfalls and horseback riding. But the place that stands out the most is the Man-Jang Caverns. My tour group and I had to walk down several meters to get to the cavern. When I finally got all the way down, it opened up to a huge cavern. I felt as if I were on a totally different planet. Everything around me looked so huge that I felt like I was shrunken down. There were rocks everywhere. Their reflection in small pools of water glistened.

I'd never imagined that there would be a place like that in Korea. The caverns were so beautiful that I hope to visit them again in the future.

▶ **포인트**

우리나라의 독특한 지형으로 우리나라 최초로 세계자연유산에 등재된 제주도를 답변으로 준비할 수 있습니다. 가장 기억에 남는 지형적 특징을 보여준 장소를 갔던 경험을 소개하고, 그곳에 대한 인상을 생동감 있게 표현하면 훌륭한 답변이 될 수 있습니다.

AL Expression

stand out the most 가장 두드러지다
feel as if I were 마치 내가 ~인 것처럼 느껴지다
be shrunken down 작게 줄어들다

몇 년 전에 저는 제주도를 여행하면서 에코 투어를 했습니다. 전에 업무상 몇 번 제주도에 간 적이 있었지만 여가를 위해 제주를 여행한 것은 이번이 처음이었습니다. 여행지로 아름다운 작은 폭포와 승마체험이 있는 관광지였습니다. 하지만 손에 꼽을 수 있는 곳은 만장굴이었습니다. 함께 여행한 사람들과 저는 동굴에 닿기 위해 몇 미터를 걸어서 내려가야 했습니다. 쭉 내려왔을 때 마침내 거대한 동굴이 나타났습니다. 저는 완전히 다른 행성에 있는 것 같았습니다. 제 주변의 모든 것들이 너무 거대해 보여서 제가 작아진 것처럼 느껴졌습니다. 도처에 바위들이 있었고 작은 물웅덩이에서 반사되어 빛이 났습니다. 한국에 이런 곳이 있을 것이라고는 상상도 못했습니다. 동굴이 너무 아름다웠기 때문에 언젠가 다시 방문하기를 바랍니다.

+PLUS Mind Map

◦ **지형적 특징**

우리나라에서 지형적 특징이 두드러진 지역과 그 특징을 가장 잘 드러낼 수 있는 장소를 선택해서 설명합니다. 지형에 대한 설명과 함께 여행의 경험을 육하원칙에 맞추어 제시하고, 그곳에서 내가 한 일들을 지형적 특징이 드러나도록 묘사하면 훌륭한 답변이 됩니다.

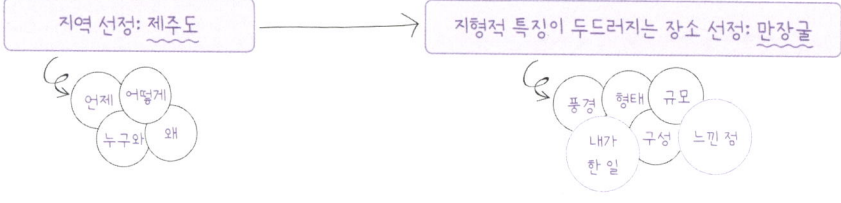

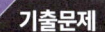

You might have been to many places abroad. Where did you visit last? Could you explain the geographical features of the place? What are some differences from your country? I would like you to explain in as much detail as possible.

당신은 해외의 여러 곳을 방문했을 것입니다. 마지막으로 방문한 곳은 어디입니까? 그곳의 지형적 특징을 설명해 줄 수 있습니까? 당신의 나라와 다른 점은 무엇입니까? 가능한 한 자세히 설명해 주세요.

샘플답변

My last visit abroad was to Tokyo. It was 5 months ago and I went with my cousin simply for vacation. The flight was about 2 hours east of Seoul, which was short and not tiring.

Both are megacities and seem very similar, but if I had to mention a couple of differences, it would be the narrower streets and the flatter geography. Tokyo's streets are generally only one or two lanes. This makes them quieter and easier for people to cross. As a pedestrian, this is definitely a plus. Seoul sometimes has huge boulevards to cross. As for the geography, the Tokyo plain is large and expansive. So there are few mountains or hills to navigate compared to Seoul, which is more or less surrounded by mountains.

As a consequence, getting around in Tokyo is less strenuous and the skyline is mostly only of buildings. Overall, it's an attractive city to visit.

▶ 포인트

지형적 차이가 지리학적으로 거창할 필요는 없습니다. 대단한 지식이 없어도 우리가 여행을 하면서 느낀 지형적 특이점이나 새로운 지형적 경험을 떠올려 보고, 그것이 우리나라의 도시와 어떻게 다른지, 또는 어떻게 유사한지를 설명할 수 있으면 됩니다.

AL Expression

if I had to mention ~를 말해야 한다면

plus 이점

as for ~에 대해 말하자면

as a consequence 결과적으로

less strenuous 힘이 덜 드는

제가 마지막으로 간 해외는 도쿄입니다. 5개월 전이었고 휴가 동안 사촌과 함께 갔습니다. 비행기는 서울에서 동쪽으로 약 2시간 거리라서 짧았기에 지치지 않았습니다. 서울과 도쿄 둘 다 대도시이고 비슷한 점도 많습니다만, 몇 가지 차이점을 언급하면, 더 좁은 거리와 더 평평한 지리가 될 것입니다. 도쿄의 거리는 일반적으로 1~2차선뿐입니다. 이로 인해 도로가 더 조용하고, 사람들은 길을 쉽게 건널 수 있습니다. 보행자로서 이것은 분명히 장점입니다. 서울에는 때때로 거대한 대로가 있거든요. 지형적으로 도쿄 평야는 크고 광대합니다. 따라서 산으로 둘러싸인 서울과 비교할 때, 도쿄에는 산이나 언덕이 거의 없습니다. 결과적으로 도쿄에서 돌아다니는 것이 힘이 덜 들고, 스카이라인도 대부분 빌딩입니다. 전반적으로 볼 때, 도쿄는 방문할 만한 매력적인 도시입니다.

+PLUS Mind Map

⚬ 지형적 특징 비교

답변의 중점은 해외여행이 아니라 해외 여행지의 지형적 특징입니다. 그 국가의 전체적인 특징을 이야기해도 좋지만, 한 도시만을 선정하여 우리나라의 주요 도시와 비교되는 특징들을 정리합니다.

서울　　도쿄

여행지 선정: 도쿄

언제　누구와　어떻게　왜

· narrower streets
· flatter geography
· large and expansive plain
· few mountains

UNIT 05
휴일·명절

휴일은 공휴일과 명절을 포함합니다. 이 주제와 관련해 우리나라의 다양한 명절과 그날 먹는 음식이나 즐겨 하는 놀이 등 풍습에 대해 묘사하라는 문제가 많이 출제됩니다. 다른 돌발주제에 비해 상대적으로 친숙한 주제이기 때문에 제대로 된 표현들을 준비한다면 출제되었을 때 고득점을 얻을 수 있습니다.

미리 생각해보기

| 어릴 적 기억에 남는 명절 | 최근 명절에 있었던 일 | 우리나라 명절의 종류와 풍습 | 우리나라 명절 문화의 변화 | 우리나라 명절의 특별한 점 |

기출문제 우리나라의 명절
🔊 MP3 098

Tell me about holidays in your country. What kind of holidays do you have in your country? What is the biggest holiday in your country? What do people usually do on that day? Is there any special food for that holiday?

자국의 명절에 대해 말해주세요. 당신의 나라에는 어떤 종류의 명절이 있습니까? 가장 큰 명절은 무엇입니까? 사람들은 그날 보통 무엇을 합니까? 그날 먹는 특별한 음식이 있습니까?

샘플답변

Like countries all over the world, people in Korea celebrate Christmas, Children's Day, New Year's and Thanksgiving. Lunar New Year's and Chuseok are the biggest holidays. They are both 3-day holidays.

The focus of these two holidays is on family. Families gather together and cook large amounts of various traditional foods such as traditional mini-pancakes called jeon. People also pay their respects to family members that have passed away and play traditional games such as yut.

Koreans are always so busy working and living their lives. And it's hard to make time for families to get together. All the work traveling, cooking, and preparing for the holiday is time-consuming. But for me, these two holidays give me the opportunity to see everyone in my family all under one roof.

▶ 포인트

우리나라의 대표적인 명절에 우리나라 사람들이 하는 일, 먹는 음식을 묘사합니다. 샘플답변에서처럼 우리나라만의 전통음식이나 전통놀이를 소개할 때는 우리말 그대로 전(jeon), 윷(yut)이라고 소개해도 좋습니다. 마지막은 그 명절에 대한 나의 생각으로 마무리합니다.

AL Expression

3-day holidays 3일을 쉬는 명절
pay one's respect to ~에게 경의를 표하다
time-consuming 시간이 소모되는

전 세계인들처럼 한국인들도 크리스마스와 어린이 날, 설날, 추석을 축하합니다. 음력 설날과 추석이 가장 큰 명절입니다. 둘 다 3일 동안 쉽니다. 이 두 명절의 초점은 가족입니다. 가족들이 함께 모여 작은 팬케이크 같은 전이라는 전통음식을 비롯해 다양한 전통적인 음식을 요리합니다. 또한 돌아가신 조상들에게 경의를 표하고 윷놀이 같은 전통 게임도 합니다. 한국인은 일하느라, 살아가느라 항상 바쁩니다. 가족이 함께 모일 수 있는 시간을 만드는 것이 어렵습니다. 이동과 요리, 명절 준비 등 모든 일에 시간이 많이 듭니다. 그러나 저에게 이 두 명절은 가족 모두를 한 지붕 아래서 볼 수 있는 기회입니다.

Choose one of the holidays in your country, and describe it in detail. What activities do people do during the holiday? What is special about these activities? Tell me all the details from the beginning to the end.

자국의 명절 중 하나를 고르고, 그에 대해 자세히 설명해 주세요. 그날 사람들은 어떤 활동을 합니까? 이 활동들은 무엇이 특별합니까? 처음부터 끝까지 자세히 이야기해 주세요.

샘플답변

Lunar New Year's is a huge holiday in Korea. It is 1. 1. on the lunar calendar, but the actual holiday starts the day before that. That's when people begin their journey to their hometowns. And once they arrive home, they begin preparing for New Year's Day.

Koreans have rice cake soup for breakfast on the first day of the new year. Adults tease children by telling them that if they finish their entire bowl, they will be one year older and if they finish two bowls, they will be two years older.

After breakfast, people dress in hanbok, traditional Korean clothes, and bow to their elders to wish them well for the year ahead. The elders usually return the greetings and give small gifts or pocket money.

When the new year's greetings are done, families play traditional games such as yut. Some families visit folk villages where they participate in traditional activities like neolttwigi.

▶ **포인트**

대표적인 명절 하나를 정해 그날에 대한 정보와 함께 그날 사람들이 하는 일들에 대해 순차적으로 이야기합니다. 콤보문제로 나올 경우를 대비해 비슷하면서 다른 설날과 추석을 답변으로 준비해 보세요. 비슷한 답변구성으로 음식이나 전통놀이 등을 변형하여 답할 수 있습니다.

AL Expression

begin one's journey to ~로의 여정이 시작되다

finish an entire bowl 한 그릇을 해치우다

wish someone well for the year ahead 내년의 안녕을 기원하다

음력설은 한국의 큰 명절입니다. 음력으로 1월 1일이 음력설이지만, 실제로는 그 전날 휴일이 시작됩니다. 이때가 사람들이 고향으로의 여정을 시작하는 때입니다. 그리고 고향에 도착하면 새해 첫날을 준비합니다. 한국인들은 새해 첫날 아침 식사로 떡국을 먹습니다. 어른들은 아이들이 떡국 한 그릇을 다 먹으면 한 살을 더 먹는 것이고, 두 그릇을 다 먹으면 두 살을 더 먹는 것이라며 아이들에게 장난을 칩니다. 아침 식사 후에는 한국 전통 의복인 한복을 입고 어른들께 절하며 일 년 내내의 건강을 빕니다. 어른들은 보통 덕담으로 화답하고 작은 선물이나 용돈을 주십니다. 새해의 인사가 끝나면 가족들은 윷놀이 같은 전통놀이를 합니다. 어떤 가족들은 민속촌을 방문하여 널뛰기 같은 전통적인 활동을 합니다.

+PLUS Mind Map

∘ **우리나라의 명절**

우리나라의 대표 명절을 설날과 추석으로 정하고, 각 명절에 대한 기본 정보와 하는 일에 대해 우리나라의 전통적인 특징이 드러나도록 준비해 보세요.

설날

기본 정보
- Lunar New Year's Day
- I. I. on the lunar calendar
- family gathering

하는 일
- have rice cake soup
- dress in hanbok and bow to their elders
- play traditional games

Tell me about the most memorable holiday you had in your childhood. Where were you and what did you do on that day? Why is it so memorable for you? Please tell me everything in detail.

당신의 어린 시절에 가장 기억에 남는 명절에 대해 이야기해 주세요. 그날 어디에서 무엇을 했습니까? 그 일이 그렇게 기억에 남는 이유가 무엇입니까? 모든 것을 자세히 이야기해 주세요.

샘플답변

The most memorable holiday from my childhood is the Christmas when I was seven years old. I woke up and ran to my parents. I proudly presented them with handmade gifts and begged them for mine. I can't remember what Christmas gifts were given. But I remember the feeling of joy that filled the room.

Later that day, my parents and I went to my aunt's home. My aunt had lived in the US so she was preparing a traditional American Christmas dinner. At my aunt's house was the biggest Christmas tree I'd ever seen. It glistened with decorations and filled the room with the smell of fresh pine. And under the tree, there were so many gifts waiting to be opened. Then I saw what we were going to have for dinner. There was a huge turkey that was bigger than the size of my head!

I remember that the dinner was extra special because it was the only time we were able to have Christmas dinner together.

▶ **포인트**

기억에 남는 그날이 언제인지 말하면서 시작합니다. 샘플답변처럼 특별한 사건이 아니어도 그날의 전반적인 분위기가 기억에 남아 답변으로 말할 수 있습니다. 그날 느낀 감정이나 분위기에 관해 꼭 언급해 주세요. 기억에 남는 이유로 그날의 의미를 언급하면서 마무리합니다.

AL Expression

feeling of joy 즐거운 기분
glisten with ~로 반짝반짝 빛나다
extra special 매우 특별한

어린 시절 가장 기억에 남는 휴일은 제가 7살 때의 크리스마스입니다. 저는 아침에 일어나서 부모님께 달려갔습니다. 저는 직접 만든 선물을 자랑스럽게 드렸지요. 제 크리스마스 선물이 무엇이었는지는 기억나지 않습니다. 하지만 방을 가득 채웠던 즐거운 기분은 기억합니다. 그날 오후, 부모님과 저는 고모님 댁으로 갔습니다. 고모는 미국에 살았고, 미국식 전통 크리스마스 저녁을 준비하고 있었습니다. 고모의 집에는 제가 본 중 가장 큰 크리스마스트리가 있었습니다. 트리는 장식들로 반짝반짝 빛났고 방 안은 신선한 소나무 향기로 가득 찼습니다. 그리고 나무 밑에는 선물들이 열리기를 기다리고 있었습니다. 저는 저녁 식사로 먹을 것을 보았습니다. 식탁에는 제 머리 크기보다 큰 거대한 칠면조가 있었습니다! 그 식사가 특별했던 것은 그때가 우리가 함께 크리스마스 저녁을 먹을 수 있었던 유일한 크리스마스였기 때문입니다.

+PLUS Advanced Vocab

⚬ **명절에 하는 일**
get together with one's relatives 친척들과 모이다
prepare food together for the ancestral rite 제사 음식을 함께 준비하다
perform[have] ancestral rites 제사를 지내다
visit a family member's grave 성묘하러 가다
get some money after bowing to one's elders 어른들께 절하고 용돈을 받다
watch the special TV programs for Lunar New Year's Day 설날 특집 TV 프로그램을 보다
play with cousins 사촌들과 놀다

UNIT 06
산업

산업은 나와 내 주변의 이야기에서 벗어나 우리 사회와 국가 차원에서 나올 수 있는 돌발주제이기 때문에 난도가 높습니다. 즉석에서 답변을 생각해내기 힘든 문제가 출제되면 준비하지 않은 응시자는 시험장에서 횡설수설하게 됩니다. 우리나라의 산업 중 대표적인 것들을 미리 생각해 보고, 본인의 관심사에서 벗어나지 않는 산업 분야로 꼼꼼히 준비하는 게 좋습니다.

미리 생각해보기

| 우리나라의 주요 산업 | 주요 산업이 최근 당면한 문제와 해결책 | 우리나라에서 최근 뜨고 있는 산업 | 최근 뜨고 있는 산업의 이슈 | 우리나라 사람들이 일하고 싶어 하는 산업 분야 |

기출문제 · 우리나라의 주요 산업

◀》 MP3 101

Please describe the major industries in your country. Choose one of these industries and tell me the details of it.

당신의 나라의 주요 산업에 대해 설명해 주세요. 이 산업들 중 하나를 선택하여 세부 사항을 말해주세요.

샘플답변

Traditionally, Korea's main industries were shipbuilding or car manufacturing and later mobile phones and TVs. As Korea has limited natural resources, we have put a lot of effort into high-tech industries. Recently, K-pop has become a very different industry but an industry never the less. In the late 2000s, a few Korean idol groups became popular abroad and got super-successful.

K-pop's overseas expansion is based on two factors. Firstly, conquering the global market was planned for from the beginning. For example, entertainment agencies made sure to include foreigners as members of idol groups. Secondly, the use of SNS such as Twitter, Facebook or YouTube was preferred over traditional music marketing and distribution. Through these social media, K-pop spread beyond the Asian market in real time to Europe, the Middle East, South America and beyond.

▶ **포인트**

우리나라의 주요 산업으로 반도체, 디스플레이, 통신 등을 꼽을 수 있습니다. 본인이 소화할 수 있는 산업을 소개하는 것이 중요합니다. K팝 산업의 경우 최근 들어 전 세계적인 인기를 끌면서 고부가가치 산업이 되었습니다. 친숙한 대중문화이기에 비교적 다루기 쉬운 소재입니다.

AL Expression

put a lot of effort into ~에 많은 노력을 기울이다
get super-successful 엄청난 성공을 거두다
be preferred over ~보다 선호되다

전통적으로 한국의 주요 산업은 조선이나 자동차 제조였고, 이후 휴대폰과 TV로 옮겨갔습니다. 한국은 제한된 천연자원 때문에 하이테크 산업에 많은 노력을 기울여왔습니다. 최근에는 K팝이 이 매우 다른 산업이지만 결코 적지 않은 산업이 되었습니다. 2000년대 후반에 몇몇 한국 아이돌 그룹이 해외에서 인기를 얻었고 엄청난 성공을 거두었습니다. K팝의 해외 진출은 두 가지 요소를 기반으로 합니다. 첫째, 처음부터 세계 시장을 겨냥해서 기획되었다는 것입니다. 연예기획사에서 아이돌 그룹 멤버로 꼭 외국인을 포함시켰던 것이 그 예입니다. 둘째, 트위터, 페이스북, 유튜브 같은 SNS의 사용이 전통적인 음원 마케팅과 배급보다 더 선호되었습니다. 이러한 소셜 미디어를 통해 실시간으로 아시아 시장을 넘어 유럽과 중동, 남미 및 그 외의 지역으로 K팝이 확산되었습니다.

How about the early stages of the industry? Please explain the development process of the industry. Give me a specific example of the industry.

그 산업의 초기 모습은 어땠습니까? 그 산업의 발전 과정에 대해 설명해 주세요. 그 산업의 구체적인 예를 들어주세요.

샘플답변

The Korean wave, Hallyu, is a newly-coined word and it came into existence because of the fast-growing influences of Korean culture in the 1990s.

The development of the popular culture industry in Korea peaked in the 2000s and it needed a new and bigger market beyond Korea. In the beginning, the Korean wave was mainly focused on distributing dramas to Asia and it expanded to K-pop later. The TV hit drama, *Autumn Tale*, was first exported to Taiwan in 2000. Because of this drama, foreign tourists started to visit the filming locations of this famous drama.

Now, thanks to the popularity of K-pop, Korean culture, including food and fashion, receives international attention. The Korean wave has washed beyond East Asia. Recently, it is spreading rapidly through North America, Western Europe, and Oceania.

▶ **포인트**

K팝이 하나의 주요 산업으로 자리잡기까지 그 시초이자, 하나의 현상이 된 한류에 대해 설명할 수 있습니다. 한류가 언제, 어떻게 시작되었는지부터 현재의 성공까지 발전 과정을 설명합니다. 초반에는 드라마의 성공이었고 그다음에는 K팝의 성공으로 이어졌습니다.

AL Expression

newly-coined word 신조어
come into existence 나타나다
wash 휩쓸다

한류는 신조어로서, 1990년대 한국 문화의 영향력이 급속히 성장하면서 나타났습니다. 한국 대중문화 산업의 발전은 2000년대에 정점을 찍었고, 한국을 넘어 새롭고 커다란 시장이 필요했습니다. 초반에 한류는 주로 아시아 지역에 드라마를 보급하는 데 초점을 두었고, 이후 K팝으로 확대되었습니다. TV 드라마 <가을 동화>는 2000년에 대만으로 처음 수출되었습니다. 이 드라마 덕분에 외국 관광객들이 드라마 촬영 장소를 방문하기 시작했습니다. 지금은 K팝의 인기로 인해, 음식과 패션 등 한국의 전통문화가 국제적인 주목을 받습니다. 한류는 동아시아를 넘어서고 있습니다. 최근에는 북미와 서유럽, 오세아니아로 급속도로 퍼지고 있습니다.

+PLUS Mind Map

⟜ 발전 과정 설명하기

평소 관심을 갖고 있던 분야라도, 답변으로 이야기하려면 어떤 이야기를 해야 할지 막막하기 마련입니다. 초기부터 현재에 이르기까지, 그 발전 과정에 있었던 사건이나 전환점을 정리해 보세요.

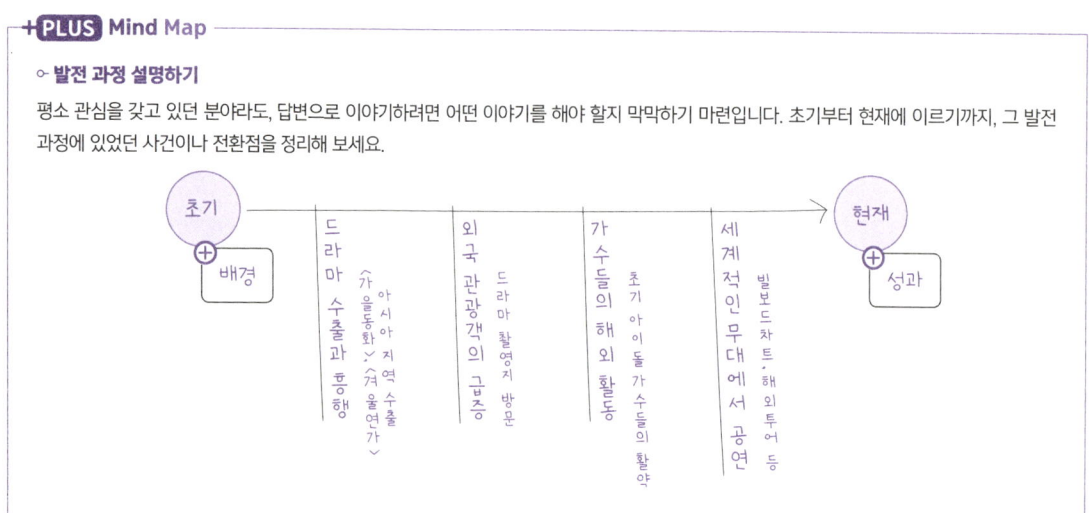

 **기출문제** **주요 산업의 최근 이슈**

Are there any current issues related to the industry? Do people talk about that topic a lot? Tell me more about it.

그 산업과 관련하여 최근 이슈가 있습니까? 사람들이 그 주제에 대해 많이 이야기합니까? 자세히 말해주세요.

샘플답변

K-Pop is one element of the Korean Wave. BTS, a Korean idol group, was the first K-Pop band to be invited to the American Music Awards. They were also guests on several US talk shows and were featured in US pop culture magazines.

They have gained worldwide popularity. They were the first Korean artists to reach the Billboard chart with songs sung in Korean, not English. Thousands of fans from all over the world love their songs and sing along to the Korean lyrics. They also have helped fuel the Korean tourist boom. BTS is by no means the only K-Pop international success story but they have certainly been a brightly burning star.

As a Korean, I'm deeply moved at the news and I even feel proud. BTS is definitely rewriting music history in Korea and I hope I continue to hear of their stories.

▶ **포인트**

세계적으로 성공을 거둔 K팝 그룹을 소개할 수 있습니다. 어느 그룹이 되었든, 세계 무대에서 그들의 성과와 인기, 영향력 등을 말할 수 있습니다. 마지막에는 그 이슈에 관한 의견을 드러내며 답변을 마무리합니다.

AL Expression

be featured in ~ (매체)에 나오다
fuel ~에 활력을 불어넣다
by no means 결코 ~가 아닌
brightly burning star 핫한 스타

K팝은 한류의 한 요소입니다. 한국의 아이돌 그룹인 BTS는 K팝 밴드로서는 최초로 미국 뮤직 어워드에 초청된 K팝 밴드입니다. 그들은 여러 미국 토크쇼에 게스트로 나왔고 미국의 대중 잡지에도 소개되었습니다. 그들은 세계적으로 인기를 얻고 있습니다. 그들은 영어가 아닌 한국어로 노래한 곡이 빌보드 차트에 오른 최초의 한국 예술가들입니다. 전 세계의 많은 팬들이 그들의 노래를 사랑하고 한국어 가사를 따라 부릅니다. BTS는 또한 한국의 관광산업에 활력을 불어넣었습니다. BTS가 K팝에서 유일하게 국제적으로 성공한 사례라는 것은 결코 아니지만 확실히 핫한 스타가 되었습니다. 저는 한국인으로서 이런 뉴스에 깊이 감동을 받으며 자부심까지 느낍니다. BTS는 확실히 한국의 음악 역사를 다시 쓰고 있으며, 저는 그들의 성공적인 이야기를 계속 듣기를 바랍니다.

+PLUS Advanced Vocab

한국의 산업

· The economy of South Korea is the 4th largest in Asia and the 11th largest in the world.
한국 경제는 아시아에서 4번째로 크고 세계에서 11번째로 큽니다.

· Until the 1960s, Korea's main industry was dependent on agriculture, but it has dropped sharply after 70s.
1960년대까지 대한민국의 주요 산업은 농업에 의존하였는데, 70년대 이후 급격히 감소했습니다.

· Currently, some scientific and technological fields such as Korea's semiconductors are reaching world-class level. 현재 한국의 반도체 등 몇몇 과학기술 분야는 세계적인 수준까지 도달하고 있습니다.

· South Korea today is known as a launch pad of a mobile market.
오늘날 대한민국은 모바일 시장의 발사대로 알려져 있습니다.

UNIT 07
가전기기

가전은 우리가 일상에서 흔히 쓰는 가전기기를 말합니다. 휴대폰과 같은 개인적인 물건에서부터 집 안의 세탁기까지 소재는 다양합니다. [테크놀로지] 주제와 연관시켜 답변을 준비할 수 있으며, 특히 설문조사 3번과 관련하여 사는 곳 관련 문제와 함께 콤보문제로 출제될 가능성도 있습니다.

미리 생각해보기

- 애용하는 가전기기의 용도
- 기기를 사용하다가 겪은 문제
- 가전기기가 우리의 삶에 가져온 변화
- 가전기기의 변화와 발전
- 우리나라에서 많이 사용하는 가전기기

기출문제 좋아하는 가전기기
🔊 MP3 104

What is your favorite appliance in your house? How do you use it? Why do you like that particular appliance? Give me as many details as possible.

집에서 가장 좋아하는 가전기기는 무엇입니까? 어떻게 사용합니까? 왜 그 가전기기를 특별히 좋아합니까? 가능한 한 자세히 말해주세요.

샘플답변

My favorite appliance in my house is my blender. I love it because it is a great time saver in my kitchen. For example, during the orange season, every morning I load the machine with fresh oranges and hit the switch. A few seconds later, I have fresh juice packed with vitamins for myself and the others who live in the house.

One other great use for my blender is making smoothies. Just drop a banana or melon, overripe is probably best, into the blender. Then, add milk and a drizzle of honey and hit the switch. In winter, I lightly fry garlic, ginger and other available herbs before boiling seasonal vegetables. I then mix them all together and load them into the blender. My vegetables turn into a soup and I can just add seasonings.

My blender always allows me to prepare food with ease for sure.

▶ **포인트**

좋아하는 가전기기는 자주 이용하는 가전기기로 답변을 준비합니다. 그 기기의 용도와 사용방법을 설명할 줄 안다면 문제없습니다. 가급적 기능이 단순한 것을 골라서 실제 사용하는 상황을 예를 들어 보강한다면 좋은 점수를 받을 수 있습니다. 끝으로 그 기기의 장점을 요약하면서 맺습니다.

AL Expression

time saver 시간을 절약하게 해주는 도구

hit the switch 스위치를 켜다

a drizzle of honey 꿀 한 방울

집에서 제가 가장 좋아하는 기기는 믹서입니다. 믹서는 요리할 때 시간을 절약해 주기 때문에 좋아합니다. 예를 들어, 오렌지 철에는 매일 아침 신선한 오렌지를 넣고 스위치를 켭니다. 몇 초 후에는 저와 우리 집 안 사람들을 위한 비타민이 가득 담긴 신선한 주스를 얻을 수 있습니다. 제 믹서의 또 다른 용도는 스무디를 만드는 것입니다. 그냥 바나나나 멜론을 믹서에 넣습니다. 완전히 익은 게 가장 좋습니다. 그리고 우유와 꿀 한 방울을 넣고 돌립니다. 겨울철에는 제철 야채를 끓이기 전에 마늘과 생강, 기타 쓸 수 있는 허브들을 가볍게 볶습니다. 그러고 나서 모두 믹서에 넣고 한꺼번에 돌립니다. 야채는 수프가 되고 저는 양념만 살짝 뿌리면 됩니다. 확실히 믹서 덕분에 저는 언제나 쉽게 음식을 준비할 수 있습니다.

The appliances have changed over the years. Are the appliances in your house different from the ones you had when you were a child? Describe the details of these differences.

수년간 가전기기는 변화했습니다. 집에 있는 가전기기들은 당신이 어렸을 때의 기기들과 다릅니까? 이러한 차이점에 대해 자세히 설명해 주세요.

샘플답변

The appliances in my house are very different from the ones I had when I was a kid.

The washing machine my mom used was primitive. It didn't have a dryer, and mom had to move all the wet washing to the drying rack. It wasn't automatic so everything was just plain inconvenient. Today, I just throw the clothes into the washing machine and push a couple of buttons and when I return a few hours later, my clothes are clean and even dry.

And the old TV, it didn't have a remote control, so we had to go directly to the TV and turn a knob to change the channel or volume. But now, it even has a voice control function. I just talk to the machine and it turns itself on and adjusts its volume and changes its channels with my voice control.

However, even though it has become a lot easier, sometimes it makes people too impatient and hasty.

▶ **포인트**

요즘의 가전기기를 보면 어릴 때 쓰던 가전기기는 불편하고 원시적이기까지 합니다. 세탁기와 TV 같이 어릴 적부터 일상생활에서 자주 접한 기기들을 비교하세요. 구체적이고 공감하기 쉬운 차이점에 대해 이야기하는 것이 좋습니다. 그리고 마지막에는 이런 발전이나 편리에 대한 의견으로 답변을 정리합니다.

AL Expression

primitive 원시적인
just plain inconvenient 그저 불편한
impatience and hasty 인내심이 없고 성급한

저희 집의 가전기기들은 어렸을 때 있던 것들과 아주 다릅니다. 어머니가 사용하셨던 세탁기는 원시적인 것이었습니다. 그 세탁기에는 탈수기가 없었고, 어머니는 모든 젖은 세탁물을 건조대로 옮겨야 했습니다. 자동으로 되는 게 아니어서 모든 것이 그저 불편하기만 했습니다. 오늘날에는 옷을 세탁기에 넣고 버튼을 몇 개 누르면 몇 시간 후에 모든 옷이 깨끗해져 있습니다. 그리고 옛날 TV에는 리모콘 기능이 없었기 때문에 채널이나 볼륨을 변경하기 위해 직접 TV 앞으로 가서 손잡이를 돌려야 했습니다. 하지만 이제 TV는 음성 제어 기능까지 갖추고 있습니다. 기계에 말만 하면 제 음성 제어로 저절로 켜지고 볼륨도 조정하고 채널까지 변경합니다. 하지만 훨씬 쉬워지긴 했어도 때로는 이런 것들로 인해 사람들이 너무 인내심이 없고 성급해지게도 합니다.

+PLUS Mind Map

◦ **과거와 현재 비교하기**

막연하게 생각하고 있던 것에 대해 막상 말하려면 어디서부터 시작해야 할지 난감합니다. 비교할 것을 구분하고 각각의 특징을 나타내는 형용사를 써보세요. 항상 구체적인 예시가 들어가야 한다는 것도 잊지 마세요.

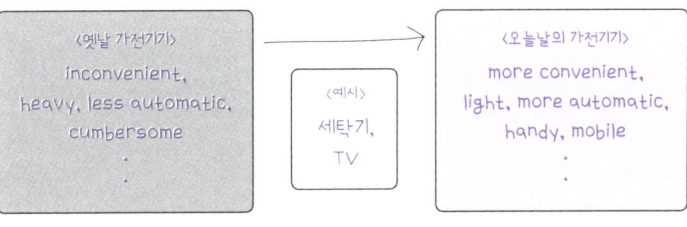

Can you remember a time when you purchased an appliance and had difficulty using it? What was the problem, and why did it happen? How did you solve the problem? Tell me everything that you remember about that experience.

가전기기를 구입하고 사용하는 게 어려웠던 때가 있습니까? 무슨 문제였고, 왜 그런 일이 일어났습니까? 어떻게 문제를 해결했습니까? 그 경험에 대해 기억하는 모든 것을 말해주세요.

샘플답변

I have been using a Samsung smartphone for a long time but recently changed to an iPhone. I can't tell you how many times I read the instruction booklet and how many times I tried to get that new phone to work properly. And, every time I hit the button, something unintended happened. I was almost in tears with frustration. The combination of unclear instructions and my lack of technical skills were leading to a train wreck. I really wanted to dump the phone in the garbage.

Eventually, I called my friend who had owned it. He graciously came around to my place, and within 30 minutes, we were happily watching a movie on my new phone. He is brilliant with anything technical and I still rely on him when my smartphone misbehaves. I'm not yet familiar with this new phone, but soon I'll be able to use it with ease.

▶ **포인트**

기존에 썼던 국내 제품과 새로 구입한 외국 제품의 차이 때문에 겪은 어려움을 이야기하고, 그런 문제를 해결한 경험을 이야기할 수 있습니다. 어떤 난관에 봉착했을 때의 느낌을 답변에 상세히 표현한다면 좋은 점수를 받을 수 있습니다.

AL Expression

something unintended 의도치 않은 일

almost in tears with frustration 눈물이 날 정도로 좌절한

train wreck 엉망진창

misbehave (기계가) 오작동하다

저는 오랫동안 삼성 스마트폰을 사용해 왔지만 최근에 아이폰으로 바꾸었습니다. 제가 설명서를 얼마나 많이 읽었는지, 그리고 얼마나 이 새 휴대폰을 제대로 조작하려고 노력했는지 말할 수 없습니다. 그런데 제가 버튼을 누를 때마다 의도하지 않은 일이 일어났습니다. 저는 거의 눈물을 흘릴 정도로 좌절했습니다. 명확하지 않은 설명과 기술에 대한 제 부족함으로 인해 엉망이 되었습니다. 저는 이 휴대폰을 거의 쓰레기통에 버릴 뻔했습니다. 결국 저는 아이폰을 사용하는 친구에게 전화를 걸었습니다. 그는 기꺼이 집으로 와주었고 30분이 지나자 저희는 새 휴대폰으로 행복하게 영화를 보고 있었습니다. 그는 기술적인 것에는 뭐든지 뛰어나서, 저는 여전히 제 스마트폰이 오작동할 때마다 그에게 의존하고 있습니다. 아직도 저는 새 휴대폰이 익숙하지 않지만, 곧 쉽게 만질 수 있겠지요.

┼ **PLUS** Advanced Vocab

◦ **오늘날의 가전기기**

· These appliances are designed to make life easier for people.
이런 가전기기들은 사람들의 삶이 더 쉽도록 설계되었습니다.

· Nowadays, smartphones are more than just a phone call device, they are all-purpose devices.
요즘 스마트폰은 단순한 통화 장치를 넘어 만능 기계의 역할을 하고 있습니다.

· It is simple enough for a child to operate easily, but the power of this machine is more than you can imagine.
어린아이도 쉽게 작동시킬 만큼 단순하지만 이 기계의 파워는 상상 이상입니다.

· Since one-person households are increasing more and more, small home appliances for one person or two people have been released a lot recently.
1인 가구가 점점 더 많아지면서 최근에는 1인 또는 2인을 위한 소형 가전기기가 많이 출시되었습니다.

· Koreans use many electrical items such as refrigerators, air conditioners, water heaters, dishwashers, clothes washing machines, and fans at home or workplaces.
한국인들은 가정과 직장에서 에어컨과 온수기, 식기 세척기, 세탁기, 선풍기와 같은 많은 전기 제품을 사용합니다.

UNIT 08
패션·의복

우리나라 문화에 대한 문제 중 대표적인 것이 패션과 의복입니다. 우리나라 사람들이 선호하는 의복 스타일과 종류를 설명하고, 상황과 목적에 따라 의복이 어떻게 달라지는지도 설명할 수 있어야 합니다. 최근에 구매한 옷의 종류와 색, 소재, 디자인에 대한 묘사부터, 유행하는 패션을 따르는 것에 대한 일반적·개인적 의견도 정리해 두세요.

미리 생각해보기

내가 선호하는 패션   가장 최근에 한 쇼핑의 품목   일할 때의 복장과 쉴 때의 복장   우리나라의 패션   과거와 현재 패션의 변화

기출문제   우리나라 패션의 과거와 현재

◀) MP3 107

Fashion trends have changed a lot over time. How have fashion trends in your country changed over the years? What was the fashion trend when you were a child and how has it changed now?

시간이 흐르면서 패션 트렌드도 많이 바뀝니다. 당신의 나라에서 패션 트렌드는 수년간 어떻게 바뀌었습니까? 어릴 적 패션 트렌드는 무엇이었고, 지금 그 트렌드는 어떻게 바뀌었습니까?

샘플답변

Fashion trends seem to have changed a lot over time. And thinking back to my childhood, lots of fads have come and gone. Boot-cut and flared pants were trendy when I was in college. You also would see many people wearing fur coats in winter back then. But now they've gone out of style.

However, some fashion trends from my childhood seem to have made a comeback. For example, when I was young, people wore high-waisted pants with tapered legs. This is back in fashion. Also, the large round-lens glasses that I saw back when I was in elementary school are now fashionable again.

So I think nothing ever really goes out of fashion forever. Whatever goes out of fashion comes back into fashion sooner or later. It just takes time.

▶ **포인트**

패션과 관련해서 답변할 때 해당 옷을 지칭하는 적절한 용어를 써야 한다는 게 걸림돌이 될 수 있습니다. 그러기에 패션에 관한 답변은 미리 준비해야 합니다. 돌고 도는 유행을 우리나라의 패션 트렌드로 이야기해 볼 수 있습니다. 과거에 유행했던 패션 스타일이 다시 유행한 예를 몇 가지 준비하고, 마지막에는 그에 대한 나의 의견으로 마무리합니다.

AL Expression

thinking back to my childhood 어린 시절을 떠올려 보면
make a comeback 복귀하다
sooner or later 조만간

패션 트렌드는 시간이 지남에 따라 많이 변화하는 것 같습니다. 어린 시절을 떠올려 보면 많은 유행이 왔다갔습니다. 부츠 컷과 플레어 팬츠는 제가 대학에 다닐 때 유행했습니다. 또한 당시에는 겨울에 모피 코트를 입은 사람들을 많이 볼 수 있었습니다. 그러나 이제는 그런 스타일은 사라졌습니다. 하지만 어린 시절의 패션이 다시 돌아오기도 합니다. 예를 들어, 제가 어렸을 때 사람들은 테이퍼드 진과 하이 웨이스트 바지를 입었습니다. 이 패션이 지금 다시 유행합니다. 또한 초등학교 때 보았던 크고 둥근 안경이 다시 유행합니다. 그래서 패션에서 영원히 사라지는 것은 없는 것 같습니다. 패션계에서 사라진 것은 조만간 패션계로 돌아옵니다. 단지 시간이 걸릴 뿐입니다.

I'd like to know about what kind of clothes people in your country typically wear. Is it different for when they go to work and for leisure? If so, how different is it?

당신의 나라에서 사람들이 일반적으로 입는 옷에 관해 알고 싶습니다. 일하러 갈 때의 복장과 쉴 때의 복장이 다릅니까? 그렇다면, 어떻게 다릅니까?

샘플답변

People in Korea are generally fashion trend followers. They make an effort to look good and keep up with the latest styles.

At the office, Koreans always make sure they are dressed to impress by being tidy and neat. Some people have jobs that require them to wear suits, formal attire, or uniforms. But most workplaces have a casual dress code. The casual dress code allows for comfort.

When not at work, Koreans enjoy wearing jeans, hoodies, and sneakers. Some people like wearing sweats, too. We always do our best to dress appropriately for the occasion whatever that may be.

As for me, the dress code at my work is very casual. So I get to wear to work what I would wear to meet friends. I think this is great because I don't have to spend extra money buying expensive work clothes in addition to everyday wear.

▶ **포인트**

전반적으로 우리나라 사람들은 옷차림이 깔끔하고 유행을 따르는 편입니다. 직장에서 입는 옷과 평상시 입는 옷이 확연히 대조거나 비슷할 수 있습니다. 덧붙여 나의 옷차림에 대해서도 언급하고 마지막에는 그에 대한 나의 생각으로 마무리합니다.

AL Expression

fashion trend follower 패션 트렌드를 따르는 사람

tidy and neat 단정한

whatever that may be 무엇이든지 간에

한국인들은 일반적으로 패션 트렌드를 따릅니다. 한국인들은 잘 보이고 싶어 하고, 최신 스타일을 따라잡으려고 노력합니다. 직장에서 한국인들은 항상 단정한 옷을 입고 있습니다. 어떤 사람들은 정장이나 공식 복장, 유니폼을 입어야 하는 직업을 갖고 있습니다. 그러나 대부분의 직장에서는 캐주얼하게 옷을 입습니다. 캐주얼하게 옷을 입으면 편안합니다. 직장이 아닐 때, 한국인은 청바지나 후드티, 운동화를 착용하는 것을 즐깁니다. 어떤 사람들은 운동복을 입는 것도 좋아합니다. 우리는 항상 무엇이든지 간에 적절한 때에 옷을 입기 위해 최선을 다합니다. 저 같은 경우, 직장에서의 복장이 아주 캐주얼합니다. 그래서 친구를 만나러 갈 때 입는 옷을 일하러 갈 때도 입습니다. 저는 일상적으로 입는 옷 외에도 비싼 근무복을 사기 위해 돈을 더 쓸 필요가 없기 때문에 이것이 좋다고 생각합니다.

+PLUS Mind Map

⊶ **문제에 충실하기**

문제에서 원하는 요소들을 순서대로 써보고 그 밑에 키워드를 적습니다. 여러분의 옷차림에 관한 질문은 없지만 소재로 충분히 연관성이 있는 소재이므로 답변의 마지막에 추가해도 좋습니다.

한국인의 패션 트렌드	직장에서의 복장	평상시 복장	나의 옷차림
· fashion trend followers · looking good	· looking tidy and neat · formal attire, uniform	· jeans, sneakers, sweats	· casual anytime, anywhere

Describe fashion trends in your country. What kinds of clothes do people in your country wear? What is special about fashion styles in your country?

당신의 나라의 패션 트렌드를 설명해 주세요. 당신의 나라에서 사람들은 어떤 옷을 입습니까? 당신의 나라에는 패션 스타일에 관해 어떤 특별한 점이 있습니까?

샘플답변

Many people in Korea are very fashion-conscious. They are very aware of current trends and dress accordingly.

In Korea, most people don't stand out by dressing differently. They stand out by being trendy and stylish. Styles and trends set by famous personalities or stars catch on quickly. And I think it is very ingrained. And people like to imitate the fashion styles of their favorite stars. Following trends or being stylish isn't really my thing. But it is for some of my friends. They say if they look good, they feel good.

So I think being fashion-conscious can be a great confidence booster. People just need to remember to do it for themselves, and not for other people's eyes.

▶ **포인트**

우리나라의 패션 트렌드를 보는 시선은 다양할 수 있습니다. 우선 전반적인 의견으로 답변을 시작하고, 마무리는 긍정적이든 부정적이든 그러한 트렌드에 대한 개인적인 의견으로 맺습니다.

AL Expression

fashion-conscious 유행에 민감한
catch on quickly 빠르게 유행하다
ingrained (태도가) 몸에 밴
confidence booster 자신감을 높이는 것

많은 한국인들이 유행에 매우 민감합니다. 현재의 트렌드를 잘 알고 그에 따라서 옷을 입습니다. 한국에서는 대부분의 사람들이 다르게 옷을 입어서 눈에 띄는 일이 없습니다. 그들은 트렌디하고 세련된 것으로 눈에 띕니다. 유명인들이나 스타들이 만들어 놓는 스타일과 트렌드들이 빠르게 유행합니다. 제 눈에는 몸에 밴 습관처럼 보입니다. 사람들은 좋아하는 스타의 패션을 모방하는 것을 좋아합니다. 트렌드를 따르거나 스타일리쉬한 것은 제 스타일이 아닙니다. 하지만 제 친구들 중 몇몇은 그렇게 합니다. 그들은 자기가 좋은 모습이라면 기분이 좋아진다고 합니다. 그래서 패션을 의식하는 것이 자신감을 크게 높일 수 있다고 생각합니다. 다만, 다른 사람의 눈이 아닌 자신을 위해 그렇게 한다는 것을 기억해야 합니다.

+PLUS Mind Map

⌒ 주제 보충하기

주제 문장과 나의 의견을 우선 생각해 놓고, 주제 문장을 뒷받침할 보충 설명들을 하나씩 추가하면서 답변을 완성해 보세요.

주제 문장	◐ Many people in Korea are very fashion-conscious.
보충 설명	◐ Most people don't stand out by dressing differently. ◐ People imitate the fashion styles of celebrities.
나의 의견	◐ I think being fashion-conscious can be a great confidence booster. People need to remember to do it for themselves, and not for other people's eyes.

UNIT 09
교통수단

교통수단 또한 출제빈도가 높은 돌발주제 중 하나입니다. 우리나라 대중교통 시스템은 세계적으로도 체계적이고 편리하다는 평가를 받습니다. 우리 생활에서 가장 많이 이용하는 버스와 지하철, 열차, 택시를 중심으로 각각의 특성과 편리성, 변화에 대해 정리해 두세요.

미리 생각해보기

| 내가 선호하는 교통수단 | 대중교통 이용 중 기억에 남는 일 | 교통수단의 종류와 각 장단점 | 우리나라 대중교통의 변화와 영향 | 우리나라의 대중교통을 이용하는 방법 |

기출문제   우리나라의 교통수단

◀)) MP3 110

How do people in your country move around? What kind of transportation is the most common in your country? Please describe it in as much detail as possible.

당신의 나라에서는 사람들이 무엇을 타고 이동합니까? 당신의 나라에서는 어떤 교통수단이 가장 흔합니까? 가능한 한 자세히 설명해 주세요.

샘플답변

Most people in Korea use public transportation because it's so well-developed. Especially in major cities, extensive subway systems and bus routes get you everywhere you need to go.

Most people tend to use the subway as their main form of transport to and from work. It lets them avoid the hassle of having to deal with traffic. When traveling in certain areas of the cities, people rely more on buses. Village buses get people around their neighborhoods, and district buses get them around their districts.

In contrast to cities, people in suburban or rural areas count on taxies or their own cars. Buses are available there too, but they don't run as frequently. So most people need their own car to get around.

As for me, the subway is the best form of transportation hands-down. It gets me everywhere I need to go and I never have to worry about getting stuck in traffic.

▶ **포인트**

우리나라 대중교통의 종류는 도시와 교외지역으로 나눠서 설명할 수 있습니다. 우리나라는 대중교통이 대도시에서 발달해 있는 반면, 시골 지역은 이동하려면 주로 자가용을 이용하는 편입니다. 끝은 선호하는 교통수단이나 대중교통에 대한 의견 등으로 마무리합니다.

AL Expression

to and from work 출퇴근하는 데에
avoid the hassle of ~하는 번거로움을 피하다
hands-down 확실히

한국에서는 대부분이 대중교통을 이용하는데, 이는 대중교통이 아주 잘 발달되었기 때문입니다. 특히 주요 도시에서는 이동하는 모든 곳에서 대규모 지하철 시스템과 버스 노선을 편리하게 이용할 수 있습니다. 대부분 출퇴근할 때 지하철을 주로 사용하는 경향이 있습니다. 지하철로 교통 체증의 번거로움을 피할 수 있습니다. 도시의 특정 지역에서는 이동할 때 버스에 더 의존합니다. 마을버스는 주민들을 인근 지역으로 데려다 주고, 지역 버스는 주민들을 그 지역으로 데려다 줍니다. 도시와 달리 교외나 농촌 지역의 사람들은 택시나 자신의 차를 이용합니다. 버스를 사용할 수도 있지만 그렇게 자주 다니지는 않습니다. 그래서 대부분의 사람들이 돌아다니려면 자가용이 필요합니다. 저 같은 경우, 확실히 지하철이 가장 좋은 교통수단입니다. 지하철로 제가 가는 곳 어디든 갈 수 있고, 교통 체증을 걱정할 필요가 없습니다.

How has the transportation system changed from the past to the present? There has been huge progress in the public transportation system to make our lives more convenient. What progress have you been experiencing and how is it affecting the lives of the people living in your city?

교통 시스템이 과거에서 현재까지 어떻게 변했습니까? 대중교통 시스템에서 우리의 삶을 더 편리하게 하는 큰 발전이 있었습니다. 당신은 어떤 발전을 경험하고 있는지, 그리고 당신의 도시에 사는 사람들의 삶에 어떠한 영향이 있는지 말해주세요.

샘플답변

Public transportation has developed immensely over the past several decades.

New routes and lines have been added over the years. This makes it easy to travel from the heart of the city to the city's outlying neighborhoods. Bus stops and subway stations now have electronic notification systems that alert commuters of the bus or subway's arrival time. They even tell how many stops away the coming bus or subway is. You can download apps that show routes and calculate the time of travel from place to place. Commuters don't have to sit in traffic either thanks to bus-only lanes. And there's no need to worry about counting coins or buying tickets because of transportation cards.

Because of all the great upgrades, I think people can travel throughout the city more comfortably and efficiently than before.

▶ **포인트**

대중교통은 사람들이 이용하기에 더 편리한 방향으로 발전되었고, 앞으로도 그럴 것입니다. 이런 발전에 우리에게 어떤 영향을 주었는지에 대한 의견으로 답변을 마무리하세요.

AL Expression

outlying neighborhood 인근 외곽 지역
sit in traffic 교통 체증에 갇히다
because of all the great upgrades 이런 훌륭한 발전들 덕분에

대중교통은 지난 수십 년 동안 엄청나게 발전했습니다. 새로운 경로와 노선들이 수년에 걸쳐 추가되었습니다. 이는 도시 중심부에서 도시 외곽 지역까지 쉽게 여행할 수 있도록 해줍니다. 이제 버스 정류장과 지하철역에는 통근자들에게 버스나 지하철의 도착 시각을 알려주는 전자 알림 시스템이 있습니다. 심지어 버스나 지하철이 도착역으로부터 몇 정거장 멀리 있는지까지 알려줍니다. 장소 간의 이동 경로와 시간을 알려주는 앱을 다운받을 수도 있습니다. 통근자들은 버스 전용 차로 덕분에 교통 체증에 시달리지 않아도 됩니다. 그리고 교통 카드가 있기 때문에 동전을 세거나 티켓을 사는 등의 걱정은 할 필요가 없습니다. 이런 훌륭한 발전들 덕분에, 사람들이 전보다 더 편안하고 효율적으로 도시 전역을 여행할 수 있다고 생각합니다.

+**PLUS** Mind Map

◦ **목록화하기**
오늘날 대중교통의 발전 양상을 하나씩 목록화하면 편리성과 효율성으로 정리됩니다.

대중교통의 발전

· bus-only lanes
· transportation card
· more routes and lines　　　정리 ⟹　comfortable
· electronic notification systems　　　　·
· useful transportation apps　　　　　efficient

Tell me about a time you had difficulty using transportation. When was it? What exactly happened and how did you deal with the situation? Give me all the details.

교통수단을 이용하면서 힘들었던 경험에 대해 이야기해 주세요. 언제였습니까? 구체적으로 무슨 일이 있었고, 어떻게 상황을 해결했습니까? 자세히 말해주세요.

샘플답변

A few years ago, there was a lot of snow during the winter. I took the subway to work every day. It was a reliable way to get to work. But my faith in public transportation went up in smoke.

That morning it snowed so much. First, surface trains were delayed because of immense snowfall. As soon as I heard the announcement, I called the office to let them know my situation.

Then, there was another announcement. Some trains were taken out of service because of mechanical failures. More and more people were kept waiting on platforms or stranded in stations.

Finally, when a train did arrive, so many people were crammed inside that no one could board.

Some time later, when the snow stopped, more subway trains were dispatched and I eventually did get to work. What was usually a thirty-minute commute turned into a two-hour trip.

Ever since that day, I always check weather reports. And when bad weather is expected, I make sure to leave much earlier or take a route that avoids surface transit.

▶ **포인트**

날씨나 자연재해로 인해 교통수단 이용에 어려움을 겪었던 경험은 누구에게나 있을 것입니다. 그날의 경험을 시간 순서로, 기승전결이 드러나게끔 이야기하고, 마지막은 그 경험에서 얻은 교훈이나 그로 인해 생긴 새로운 습관 등으로 답변을 마무리해 보세요.

AL Expression

go up in smoke　사라지다

be taken out of service　서비스가 안 되다

stranded in　~에 발이 묶인

몇 년 전 겨울에는 눈이 많이 내렸습니다. 저는 매일 지하철을 타고 출퇴근을 했습니다. 지하철은 출근할 때 믿을 만한 교통수단이었습니다. 그러나 대중교통에 대한 저의 믿음은 날아가 버렸습니다. 그날 아침은 눈이 많이 내렸습니다. 우선, 엄청난 폭설로 지상 열차가 지연되었습니다. 안내 방송을 듣자마자 저는 사무실에 전화해서 제 상황을 알렸습니다. 그런 다음 또 다른 안내가 있었습니다. 기계 고장으로 열차 몇 대가 운행되지 않는다는 것이었습니다. 점점 더 많은 사람들이 승강장에서 기다리거나 역에 발이 묶였습니다. 마침내 열차 한 대가 도착했을 때에는 아무도 열차에 탑승할 수 없을 정도로 많은 사람들이 몰려들었습니다. 얼마 지나지 않아 눈이 멈추었을 때, 더 많은 지하철이 배차되었고, 결국 출근을 할 수 있었습니다. 보통 30분이 걸리던 출근이 2시간이 걸렸습니다. 그날 이후로 저는 항상 일기예보를 확인합니다. 그리고 날씨가 안 좋을 것이 예상될 때, 저는 훨씬 더 일찍 나오거나 지상교통을 피하는 길을 택합니다.

UNIT 10
전화

기기로서 전화기에 관한 문제와 전화 통화에 관한 문제를 나눌 수 있습니다. 기기로서 전화기는 [테크놀로지] 관련 문제와 함께 생각해 볼 수 있습니다. 전화 통화는 우리의 생활과 밀접한 행위이기 때문에 막연할 수 있지만, 준비만 제대로 한다면 말할 거리가 많을 수도 있습니다.

미리 생각해보기

| 주로 통화하는 사람과 통화 빈도 | 가장 최근에 했던 통화 | 유선 전화와 휴대폰의 차이 | 과거와 현재 전화기의 발전 | 통화 관련 최근 이슈 |

기출문제 나의 통화 습관

◀)) MP3 **113**

Tell me when and where you talk on the phone most often. Whom do you usually talk with when you talk on the phone? How often do you talk with them and for how long do you talk? What topic do you usually talk about?

당신은 언제, 어디에서 가장 자주 통화합니까? 보통 누구와 통화합니까? 얼마나 자주, 얼마나 오래 통화합니까? 보통 어떤 주제로 통화합니까?

샘플답변

I don't talk on the phone much, but when I do, it's usually with my close friends or my sister. I don't get to see them much because everyone I'm close with lives pretty far away. When I do get to talk to them on the phone, I try to do it when I'm at home and on the weekends since I don't like talking loudly on the phone outside.

When I talk to friends, we usually talk about our lives and catch each other up on what's new. When I talk to my sister, I call for advice. And I try to be a good sister too by listening when she needs an ear. On the weekends, I sometimes facetime with my sister so I can see my niece and nephew. I get to see them sing and dance like I'm right there with them.

So my phone helps me keep in touch with my family and close friends.

▶ **포인트**

문제에서 원하는 것에 충실하게 답합니다. 언제, 어디서 자주 통화하고, 누구와 얼마나 자주 통화하는지 밝힙니다. 또 통화 대상에 따라 달라지는 대화의 주제에 대해서도 빠뜨리지 않고 언급해야 합니다.

AL Expression

pretty far away 꽤 멀리에서
catch up on what's new 밀린 이야기를 나누다
need an ear 들어 줄 사람이 필요하다

저는 통화를 많이 하지는 않지만, 한다면 일반적으로 친한 친구나 언니와 합니다. 제가 가까운 사람들은 모두 멀리 살기 때문에 많이 보지 못합니다. 그들과 통화를 할 때는 집에서 하거나 주말에 하려고 합니다. 밖에서 큰 소리로 말하는 것을 좋아하지 않거든요. 제가 친구들과 통화할 때에는 보통 그간 밀린 서로의 이야기를 합니다. 언니와 통화할 때에는 조언을 구합니다. 그리고 언니가 들어 줄 사람이 필요할 때 저는 귀를 기울이며 좋은 동생이 되려고 노력합니다. 주말에는 때로는 언니와 페이스타임을 해서 조카들을 볼 수 있습니다. 저는 마치 함께 있는 것처럼, 조카들이 노래하고 춤을 추는 것을 봅니다. 그래서 전화기로 저는 가족과 친구와 계속 연락을 할 수 있습니다.

I guess the pattern of your phone usage has changed. In the past, who did you talk with and what did you usually talk about? Is it the same or has it changed? If it has changed, how is it different?

당신의 과거와 현재의 전화기 사용 패턴은 바뀌었을 것입니다. 과거에 당신은 누구와 통화했고, 보통 어떤 이야기를 했습니까? 현재와 같습니까, 아니면 변했습니까? 변했다면, 어떻게 달라졌습니까?

샘플답변

Over the years, my pattern of phone usage has changed drastically. When I was younger, I had to use a landline to make phone calls. I couldn't talk to anyone for too long because the whole family used one phone.

Then when I got my first cellphone, I could only use it for emergencies because making calls was so expensive for me. When the technology got better and cheaper, I was constantly texting my friends. But that still had limitations because there was a word count restriction.

My phone usage pattern changed again when I began using a smartphone. I began to spend less time talking on the phone and much more time messaging. There were no more word count restrictions so I could "talk" to anyone I needed in real time.

I think the changes and developments to phones have made my life a lot more convenient, both personally and professionally.

▶ **포인트**

집 전화기에서 개인 스마트폰으로 변화하기까지 이용하는 기기가 바뀔 때마다 달라진 통화 패턴에 대해 설명할 수 있습니다. 끝은 과거에 통화할 때의 느낌과 현재의 느낌을 비교하면서 답변을 마무리합니다.

AL Expression

get better and cheaper 　더 좋아지고 더 저렴해지다

There is no more 　더 이상의 ~이 없다

in real time 　즉시, 동시에

수년간 저의 전화기 사용 패턴은 크게 바뀌었습니다. 어렸을 때 전화를 걸려면 유선 전화를 사용해야 했습니다. 온 가족이 하나의 전화기를 사용했기 때문에 저는 누구와도 오랫동안 통화할 수 없었습니다. 그런 다음 첫 번째 휴대폰을 갖게 되었을 때에는 비상시에만 전화기를 사용할 수 있었습니다. 통화료가 저에게 너무 비쌌기 때문입니다. 기술이 더 좋아지고 저렴해지자, 저는 친구들에게 끊임없이 문자메시지를 보냈습니다. 그러나 단어 수의 제한이 있었기 때문에 여전히 한계가 있었습니다. 스마트폰을 사용하면서 전화기 사용 패턴이 다시 바뀌었습니다. 저는 점점 더 적게 통화하고 메시지를 훨씬 더 많이 보내기 시작했습니다. 단어 수의 제한이 없어서 저는 실시간으로 필요한 사람과 그야말로 '이야기할' 수 있었습니다. 저는 휴대폰의 변화와 발전으로 개인적으로나 직업적으로나 제 인생이 훨씬 더 편리하게 되었다고 생각합니다.

+PLUS Mind Map

○ **통화 패턴의 변화**

변화의 기점이 되는 키워드를 두세 가지 선정해 놓고, 각 기점마다 패턴이 변화한 양상을 생각해 봅니다.

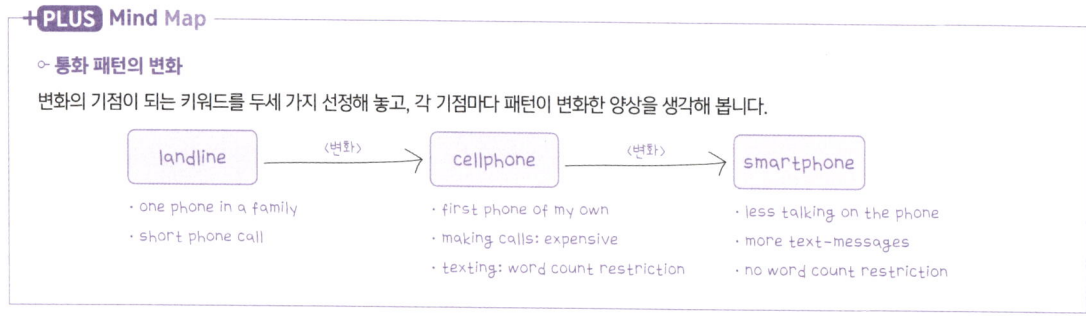

landline	〈변화〉 →	cellphone	〈변화〉 →	smartphone
· one phone in a family · short phone call		· first phone of my own · making calls: expensive · texting: word count restriction		· less talking on the phone · more text-messages · no word count restriction

These days many people have their own cellphone and they can talk to people anytime and anywhere. Do you think there are any advantages of chatting on the cellphone? If so, tell me about them in detail.

요즘에는 많은 사람들이 자기 휴대폰을 가지고 있으며, 언제, 어디서나 사람들과 이야기할 수 있습니다. 휴대폰으로 대화하는 것의 이점이 있다고 생각합니까? 그렇다면, 그에 대해 자세히 말해주세요.

샘플답변

In my opinion, the ability to talk to anyone, anytime and anywhere, has both advantages and disadvantages.

Without a doubt, convenience is the cellphone's greatest advantage. Before cellphones, people relied on landlines. Now we can make calls while on the go. And what makes cellphones even better is that they're not just for making calls anymore. They are mobile devices that can do many things. For example, you can listen to music, watch videos, play games, email, and so much more. On my last vacation to Europe, my cellphone came in handy when I got lost; I used Google Map to find my way.

However, people tend to lack etiquette in public areas. It's now commonplace to find people talking loudly on their cellphones in public areas as if they were in their own home. It's something we all need to work on. If we can just remember to be considerate of others, I don't think there would be any downside to cellphones.

▶ **포인트**

의견(In my opinion)을 제시해야 하는 문제입니다. 우선 휴대폰 사용에 장단점이 있다는 주제문으로 답변을 시작합니다. 언제, 어디서나 통화할 수 있다는 것은 휴대폰의 장점에 속하지만, 그로 인해 공공장소에서 시끄럽게 통화하는 사람들을 자주 볼 수 있습니다. 따라서 편리성과 공공예절의 부재를 휴대폰의 장단점으로 준비할 수 있습니다. 마지막은 이러한 장단점에 대한 의견으로 마무리합니다.

AL Expression

without a doubt 의심의 여지없이
come in handy 도움이 되다
be considerate of others 남을 배려하다

언제, 어디서나, 누구에게든 전화할 수 있다는 점은 장단점을 둘 다 가지고 있는 것 같습니다. 의심의 여지없이, 편리함이라는 것은 휴대폰의 가장 큰 장점입니다. 휴대폰 전에 사람들은 유선 전화에 의존했습니다. 이제는 이동하면서 전화할 수 있습니다. 그리고 더 좋은 것은 휴대폰이 더 이상 전화만을 걸기 위한 것이 아니라는 점입니다. 휴대폰은 많은 것을 할 수 있는 모바일 기기입니다. 예를 들어, 음악을 듣거나 영상을 볼 수 있고, 게임을 하거나 이메일을 보낼 수 있는 등, 훨씬 더 많은 일을 할 수 있습니다. 저는 지난번 휴가로 유럽에 갔는데, 길을 잃었을 때 휴대폰이 도움이 되었습니다. 길을 찾기 위해서 구글맵을 사용했거든요. 하지만 사람들은 공공장소에서 예절이 부족한 경향이 있습니다. 공공장소에서 마치 자기 집에 있는 것처럼 큰 소리로 통화하는 사람들을 이제 쉽게 볼 수 있습니다. 이것은 우리 모두가 노력해야 하는 일입니다. 다른 사람들을 배려해야 한다는 것을 기억하기만 한다면, 휴대폰은 어떤 단점도 없으리라 생각합니다.

+PLUS 샘플답변 따라 하기

⚭ **중심 문장에서 시작하기**

샘플답변의 필수문장을 그대로 이용해서, 큰 틀을 이루는 도입→이점→단점 각각 중심 문장을 적어 보고, 여기에 보충 설명을 덧붙이세요.

(도입) In my opinion, the ability to talk to anyone, anytime and anywhere, has both advantages and disadvantages. + 내용 추가

(이점) They are mobile devices that can do many things. + 내용 추가

(단점) However, people tend to lack etiquette in public areas. + 내용 추가

UNIT 11
인터넷 서핑

요즘에는 인터넷 서핑을 할 수 있는 기기가 PC, 스마트폰, 노트북, 태블릿 PC 등으로 다양해졌고, 인터넷으로 정보 검색뿐만 아니라 쇼핑, 음악 및 영화 감상, 게임 등 다양한 활동을 할 수 있습니다. 따라서 테크놀로지나 쇼핑, SNS 등 다른 OPIc 주제들과 연관성이 높은 주제입니다.

미리 생각해보기

| 자주 가는 웹사이트 | 인터넷을 이용해 수행한 프로젝트 | 인터넷 서핑 도중 겪은 문제 | 인터넷 서핑 관련 최근 이슈 | 인터넷 서핑의 연령별 차이 |

기출문제   인터넷 서핑 중 기억에 남는 일

◀)) MP3 116

You might surf the Internet. Can you describe an interesting experience that you had while surfing the Internet? Maybe you found a really good website or maybe you met a new friend. Tell me about that experience in as much detail as possible.

당신은 인터넷 서핑을 할 것입니다. 인터넷 서핑 중에 있었던 흥미로운 경험을 설명할 수 있습니까? 당신은 정말 좋은 웹사이트를 찾았거나, 새로운 친구를 만났을 수도 있습니다. 그 경험에 대해 가능한 한 자세히 말해주세요.

샘플답변

I recently had an eye-opening experience on the Internet. A friend showed me a video that went viral concerning the video gaming community.

It was a world I had not known much about before then. But I only imagined lonely young men staying home to play games, immature and without social skills. But in this video, I learned that they're just regular people who happen to like gaming. They are not loners but are actually very social in their own way. And they are a large community with big social events such as the BlizzCon conference in the video.

It was surprising to see that these gamers are also people who can express their thoughts and emotions. Up until then, I hadn't really thought about it deeply, not being a gamer myself.

▶ **포인트**

인터넷 서핑을 통해 다양한 정보를 접하면서 있었던 기억에 남는 일에 대해 답하면 됩니다. 기억에 남는 장문의 포스팅일 수도 있고, 한 줄의 댓글일 수도 있습니다. 과거의 경험에 대한 이야기는 그 배경부터 설명한 후 에피소드를 상세하게 이야기합니다. 마지막으로 그 경험을 통해 얻은 교훈이나 개인적인 변화를 언급합니다.

AL Expression

eye-opening experience 경이로운 경험
go viral 널리 퍼지다
up until then 그때까지는

저는 최근에 인터넷상에서 놀랄 만한 경험을 했습니다. 한 친구가 저에게 비디오 게임 커뮤니티와 관련해 널리 퍼진 영상을 하나 보여주었습니다. 그것은 그전에는 제가 잘 알지 못하던 세상이었습니다. 저는 집구석에서 게임을 하면서 미성숙하거나 사회성이 없는 외로운 젊은이들을 상상했습니다. 하지만 이 영상을 보고 나서, 그들이 그저 게임을 좋아하는 평범한 사람들이라는 것을 알게 되었습니다. 그들은 외로운 사람들이 아니라 실제로는 그들 나름의 방식으로 매우 사회적인 사람들이었습니다. 그리고 그들은 영상에서처럼 블리즈컨 콘퍼런스 같은 큰 사교 행사를 하는 대규모 커뮤니티입니다. 이 게이머들도 자신의 생각과 감정을 표현할 수 있는 사람들이라는 게 놀라웠습니다. 그때까지는 저 스스로도 게임을 즐기는 사람이 아니었기 때문에 그것에 대해 깊게 생각해보지 못했습니다.

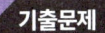

Tell me about your first experience of surfing the Internet. When did you first surf the Internet? How did you feel? Did anyone influence you in surfing the Internet? How has your Internet usage changed over the years?

처음 인터넷 서핑을 한 경험에 대해 말해주세요. 언제 처음 인터넷 서핑을 했습니까? 그때 느낌은 어땠습니까? 당신에게 인터넷 이용에 영향을 준 사람이 있습니까? 수년간 당신의 인터넷 사용은 어떻게 변했습니까?

샘플답변

I'm not exactly sure when, but I remember surfing the Internet sometime during my teens. I was doing research for a school project. Back then, I turned to books and encyclopedias for research. Unfortunately, the library didn't have the books I needed. So, the librarian suggested going online to find the information I needed. He showed me how to use a search engine and how to navigate my way around on websites and web pages. I was amazed at how easy it was to find what I needed. And I had access to the world at my fingertips.

Now, I not only turn to the Internet for research, but for keeping in touch with friends and shopping. It's a great way for me to keep in touch with my friends no matter where any of us are. And when I'm strapped for time, I can do my shopping online and have it delivered to my door.

▶ **포인트**

어떤 일을 처음 접하게 되는 계기는 보통 누군가의 인도를 받아서 입니다. 계기가 된 상황을 육하원칙에 따라 이야기하면서 당시 인터넷을 접하면서 느낀 점과 그 편리성에 대해 말합니다. 또 시간이 지나면서 변한 인터넷 서핑의 용도를 인터넷의 장점과 연결지어 언급합니다.

AL Expression

turn to ~에 의지하다
at one's fingertips 쉽게 이용할 수 있는
strapped for time 시간이 부족한

정확히 언제였는지는 기억이 안 나지만, 십 대 때 인터넷을 사용했던 기억이 있습니다. 그때 저는 학교 과제를 위해 자료를 찾고 있었습니다. 당시에는 자료조사를 백과사전과 책에 의존했습니다. 하지만 도서관에는 제가 필요한 책이 없었습니다. 그래서 사서는 제가 필요한 정보를 인터넷으로 찾아보라고 권해줬습니다. 그는 제게 검색 엔진 사용법과 웹사이트와 웹페이지를 돌아다니는 방법을 알려줬습니다. 저는 제가 필요한 것을 이렇게 쉽게 찾을 수 있다는 것에 놀랐습니다. 그리고 세상에 쉽게 접근할 수 있었습니다. 요즘 저는 자료를 찾기 위해서뿐만 아니라 친구와 연락하고 쇼핑을 하기 위해 인터넷을 합니다. 인터넷은 우리가 어디 있든지 연락할 수 있게 하는 훌륭한 수단입니다. 그리고 시간이 없을 때는 인터넷으로 쇼핑해서 문 앞까지 배달시킬 수 있습니다.

+PLUS Mind Map

○ **인터넷을 접한 계기와 변화**

계기는 경험을 이야기하듯이, 육하원칙의 요소가 드러나도록 이야기합니다. 여기에 당시 인터넷을 처음 접하고 느꼈던 점을 추가합니다. 또 인터넷을 어떤 방식으로 이용하게 되었는지 과거와 대조되는 변화를 소개합니다.

인터넷을 접한 계기 ── 인터넷 이용의 변화

언제 어디서 왜 누가 무엇을 어떻게 ⊕ 느낌

과거 → 현재

What is your favorite website? What services do they offer? What activities can you do at the site? Why do you like using that website? Can you tell me details about the website?

가장 좋아하는 웹사이트는 무엇입니까? 어떤 서비스를 제공합니까? 그 사이트에서 어떤 것을 할 수 있습니까? 왜 그 웹사이트를 좋아합니까? 그 웹사이트에 대해 자세히 말해주세요.

샘플답변

My two favorite websites on the Internet are YouTube and Wikipedia. One is a video streaming service and the other is an online encyclopedia. It goes without saying that I use a search engine to get around the net. But between these two aforementioned sites, I can learn about almost any topic.

YouTube is first and foremost my starting point whenever I web surf. Since I have a free account, its page is filled with video recommendations personalized to my tastes. I can pick and choose from new movie trailers, documentaries, or entertainment channels. More often than not, something in the videos propels me to search for it on Google, and often this means bringing up their Wikipedia article. Wikipedia articles are standardized in their presentation, so I can quickly scan them for the precise info I'm interested in.

I'd recommend this type of YouTube and Wikipedia combination for any web surfer.

▶ **포인트**

충분한 길이의 답변을 위해 자주 방문하는 웹사이트를 두 가지 정도 정하고, 방문하는 목적을 이야기하면서 그 웹사이트의 특징과 장점을 설명합니다. 끝은 웹사이트를 추천하는 말로 마무리합니다.

AL Expression

It goes without saying that
~은 말할 것도 없다
aforementioned 앞서 언급한
first and foremost 무엇보다도
more often than not 대게, 자주

제가 가장 좋아하는 인터넷 웹사이트 두 개는 유튜브와 위키피디아입니다. 하나는 비디오 스트리밍 서비스이고, 다른 하나는 온라인 백과사전입니다. 인터넷을 이용할 때 검색 엔진을 사용하는 것은 말할 필요도 없습니다. 하지만 앞에서 언급한 이 두 사이트에서 거의 어떤 주제이든 배울 수 있습니다. 유튜브는 제가 웹서핑을 할 때마다 다른 어떤 것보다 가장 먼저 시작하는 사이트입니다. 저는 유튜브 무료 계정이 있기 때문에, 그 페이지에는 제 취향에 맞춘 개인 추천 비디오들로 가득 차 있습니다. 저는 새로운 신작 영화 예고편부터 시작해서 다큐멘터리, 예능 채널에 이르기까지 선택할 수 있습니다. 비디오에 나오는 무언가로 인해 구글에서 검색할 때가 자주 있는데, 이는 곧 위키피디아 글이 뜨는 것을 의미합니다. 위키피디아의 글들은 설명이 표준화되어 있어서, 제가 관심이 있는 것에 대한 정확한 정보를 신속하게 훑어볼 수 있습니다. 웹서퍼들에게 이런 유튜브와 위키피디아의 조합을 권하고 싶습니다.

+PLUS Mind Map

∽ **좋아하는 웹사이트**

자주 이용하는 웹사이트와 함께 준비할 수 있습니다. 두세 개의 웹사이트를 준비하고, 각 웹사이트의 장점과 이용 방식 등을 소개합니다.

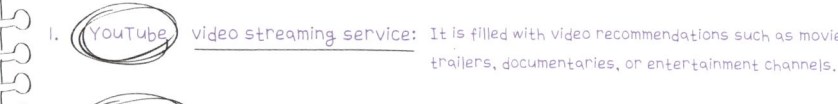

1. (YouTube) video streaming service: It is filled with video recommendations such as movie trailers, documentaries, or entertainment channels.

2. (Wikipedia) online encyclopedia: Due to the standard format of article, I can quickly scan for the information I want to know.

UNIT 12
TV·DVD

TV·DVD 시청과 관련된 기출문제는 설문주제의 [영화 보기]와 비슷하여, 관련된 문제는 함께 준비하면 좋습니다. TV는 드라마나 예능 프로그램에 대해 말할 수 있어야 하고, DVD는 영화나 영화배우에 대해 말할 수 있어야 합니다. DVD를 대신해서 넷플렉스 같은 온라인 동영상 스트리밍 서비스를 이용한 경험을 답변으로 생각해 볼 수도 있습니다.

미리 생각해보기

| 좋아하는 프로그램 | TV·DVD를 시청하는 빈도와 장소 | TV·DVD 작동법 | 좋아하는 배우의 최근 소식 | 어릴 때 본 프로그램과 지금 보는 프로그램의 차이 |

기출문제 좋아하는 TV 프로그램 　　　　　　　　🔊 MP3 119

You may watch TV. How long do you usually watch TV per day? What kinds of TV programs do you like most? Tell me why you like watching them in as much detail as you can.

당신은 TV를 시청할 겁니다. 하루에 보통 얼마 동안 TV를 시청합니까? 가장 좋아하는 TV 프로그램은 무엇입니까? 그 프로그램을 보는 것을 좋아하는 이유를 자세히 말해주세요.

샘플답변

When I was growing up, I used to watch a lot of TV programs. Now as an adult, I don't have the time to do it during the week. But on the weekends, I still **make time to** sit on the couch with my TV remote in hand. This is when I catch up on all the shows I may have missed. I like to **binge watch** reality shows or movies.

I like the cooking reality shows because I like cooking myself. Also, I like to see chefs using their skills and creativity to **come up with** new dishes or improve upon old ones.

When I choose to watch movies, I like watching fantasy action movies such as movies from the Marvel Universe. Most are fun to watch with lots of action. Watching them helps me to relieve stress. They also have a nice moral to each story that even kids can understand.

▶ **포인트**

본인이 TV를 잘 보는 사람인지 아닌지부터 밝히고, 가장 즐겨보는 TV 프로그램 종류를 두 가지 준비합니다. 구체적인 프로그램 제목과 함께 즐겨보는 이유를 적어도 한 가지는 언급해주세요.

AL Expression
make time to 시간을 내서 ~하다
binge watch 몰아서 보다
come up with ~를 제시하다

어릴 때 저는 TV를 많이 보았습니다. 이제 어른이 되니 주중에는 시간이 없습니다. 하지만 주말에는 시간을 내서 TV 리모컨을 들고 소파에 앉습니다. 이때 그동안 놓친 프로그램을 모두 몰아 봅니다. 저는 리얼리티쇼나 영화를 보는 것을 좋아합니다. 또한 직접 요리하는 것을 좋아하기 때문에 요리 리얼리티쇼를 좋아합니다. 그리고 요리사가 자신의 기술과 창의성을 발휘하여 새로운 요리를 제안하거나 예전 요리를 향상시키는 것을 보는 것이 좋습니다. 영화는 마블사의 영화 같은 판타지 액션 영화를 보는 것을 좋아합니다. 액션이 많아서 대부분 재미있게 봅니다. 그것들을 보면서 스트레스를 풀 수 있습니다. 그 영화들은 각 이야기마다 어린이도 이해할 만한 도덕적 교훈을 담고 있습니다.

Can you tell me about one of the most memorable programs you have ever watched on TV? Why was it so unforgettable? What was it about? Who was starring? Please tell me about it in as much detail as possible.

TV에서 본 가장 기억에 남는 프로그램에 대해 말해줄 수 있습니까? 왜 그것이 기억에 남습니까? 무엇에 관한 것이었습니까? 누가 출연했습니까? 그것에 관해 가능한 한 자세히 말해주세요.

샘플답변

A memorable TV show I have watched is an old American show called *The A-Team*. It was an action-adventure show starring George Peppard. He led a team of military soldiers who were accused of a crime they didn't commit. They escaped from prison in order to prove their innocence. While they were on the run, they helped people in need.

I was only a young child when this show ran. But when I saw it, the way the characters watched out for one another and went out of their way to help people who were unable to fend for themselves stuck with me. My takeaway was that you should always help those in need if you have the ability to do so. This way of thinking helped shape my moral compass.

▶ **포인트**

프로그램의 장르와 등장인물 등의 기본적인 정보와 함께 그 프로그램의 커다란 뼈대에 대해 이야기합니다. 드라마라면 대략적인 스토리에 대해 정리해서 말할 수 있어야 합니다. 끝에는 그 프로그램을 통해 깨달은 점이나 개인적인 생각을 언급하고 답변을 마무리합니다.

AL Expression

be on the run 도망을 다니는 중이다
run (방송이) 계속되다
shape moral compass 도덕적 잣대를 형성하다

제가 봤던 기억에 남는 TV 프로그램은 <A특공대>라는 오래된 미국 드라마입니다. 조지 페퍼드가 출연한 액션 어드벤처 드라마인데, 그는 자신들이 저지르지도 않은 범죄로 기소된 군인들의 팀을 이끌었습니다. 그들은 무죄를 입증하기 위해 탈옥했습니다. 도망가면서 도움이 필요한 사람들을 도와줬습니다. 이 프로그램이 방영될 때 저는 어렸습니다. 하지만 저는 등장인물들이 서로를 돌보고, 스스로를 지키지 못하는 사람들을 도와주는 그들의 방식이 마음에 들었습니다. 제가 이 프로그램에서 얻은 것은 능력이 된다면 도움이 필요한 사람을 항상 도와줘야 한다는 것입니다. 이러한 사고방식은 저의 도덕적 잣대를 형성해 주었습니다.

+PLUS Mind Map

○ 프로그램 소개하기

프로그램에 관한 정보로 답변을 시작하고, 그 프로그램의 줄거리와 인상 깊은 점을 한두 가지 언급합니다. 마지막은 그 프로그램을 통해 스스로 느낀 점이나 교훈 등으로 마무리합니다.

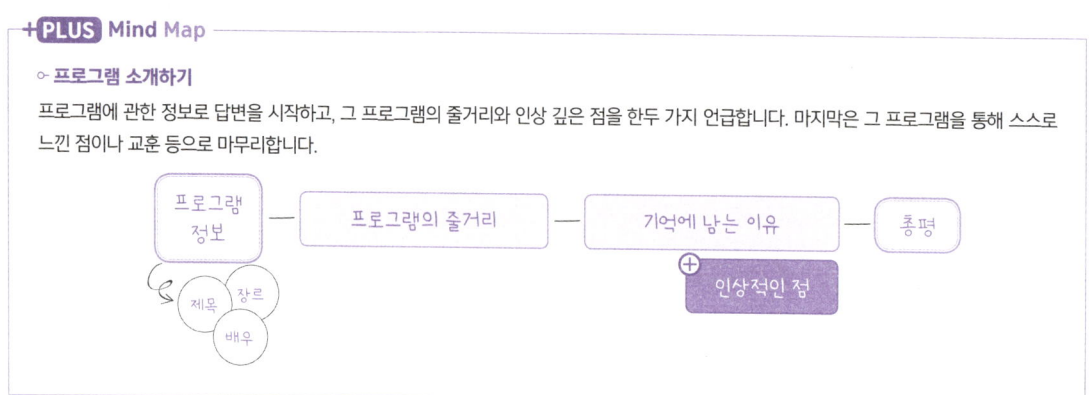

Who's your favorite actor or actress? Tell me something interesting that you heard about the actor or actress in the news. When did you hear about it? What was it about? Why was it interesting?

당신이 가장 좋아하는 배우는 누구입니까? 뉴스에서 들었던 그 배우에 관한 흥미로운 사실을 말해주세요. 언제 그 뉴스를 들었습니까? 무엇에 관한 것이었습니까? 왜 그것이 흥미로웠습니까?

샘플답변

My favorite actor is Paul Rudd. He starred in the Marvel action movie *Ant-Man*. Over his career, Paul Rudd made a name for himself in comedies. *Ant-Man* was actually his first action movie.

After the movie, I watched the extra trailers that showed the movie's cast and crew. That's when I learned that Paul Rudd began training six months in advance to do action scenes. I know many movie stars do a lot of work for movies, but they usually stay within the genres they are used to. But Paul Rudd stepped out of his comfort zone and worked extra hard to do his action scenes.

Another interesting fact I learned was that he wrote parts of the dialogue in *Ant-Man and The Wasp*, the sequel to *Ant-Man*. The action-packed movie was a lot of fun to watch because of the funny dialog. I was impressed. Not only is Paul Rudd a talented actor and comedian, but he's also a very talented writer.

Since finding out all this, I've become a big fan of his.

▶ **포인트**

좋아하는 배우의 이름과 그 배우가 나온 작품을 소개합니다. 그 배우가 세계적으로 유명한 배우든, 우리나라에만 알려진 배우든 문제되지 않습니다. 그 배우에 대한 뉴스를 접한 계기와 그에 대한 사실, 그리고 그로 인해 느낀 점이나 의견으로 마무리합니다.

AL Expression

make a name for oneself　이름을 떨치다
cast and crew　출연자 및 제작진
comfort zone　안락한 영역
sequel to　~의 속편

제가 가장 좋아하는 배우는 폴 러드입니다. 그는 마블의 액션 영화 <앤트맨>에 나왔습니다. 경력을 통틀어 폴 러드는 코미디 영화에서 이름을 떨쳤습니다. <앤트맨>은 사실 그의 첫 번째 액션 영화였습니다. 영화를 보고 난 후, 저는 제작진과 출연진에 대한 트레일러 영상을 보았습니다. 그때 저는 그가 영화에서 액션 장면을 하기 위해 6개월 전부터 훈련을 시작했다는 것을 알았습니다. 많은 배우가 영화를 위해 여러 가지 작업을 하지만, 일반적으로 자기에게 익숙한 장르 내에 머물러 있습니다. 그러나 폴 러드는 자신의 편안한 영역에서 벗어나 액션 장면을 위해 더 노력했습니다. 제가 알게 된 또 다른 흥미로운 사실은 <앤트맨>의 속편인 <앤트맨과 와스프>의 대사 일부를 그가 썼다는 것입니다. 그 액션으로 가득한 영화는 웃긴 대화 때문에 무척 재미있었습니다. 저는 감명을 받았습니다. 폴 러드는 재능 있는 배우이자 코미디언일 뿐만 아니라 매우 재능 있는 작가이기도 합니다. 이 모든 것을 알게 된 이후, 저는 그의 열렬한 팬이 되었습니다.

+PLUS **Mind Map**

⊶ **기존 정보와 새로운 정보**

이야기할 배우를 선정했다면 그의 커리어와 관련한 기존 정보를 간략하게 준비합니다. 문제가 요구하는 것은 새로운 뉴스이기 때문에 그 부분에 더 집중합니다. 뉴스의 내용과 함께 그 뉴스를 접한 경로를 밝히고, 느낀 점을 정리해 보세요.

```
                        ┌─ 기본 정보 ──── 흥미로운 뉴스 ─┐
            배우 ───────┤         ⊕              ⊕       │
                        │     필모그래피      뉴스를 접한 경로 │
                        │                              │
                        └     주요 캐릭터       의미, 나의 느낌 ┘
```

UNIT 13
음식·외식

설문조사의 취미에 속하는 [요리하기]와 별도로, 주로 우리나라의 전통 음식이나 주식에 관한 문제가 여기에 속합니다. 외식의 경우는 외식을 하는 식당과 관련해서 문제가 출제될 수 있습니다. 둘의 공통점은 먹는 것입니다. 어떤 문제가 출제되는지 살펴보고, 답변을 준비해 보세요.

미리 생각해보기

| 우리나라의 주식과 가장 인기 있는 음식 | 우리나라의 전통 음식 | 오늘 먹은 음식 | 최근 가족과 식사한 경험 | 개인 음식점과 프랜차이즈 음식점 |

기출문제   우리나라의 음식

◀» MP3 122

Can you tell me about the food in your country? What is the staple food? Do you eat the staple food at every meal? What kind of food is popular in your country?

당신의 나라의 음식에 관해 말해줄 수 있습니까? 주식은 무엇입니까? 매끼마다 주식을 먹습니까? 어떤 종류의 음식이 인기입니까?

샘플답변

Koreans traditionally tend to eat their meals based on white rice. The rice is accompanied by some meat such as beef or pork, some fish such as mackerel, some stew such as doenjang, and some side dishes of seasoned vegetables such as kimchi. This makes up the standard Korean home cooking. Most Koreans would eat daily in this way.

But if they go out, they might eat more restaurant specialties or even foreign foods. Some popular Korean foods foreigners might like include bibimbap, kimbap, and bulgogi, also known as Korean barbeque. Younger Koreans like to eat these but also western foods such as burgers, pizza, pasta, and various ethnic foods including Indian curries, Japanese sushi, or Vietnamese noodles.

I personally like Korean foods since I am Korean. But I also enjoy eating cuisine from other countries as well such as burgers or donkatsu, a fried pork cutlet.

▶ **포인트**

우리나라 사람들이 일반적으로 먹는 음식에 대해서는 가정에서 먹는 전형적인 밥상을 소개하는 것으로 답변할 수 있습니다. 여기에 세대별 인기 있는 음식, 외국인에게 인기 있는 한국의 음식, 내가 선호하는 음식에 대한 내용을 추가합니다.

AL Expression

seasoned 양념한
various ethnic foods 다양한 민족 음식
cuisine from other countries 다른 나라의 요리

한국인들은 전통적으로 흰 쌀밥을 먹는 경향이 있습니다. 쌀밥에 소고기나 돼지고기와 같은 고기, 고등어 같은 생선, 된장찌개 같은 찌개, 김치 같은 양념된 야채 반찬을 함께 먹습니다. 이것이 한국의 표준적인 가정 요리입니다. 대부분의 한국인은 매일 이렇게 먹습니다. 그렇지만 밖에서는 식당의 특별 요리나 외국 음식을 더 먹기도 합니다. 비빔밥, 김밥, 한국식 바비큐라고 하는 불고기 등은 외국인도 좋아할 만한 인기 있는 한국 음식입니다. 젊은이들은 이런 음식도 즐겨 먹지만, 햄버거와 피자, 파스타, 인도 카레나 일본 스시, 베트남 국수 등 다양한 민족의 음식을 먹는 것도 좋아합니다. 저는 한국인이기 때문에 개인적으로 한국 음식을 좋아합니다. 그렇지만 햄버거나 돼지고기 튀김인 돈가스 같은 다른 나라에서 온 음식을 먹는 것도 좋아합니다.

Tell me about a restaurant you ate out at recently. What kind of restaurant was it? What kind of food did it offer? What did you eat? Whom did you eat with?

당신이 최근에 외식한 식당에 대해 말해주세요. 어떤 종류의 식당이었습니까? 그 식당은 어떤 음식을 제공합니까? 당신은 어떤 음식을 먹었습니까? 누구와 함께 먹었습니까?

샘플답변

I recently ate out at an Indian restaurant called New Delhi. It's located near my house and I went there with a friend. It has the <u>usual selection</u> of curries you find at Indian restaurants.

There are tikka masala curries with options for vegetarian, chicken, lamb, or beef. There are the choices of naan bread such as plain, butter, or garlic. One feature of this restaurant is that every curry dish comes with rice, <u>regardless of whether</u> you order naan or not. One of my favorite curries is a spinach curry. I ordered that along with plain naan. There are also a few meat dishes such as tandoori chicken, or chicken kabab. There are appetizers such as samosa and drinks such as the yogurt drink lassi.

I like their food, and the staff there is great. They are Indian but speak Korean pretty well. And their service is <u>consistently good</u>.

▶ **포인트**

최근에 외식을 한 식당에 대해 육하원칙에 맞추어 이야기하는 것으로 시작합니다. 마지막은 그곳에서 먹은 음식과 서비스에 대한 의견으로 마무리합니다.

AL Expression

usual selection   흔한 메뉴
regardless of whether   ~ 여부에 상관없이
consistently good   일관되게 좋은

저는 최근에 뉴델리라는 인도 음식점에서 식사를 했습니다. 저희 집 근처에 있어서 친구와 함께 갔습니다. 그곳에는 인도 음식점에서 흔히 볼 수 있는 카레가 있습니다. 채식주의 음식이나 닭고기, 양, 소고기를 선택할 수 있는 티카 마살라 카레가 있습니다. 난은 일반, 버터 맛, 마늘 맛을 선택할 수 있습니다. 이 특별한 식당의 특징은 난 주문 여부와 상관없이 모든 카레 요리에 밥이 제공된다는 것입니다. 제가 가장 좋아하는 카레는 시금치 카레입니다. 저는 난과 함께 그 카레를 주문했습니다. 탄두리 치킨, 닭고기 케밥 같은 몇 가지 고기 요리도 있습니다. 사모사와 같은 전채와 요구르트 음료인 라씨 같은 음료도 있습니다. 저는 그곳의 음식을 좋아합니다. 그리고 그곳의 직원들은 훌륭합니다. 직원들은 인도 사람이지만 한국말을 꽤 잘합니다. 그리고 그곳의 서비스는 일관되게 좋습니다.

+PLUS Mind Map

⟜ **식당의 음식**

경험에 관한 답변이므로 육하원칙을 살려서 방문한 식당을 소개하는 것으로 시작합니다. 이어서 그 식당의 음식과 특징, 내가 먹은 음식에 관해 중점적으로 준비합니다.

```
        식당              식당의 음식        총평
        소개
     언제 위치 특징      ①  주요 메뉴  +부메뉴
       누구와  왜        ②  음식의 특징
                         ③  내가 먹은 음식
```

Talk about your experience of going to a chain restaurant and a local restaurant. What was the difference? Give me specific examples of the difference.

지역 음식점과 체인 음식점에 가본 경험을 말해주세요. 어떤 것이 달랐습니까? 자세한 예를 들어 차이점을 말해주세요.

샘플답변

I eat out a lot with my family and some of the places we go are chain restaurants while others are local restaurants.

There is a clear distinction between the two. One major difference is that chain restaurants are contracted with credit cards companies and they have all sorts of discount deals for customers with a certain credit card. Local restaurants, in comparison, do not have credit card discounts.

The other difference is that waiters and waitresses of a big chain restaurant usually wear uniforms and they are trained to act and talk in a particular way. There is less chance of being served by a rude waiter or waitress.

I don't have a preference of one over the other. The biggest reason for my choosing a restaurant depends on the quality of the food served.

▶ **포인트**

지역 음식점과 체인 음식점에는 분명한 차이점이 있음을 밝히면서 시작합니다. One major difference is that ~, The other difference is that ~으로 일목요연하게 정리할 수 있습니다. 대표적인 차이 한 가지를 준비해 그에 대해 중점적으로 다루고, 이어서 부수적인 차이점들을 추가합니다.

AL Expression

in comparison 비교하면
There is less chance of ~할 일이 별로 없다
have a preference of one over the other 어느 한 가지를 선호하다

저는 가족과 외식을 많이 하며, 우리 가족이 가는 곳 중 일부는 체인 음식점이고 나머지는 지역 음식점입니다. 두 음식점 사이에는 분명한 차이점이 있습니다. 가장 큰 차이점은 체인 음식점은 신용카드 회사와 계약을 맺고 특정 카드 사용자들에게 온갖 종류의 할인을 해준다는 것입니다. 반면, 지역 음식점은 카드 할인이 없습니다. 다른 차이점은 큰 체인 음식점의 점원들은 유니폼을 입고 특정 방식으로 행동하고 말하도록 교육받는다는 것입니다. 무례한 점원에게 접대받을 일이 더 적습니다. 저는 어느 한 곳을 더 선호하지는 않습니다. 제가 음식점을 고르는 가장 큰 이유는 그들이 제공하는 음식의 질입니다.

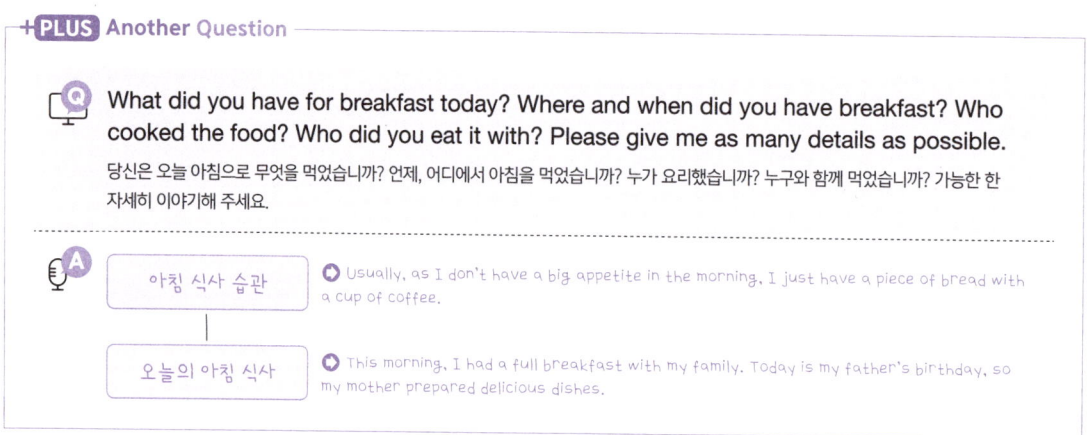

+PLUS Another Question

Q **What did you have for breakfast today? Where and when did you have breakfast? Who cooked the food? Who did you eat it with? Please give me as many details as possible.**

당신은 오늘 아침으로 무엇을 먹었습니까? 언제, 어디에서 아침을 먹었습니까? 누가 요리했습니까? 누구와 함께 먹었습니까? 가능한 한 자세히 이야기해 주세요.

A 아침 식사 습관 ⟶ **◑** Usually, as I don't have a big appetite in the morning, I just have a piece of bread with a cup of coffee.

오늘의 아침 식사 ⟶ **◑** This morning, I had a full breakfast with my family. Today is my father's birthday, so my mother prepared delicious dishes.

UNIT 14
여가활동

휴일이나 주말, 또는 자유시간에 하는 개인적인 취미활동뿐만 아니라, 고난도 문제로는 우리나라 사람들이 여가시간에 주로 하는 활동, 여가활동의 추세, 변화에 대해 묻기도 합니다. 여가활동이 특별하지 않아도 됩니다. 일상적이고 평범한 활동들도 답변으로 괜찮습니다.

미리 생각해보기

| 최근에 친구나 가족과 즐겼던 여가활동 | 우리나라에서 인기 있는 여가활동과 장소 | 우리나라 여가활동의 변화 | 여가활동의 중요성 | 우리나라의 계절별 여가활동 |

기출문제   우리나라의 여가활동

🔊 MP3 **125**

Tell me about some places where people in your country usually spend their free time. Where are popular free-time locations in your country? Why are the places popular? What do people in your country do there?

당신의 나라에서 사람들이 주로 여가시간을 보내는 장소에 대해 말해주세요. 여가시간을 보내는 데 가장 인기 있는 곳은 어디입니까? 왜 그곳이 인기가 있습니까? 사람들은 거기에서 무엇을 합니까?

샘플답변

Overall, Koreans are very social. We like to go out to meet people and chat.

An interesting thing about Koreans is that we drink a lot of coffee. Korea is one of the biggest in the world to consume coffee. And no matter where you go in Korea, city or countryside, you will always be able to find coffee shops, big and small, chain or privately owned. So there are always plenty of people at these shops sitting around, sipping coffee and chatting away. Friends meet up to hang out, blind dates are held, families come to take a break, couples sit hand in hand, businesspeople come to drink coffee after lunch, moms meet up and talk about their kids, all at the coffee shops! Some people come to read books or work on their laptops.

Nevertheless, cafés and coffee shops are a big part of people's daily routine and lifestyles in Korea.

▶ **포인트**

우리나라 사람들이 여가시간을 주로 보내는 장소로 우리 주변에서 흔히 볼 수 있는 카페를 말할 수 있습니다. 그 외에도 영화관이나 노래방과 같은 실내, 또는 산이나 강, 바다 같은 실외를 준비할 수도 있습니다. 어떤 장소를 고르든 마지막은 그 장소에 대한 의견으로 정리합니다.

AL Expression

consume coffee 커피를 마시다
privately owned 개인이 소유한
be a big part 큰 부분이 되다

전반적으로, 한국인은 매우 사교적입니다. 우리는 밖에서 사람들을 만나고 대화하는 것을 좋아합니다. 흥미로운 점은, 한국인은 커피를 아주 많이 마신다는 것입니다. 한국은 커피 소비량이 가장 많은 나라 중 하나입니다. 당신이 어디를 가든, 도시든 시골이든, 크든 작든, 체인점이든 개인이 운영하든, 항상 커피숍을 찾을 수 있을 것입니다. 거기에는 항상 많은 사람들이 둘러앉아 커피를 마시며 대화하고 있습니다. 친구와 놀기 위해 만나든, 소개팅이 잡히든, 가족이 휴식을 취하러 오든, 커플이 손을 잡고 앉아 있든, 직장인들이 점심을 먹고 난 뒤 커피를 마시러 오든, 엄마들이 자녀에 대한 대화를 하며 만나든, 다 커피숍에서 합니다! 어떤 사람들은 책을 읽으러 오거나 노트북으로 일을 하러 오기도 합니다. 그렇지만 한국에서 카페와 커피숍은 사람들의 일상과 삶의 방식에 큰 일부분입니다.

What do people in your country do in their free time? How do they spend time with their family or friends? What are the popular free-time activities in your country? What is special about those activities?

당신의 나라에서 사람들은 여가시간에 무엇을 합니까? 가족이나 친구와 어떻게 시간을 보냅니까? 당신의 나라에서 인기 있는 여가활동은 무엇입니까? 그러한 활동의 특별한 점은 무엇입니까?

샘플답변

Despite working long hours, many people have lots of options for leisure activities in Korea, and Seoul in particular. People are able to enjoy nature in all the four seasons easily even in the city. Seoul has parks and mountains where they can view the spring flowers, the summer leaves, the autumn colors, and even the winter snow. For more indoor pleasures, Seoul has no shortage of restaurants, cafés, shopping malls, singing rooms called noraebang, PC bangs, and movie theaters where friends and families can hang out.

Adventurous people like to travel outside the city to hike mountains, visit amusement parks, or stay at resort hotels where children can swim in the pool or run around on the beach. They may even do these things outside the country. Overseas trips during the crowded holidays are a recent trend.

I like all these options, especially going around photographing nature and sharing the photos with friends.

▶ **포인트**

우리나라 사람들은 여전히 가장 오래 일한다고 하지만 과거에 비해 여가시간이 늘어난 것은 사실입니다. 그만큼 여가활동도 다양해지고 있습니다. 모든 여가활동을 열거할 수는 없지만, 도시와 교외(해외)로 나누어 장소마다의 특징적인 여가활동들을 언급할 수 있습니다. 끝은 내가 좋아하는 여가활동을 언급하면서 마무리합니다.

AL Expression

view ~를 보다
have no shortage of 부족하지 않다
recent trend 최신 경향

장시간 일을 하긴 하지만, 많은 사람들이 한국, 특히 서울에서 다양한 여가활동을 할 수 있습니다. 사람들은 도시에서도 사계절의 자연을 쉬이 즐길 수 있습니다. 서울에는 공원과 산에서 봄꽃, 여름의 푸르름, 가을의 색, 겨울의 눈을 볼 수 있습니다. 실내에서의 여가생활로, 서울에는 친구와 가족이 놀 수 있는 식당과 카페, 쇼핑몰, 노래방이라고 하는 노래를 부를 수 있는 곳, PC방, 영화관이 전혀 부족하지 않습니다. 모험을 좋아하는 사람들은 도시를 벗어나 산을 오르거나 놀이공원을 방문하고, 아이들이 수영장에서 수영하거나 해변에서 뛰어다닐 수 있는 리조트 호텔에 머무는 것을 좋아합니다. 해외에서도 이러한 활동을 할 수 있습니다. 혼잡한 휴가 기간에 가는 해외여행이 최근의 추세입니다. 저는 이 모든 활동들을 좋아합니다. 특히 자연을 사진에 담고 그 사진을 친구들과 공유하는 것을 좋아합니다.

+**PLUS** Advanced Vocab

∘ **여가활동**

go shopping 쇼핑 가다	go to the beach 해변에 가다
play sports 운동을 하다	get a tan 살을 태우다
go on a trip 여행을 가다	enjoy water sports 수상 스포츠를 즐기다
go on a picnic 소풍을 가다	go to a water park 워터파크에 가다
go to the suburbs 교외로 나가다	go hiking and maple-viewing 등산을 가서 단풍놀이를 하다
attend the spring flower festival 봄꽃 축제에 가다	take a trip to a farm 농장 체험 학습을 가다
enjoy arboretums 수목원에 가다	go skiing or snowboarding 스키나 스노보드를 타다
plant trees 나무를 심다	ice-skate 아이스 스케이트를 타다
do light exercise 가벼운 운동을 하다	have a snowball fight 눈싸움을 하다
ride a bike in the park 공원에서 자전거를 타다	go to a hot spring 온천에 가다

Did you have some free time in the past? Do you have more free time now? How has the way you spend your free time changed over time?

과거에 여가시간을 가진 적이 있었습니까? 지금 여가시간이 더 많습니까? 당신의 여가시간은 어떻게 변했습니까?

샘플답변

The way I spend my free time has changed over the years. Back then, free time was a luxury. Until a year ago, I was working full time and going to school at night. And I was taking a full class load. So free time was hard to come by. When I did have some free time, I would meet friends and have a meal together. I wanted to be more active, but I just didn't have the time.

Now that I'm done with school, my evenings and weekends are free from classes and assignments. One big change is that I've become more active. For example, on weekends, I go rock climbing with my friends or take trips to different places like Jeju Island.

Since I don't have to spend time on schoolwork, I try to use the extra time to enjoy life to the fullest. It helps me to reenergize to be more productive when I return to everyday life.

▶ **포인트**

과거와 현재의 차이점으로 달라진 여가시간의 양과 그로 인해 여가활동이 바뀐 것을 준비할 수 있습니다. 과거에 바빠서 여가시간이 거의 없었기에 잘 즐기지 못했지만, 현재에는 여가시간이 많아져서 다양한 여가활동을 할 수 있고, 그래서 삶의 질이 좋아졌다는 내용으로 답변을 갈무리할 수 있습니다.

AL Expression

take a full class load 최대 학점을 듣다
hard to come by 구하기 어려운
to the fullest 최대로

제가 여가시간을 이용하는 법은 수년에 걸쳐 변했습니다. 전에는 여가시간이 사치였습니다. 1년 전까지 저는 풀타임으로 근무를 하고 저녁에는 학교를 다녔습니다. 그리고 저는 수업을 꽉 차게 들었습니다. 그래서 여가시간을 내기가 어려웠습니다. 시간이 있을 때, 친구를 만나서 같이 식사를 했습니다. 저는 항상 더 활동적이고 싶었지만, 그럴 시간이 없었습니다. 지금은 학교를 마쳤고, 저의 저녁과 주말은 수업과 과제로부터 자유로워졌습니다. 가장 큰 변화는 더 활동적으로 되었다는 것입니다. 예를 들어, 주말에는 친구들과 암벽 등반을 하거나 제주도 같은 곳으로 여행을 떠납니다. 학교 과제에 시간을 들일 필요가 없어지면서, 인생을 최대로 즐기는 데 여가시간을 쓰려고 노력하고 있습니다. 그렇게 하면 재충전이 돼서 일상으로 돌아왔을 때 더 생산적이 됩니다.

+PLUS Mind Map

◇ **상황의 변화**

여가활동에 변화가 있었다면 그것은 나의 상황이 달라졌기 때문일 것입니다. 과거와 현재의 달라진 상황을 언급해 주세요.

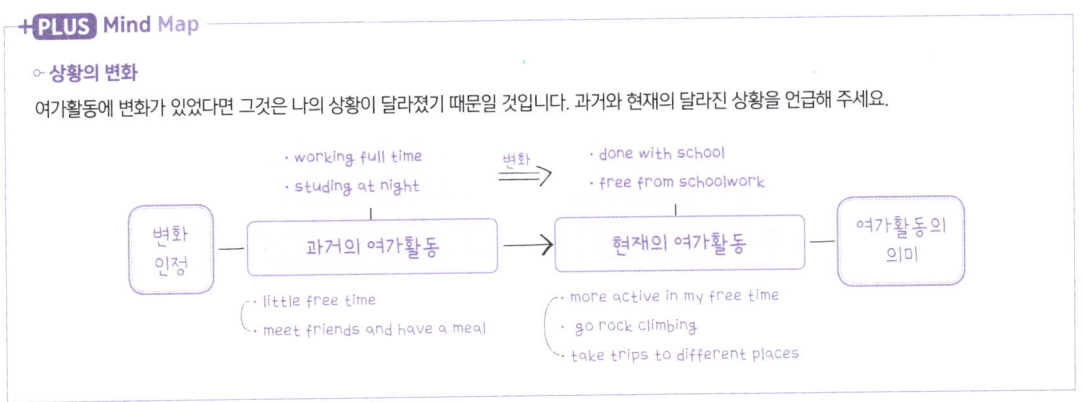

UNIT 15
독서

독서를 특별히 좋아하지 않는 사람들도 책을 읽기는 읽습니다. 그래서 독서에 관해 미리 생각을 정리해 둔다면 돌발주제로 받았을 때 어려움 없이 답할 수 있는 주제이기도 합니다. 우선 자신의 독서 패턴과 좋아하는 책(줄거리와 교훈), 좋아하는 작가와 문체에 관해 정리해 보세요.

미리 생각해보기

| 독서하는
빈도와 장소 | 인상 깊게
읽은 책 | 즐겨 읽는 장르의
특징 | 좋아하는 작가와
문체 | 어릴 때 읽은 책과
지금 읽는 책 |

기출문제 독서의 계기와 변화 ◀)) MP3 128

How did you first become interested in reading? When was it? Did anyone influence you? How has your interest in reading changed over the years?

독서에 처음 흥미를 갖게 된 계기가 무엇입니까? 언제였습니까? 누가 영향을 줬습니까? 수년간 독서에 대한 관심은 어떻게 변했습니까?

샘플답변

My friend got me interested in reading when I was in elementary school.

She was an avid reader. She always had a book in her hand wherever she was. She would tell me about the stories from her books and that made me want to read. She encouraged me to read and books became another common interest we shared together. At first, my best friend recommended a few books to me and I began with those. And I fell in love with books.

Since then, I have read books of various genres; I started with fiction but read a lot of science fiction and non-fiction when I was in college. But I always go back to fiction. It's my favorite genre.

Some books can be boring. But I've discovered that even if they are boring there's always something to learn from whatever book you read.

▶ **포인트**

누가 영향을 주었고, 계기가 된 시기가 언제인지에 대한 내용으로 답변을 시작합니다. 나의 독서에 영향을 준 인물을 언급하고, 책의 장르를 중심으로 취향의 변화를 말합니다.

AL Expression

avid reader 독서광
common interest we shared together 우리가 나눴던 공통의 관심사
book of various genres 다양한 장르의 책

초등학교 시절에 친구가 저를 독서로 이끌었습니다. 그녀는 열렬한 독서가여서, 어디에 있든 손에 책을 들고 있었습니다. 그녀는 저에게 책의 줄거리를 얘기해 줬는데, 그로 인해 저는 책이 읽고 싶었습니다. 그녀는 제가 책을 읽도록 권했고, 곧 책은 저희가 공유하는 공통의 관심사가 되었습니다. 처음에는 그 친구가 책을 몇 권 추천해 주어서, 저는 그 책들부터 읽기 시작했고 책과 사랑에 빠졌습니다. 그 후, 저는 다양한 장르의 책을 읽기 시작했습니다. 저는 소설부터 읽었는데, 대학교에 다닐 때에는 공상과학과 논픽션을 많이 읽었습니다. 하지만 항상 소설로 돌아옵니다. 소설은 제가 가장 좋아하는 장르입니다. 어떤 책은 지루할 수 있습니다. 하지만 저는 지루하더라도 어떤 책이든 간에 배울 만한 것이 항상 있다는 것을 알게 되었습니다.

Who is your favorite author? What kinds of books did he or she write? Why do you like the author?

당신이 가장 좋아하는 작가는 누구입니까? 그 사람은 어떤 책을 썼습니까? 왜 그 작가를 좋아합니까?

샘플답변

I like Antoine de Saint-Exupery, the author of *The Little Prince*. His style of writing left a lasting impression on me ever since I read him as a teenager.

One characteristic is his imaginativeness. The young prince in the book lives on a small planet alone. Later, he has a strained relationship with a flower. He tries to make the flower happy but the flower refuses to act happy. Eventually, he has to leave the flower because it causes him too much grief.

Other writers may write in a more straightforward manner about people and relationships. But this type of creative metaphor appeals to readers and helps explain why the author is popular.

Another characteristic is the author's idealism. A popular quote from the book says "What is essential is invisible to the eye." It's a profound truth about life. It's a hopeful message of the author that many people are struck by.

▶ **포인트**

좋아하는 작가와 가장 감명 깊은 작품에 대한 평가로 답변을 시작합니다. 그 작가의 특징에 대해 두 가지 준비합니다. One characteristic is ~와 Another characteristic is ~로 그 작가를 좋아하는 이유를 일목요연하게 정리하여 말합니다. 샘플답변에서와 같이 다른 작가와의 비교, 인용구 언급을 통해 작가의 특징을 드러낼 수 있습니다.

AL Expression

leave a lasting impression
지워지지 않는 인상을 남기다
in a straightforward manner
곧이곧대로
be struck by ~에 감명을 받다

저는 <어린 왕자>의 저자인 생텍쥐페리를 좋아합니다. 그의 글쓰기 스타일은 제가 십 대 때 그의 작품을 읽은 이후 깊은 인상으로 남아 있습니다. 특징 한 가지는 그의 상상력입니다. 이 책의 어린 왕자는 작은 행성에서 혼자 살고 있습니다. 나중에 왕자는 꽃과 팽팽한 긴장 상태에 놓입니다. 그는 꽃을 행복하게 해주려고 하지만 꽃은 행복한 것처럼 행동하기를 거부합니다. 꽃이 어린 왕자를 너무 슬프게 해서, 결국 그는 꽃을 떠나고 맙니다. 다른 작가들은 인간과 관계에 대해서 보다 곧이곧대로 글을 쓸 것입니다. 그러나 이러한 독창적인 은유가 독자에게 호소력을 발휘하고, 이것으로 저자가 인기 있는 이유가 설명됩니다. 또 다른 특징은 저자의 이상주의입니다. "중요한 것은 눈에 보이지 않는다." 이 책의 인기 있는 인용문입니다. 이는 삶에 대한 심오한 진리입니다. 그것은 많은 사람들이 감명받은 저자의 희망찬 메시지입니다.

+ PLUS Mind Map

➥ 좋아하는 작가 소개하기

좋아하는 작가와 그의 대표작에 대해 설명하고, 그 작가를 좋아하는 이유를 작품의 줄거리나 특징을 이용해서 두세 가지 정도 준비합니다.

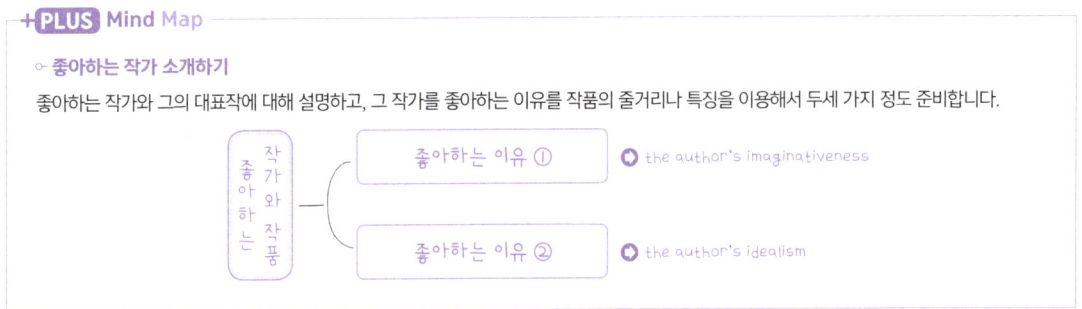

Have any books had a positive effect on you? I'd like to know about one of those books. When did you come to read the book? What was the book about? How has reading that book affected your life?

당신에게 긍정적인 영향을 준 책이 있습니까? 그중 한 권에 관해 알고 싶습니다. 언제 그 책을 읽었습니까? 그 책은 무엇에 관한 것이었습니까? 그 책을 읽은 것이 당신의 삶에 어떤 영향을 끼쳤습니까?

샘플답변

I have recently read a book called *The Twelve Footprints* by a scientist. I had bought it a few months ago and finished reading the whole book that same night.

I read this book because I liked the writer. He appears on TV and talks about different kinds of stuff including his subject of study, which is the brain. I find him to be quite a story-teller and a smart person. So I wanted to see what the book had to offer.

My expectations were not disappointed. I liked all the scientific research and study results that backed up some life advice he was giving. I thought it was brilliant how he connected science with our everyday behaviors and tried to explain why we feel a certain way about things.

I feel like this book can entertain as well as enlighten adults of any age group. I highly recommend it to anyone looking for a good read.

▶ **포인트**

긍정적인 영향을 책이 있음을 인정하며, 책의 제목과 작가에 대한 내용으로 시작합니다. 문제에서 원하는 대로 그 책을 언제 읽었으며, 읽게 된 계기, 그리고 나에게 준 영향과 좋아하는 이유에 대해 정리합니다. 마지막으로 그 책을 통해 얻은 것이나 누군가에게 추천해 주고 싶다는 말로 마무리할 수 있습니다.

AL Expression

back up ~를 뒷받침하다
feel a certain way about
~에 대해 어떤 식으로 느끼다
entertain as well as
enlighten 깨우치게 할 뿐만 아니라 즐거움을 주다

저는 최근에 어떤 과학자가 쓴 <열두 발자국>이라는 책을 읽었습니다. 저는 몇 달 전에 그 책을 사서 그날 밤에 다 읽었습니다. 이 책은 저자가 좋아서 읽었습니다. 그는 TV에 출연해서 자기의 연구 주제인 뇌를 포함한 다양한 것들을 이야기합니다. 저는 그가 좋은 이야기꾼이자 똑똑한 사람이라고 생각합니다. 그래서 그 책이 전하는 것이 무엇인지 알고 싶었습니다. 제 기대를 저버리지 않았습니다. 그가 제시하는 삶의 조언들을 뒷받침하는 모든 과학 조사나 연구 결과들이 좋았습니다. 저는 그가 과학과 우리 일상의 행동을 연결해서, 우리가 어떤 것에 대해 왜 그런 식으로 느끼는지를 설명하려 했다는 점이 멋지다고 생각했습니다. 이 책은 모든 연령대의 성인들을 깨우칠 뿐만 아니라 재미있게 할 수 있으리라 생각합니다. 좋은 책을 찾고 있는 사람이 있다면 저는 이 책을 적극 추천합니다.

+PLUS Mind Map

∽ **책 소개하기**

책에 대한 정보로 시작하여, 그 책을 읽게 된 동기와 읽고 난 후의 감상을 밝힌 후, 마지막에 추천의 말을 덧붙입니다.

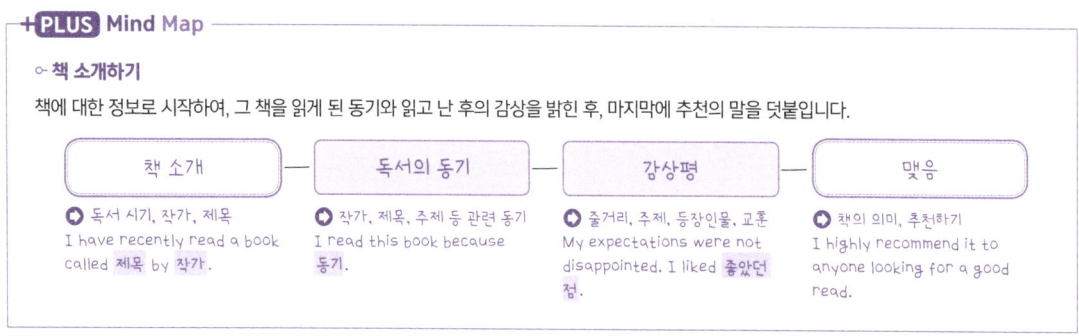

책 소개	독서의 동기	감상평	맺음
● 독서 시기, 작가, 제목 I have recently read a book called 제목 by 작가.	● 작가, 제목, 주제 등 관련 동기 I read this book because 동기.	● 줄거리, 주제, 등장인물, 교훈 My expectations were not disappointed. I liked 좋았던 점.	● 책의 의미, 추천하기 I highly recommend it to anyone looking for a good read.

UNIT 16
약속

롤플레이 형식에서 직접 전화하여 약속을 잡는 것과는 다른 주제입니다. 돌발주제에서의 약속은 약속에 대한 여러분의 생각이나 경험을 묻습니다. 예를 들어, 나는 주로 어떤 약속을 누구와 하는지, 약속할 때 고려하는 점은 무엇이고, 약속을 지키지 못했던 경험이 있는지에 대해 생각해 보아야 합니다.

미리 생각해보기

| 가장 최근에 했던 약속 | 약속을 지키지 못했던 경험 | 약속을 할 때 고려해야 할 점 | 약속을 잡는 과정 | 업무적인 약속과 친구와의 약속 |

기출문제   최근에 있었던 약속

◀) MP3 131

Could you tell me about your recent appointment? Please explain who you met, when and where you had the appointment, including the things you did with the people you met.

최근에 한 약속에 대해 말해줄 수 있습니까? 누구를 만났고, 언제, 어디에서 약속을 했는지, 만난 사람들과 무엇을 했는지 모두 설명해 주세요.

샘플답변

A recent appointment was to celebrate belatedly a friend's birthday. The menu was set for chicken and beer, so I decided on the place and time.

The chicken place was new and trendy. I prepared a cake for my friend and brought it there. I sang her the birthday song and also gave her a present, some earrings which I thought would look good on her.

The café afterwards was interesting. It was a cat café. There were some cute cats playing in the middle area and some resting by the walls. We ordered drinks and watched the cats come and go. It was fun to take photos of them when they approached close.

Both venues were new and interesting to both of us, so it was a memorable birthday meeting.

▶ **포인트**

최근에 약속을 하고 누군가를 만난 경험을 이야기하면 됩니다. 친목을 위한 만남이었을 수도 있고, 비즈니스나 진료 약속이었을 수도 있습니다. 누구를, 언제, 어디에서 만났는가, 그리고 만나서 한 일을 세세히 설명하는 것이 관건입니다. 샘플답변처럼 장소 이동에 따라 순차적으로 설명할 수 있습니다. 그날의 일이나 장소에 대한 느낌으로 마무리하세요.

AL Expression

belatedly 뒤늦게
afterwards 나중에

최근에 있었던 제 약속은 친구의 늦은 생일 축하 자리였습니다. 메뉴는 치맥으로 정해졌고, 제가 장소와 시간을 정했습니다. 치킨집은 새롭고 트렌디했습니다. 친구를 위해 케이크를 사서 그곳에 가져갔습니다. 친구에게 생일 축하 노래를 불러주고, 그녀에게 어울릴 만한 귀걸이를 선물로 주었습니다. 그다음 간 카페는 흥미로웠습니다. 고양이 카페였는데, 귀여운 고양이 몇 마리는 가게 한가운데에서 놀기도 하고, 몇 마리는 벽쪽에서 쉬기도 했습니다. 우리는 음료를 주문하고 고양이들이 왔다갔다하는 것을 지켜봤습니다. 고양이들이 다가오면 사진을 찍는 게 재미있었습니다. 두 장소 모두 우리 둘 다에게 새롭고 흥미로웠기 때문에 기억에 남을 만한 생일 파티였습니다.

What steps are taken when making an appointment? What things do you need to consider when scheduling an appointment?

약속할 때 당신은 어떠한 절차를 밟습니까? 약속 시간을 정할 때 어떤 것들을 고려해야 합니까?

샘플답변

I take numerous things into consideration when I make plans or appointments.

First, I take a look at my schedule to see when I have time available. Then I call the other person and check which of those times would be best for him or her.

After deciding on a time that suits both of us, we would talk about what we want to do. For example, when I'm meeting a friend, we like to try out new restaurants or watch the newest movie.

So we would plan around the location of the restaurant or the movie showtime. Figuring out what we're going to do usually determines where we meet.

Finally, the day before the appointment, I call or message that person to remind them of our get-together. Taking these steps helps me avoid any mix-ups such as the wrong time or location.

▶ **포인트**

약속을 정할 때 절차에 대해 설명해야 하는 문제입니다. 약속할 때는 여러 가지 사항을 고려해야 한다는 말로 답변을 시작합니다. 나의 일정을 확인하고, 약속 시간을 잡고, 무엇을 할지 정하고, 약속 장소를 정하는 절차를 이야기합니다. 마지막에는 이러한 절차를 밟아서 약속을 잊거나 혼동하는 실수를 피할 수 있다는 내용으로 마무리합니다.

AL Expression

take numerous things into consideration 많은 것을 고려하다

time that suits both of us 우리 모두에게 알맞은 시간

plan around the location 장소를 중심으로 계획하다

저는 계획을 세우거나 약속을 잡을 때 많은 것들을 고려합니다. 첫째로, 제가 언제 시간이 가능한지 일정을 확인합니다. 그러고 나서 다른 사람에게 연락해서 그 사람에게 언제가 가장 좋을지 확인합니다. 서로에게 맞는 시간을 정했다면, 무엇을 할지에 대해 얘기합니다. 예를 들어, 저는 친구를 만날 때, 새로 생긴 식당에 도전하거나 최근 개봉한 영화를 봅니다. 그래서 식당 근처나 영화 시간을 중심으로 계획을 짭니다. 보통 우리가 뭘 할지를 정하는 것으로 어디서 만날지를 정합니다. 마지막으로, 약속 전날 전화나 문자로 만날 약속을 상기시켜 줍니다. 이러한 과정을 거침으로써 잘못된 시간이나 잘못된 장소 같은 실수를 피할 수 있습니다.

+PLUS Mind Map

○ **약속을 잡는 절차**
너무 일상적이고 흔해서 생각해 보지 않은 일들도 차근차근 적어 보면 답변이 풍부해집니다.

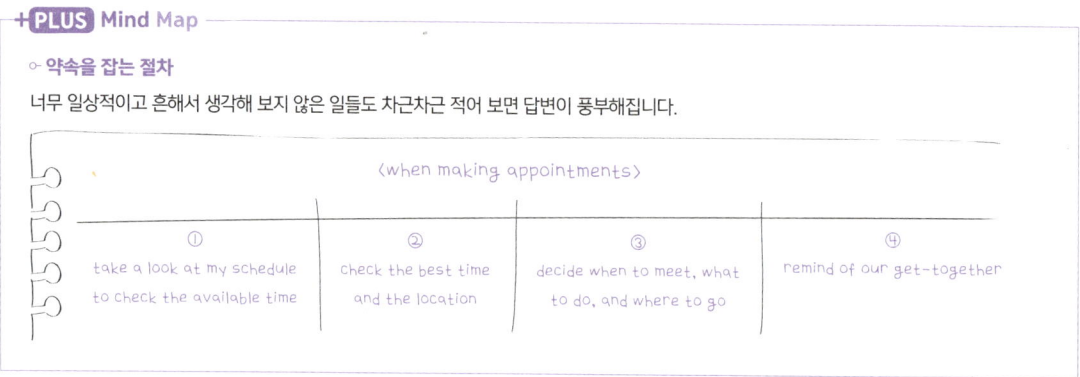

⟨when making appointments⟩

①	②	③	④
take a look at my schedule to check the available time	check the best time and the location	decide when to meet, what to do, and where to go	remind of our get-together

Appointments are made by people for a variety of reasons. Some of these include scheduling a time to go see a doctor, dentist, teacher, friend, etc. What types of appointments do you usually schedule? Who do you typically schedule appointments with? Do you find it difficult to schedule these appointments?

사람들은 여러 가지 이유로 약속을 만듭니다. 이러한 약속들은 의사, 치과의사, 선생님, 친구 등을 만나는 시간을 잡는 것을 포함합니다. 당신은 일반적으로 어떤 유형의 약속을 잡습니까? 보통 누구와 약속을 잡습니까? 이러한 약속을 잡는 것이 어렵다고 생각합니까?

샘플답변

The types of social appointments I schedule are typically meal appointments with coworkers, previous work colleagues, relatives, or just casual friends.

I schedule regular weekly appointments with coworkers since we often have things to discuss regarding work. But with other appointments, they could be just on the weekends, every month or so, every holiday period, or spontaneous. Sometimes it takes a little research to plan an interesting venue for meetings. But it's always nice to meet with others.

Meetings are usually over a meal with coffee or tea to follow. Often the restaurants or cafés themselves are of interest. They may be new places with good food or nice decor. Topics of conversation include events in our lives or mutual fields of interest.

▶ **포인트**

주로 잡는 약속의 종류와 주로 만나는 약속 상대에 대한 언급으로 시작합니다. 병원 진료가 아니고서는, 요즘에는 약속을 하면 만날 장소와 먹을 것에 대해 미리 검색해 보는 것이 필수입니다. 좋은 장소에서 시간을 보내기 위해 그 정도의 수고는 감수하는 것 같습니다.

AL Expression

spontaneous 즉흥적인
mutual field of interest 공통의 관심사

제가 만드는 사교적 약속은 일반적으로 직장동료, 이전 직장동료, 친척, 또는 편한 친구들과의 식사 약속입니다. 종종 일에 대해 논의할 것이 있기 때문에, 직장동료들과는 매주 정기적으로 약속을 잡습니다. 하지만 다른 약속들은 주말이 될 수도 있고, 매달, 휴일 기간, 또는 즉흥적으로 잡게 될 수도 있습니다. 때로는 흥미로운 약속 장소를 계획하는 데 약간의 조사가 필요하기도 합니다. 하지만 사람들을 만나는 것은 언제나 좋은 일입니다. 만나면 보통은 식사를 하고 그다음 커피나 차를 마십니다. 종종 식당이나 카페 그 자체가 관심사가 되기도 합니다. 훌륭한 음식이나 멋진 장식이 있는 새로운 장소일 수도 있습니다. 대화의 주제로는 살면서 일어나는 사건이나 공통의 관심 분야에 대한 것입니다.

+PLUS Mind Map

○ **주로 하는 약속**

약속 패턴과 함께 약속에 대한 의견을 함께 묻는 문제입니다. 샘플답변의 문장을 충분히 이용하고 나의 이야기로 내용을 보충해서 답변을 만들어 보세요.

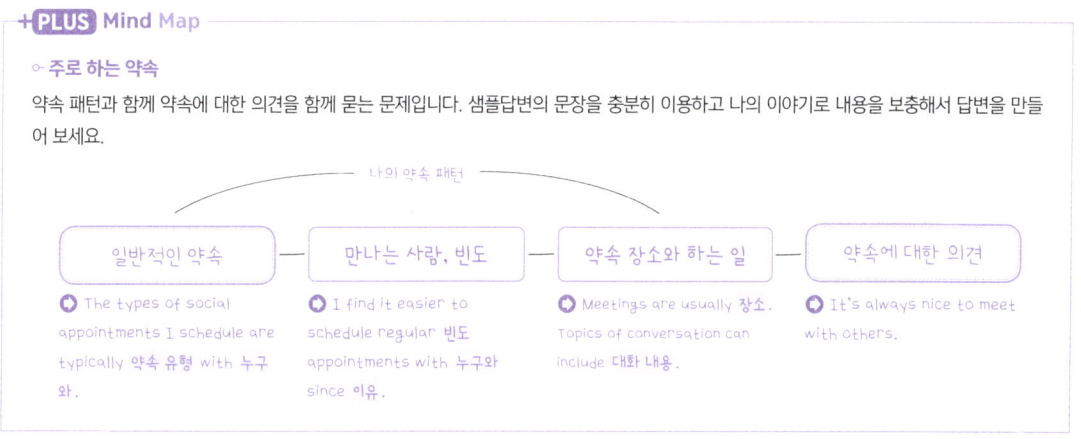

UNIT 17
쇼핑

물건을 사는 것은 누구나 하는 활동입니다. 의류, 가구, 식료품 등 다양한 쇼핑 경험이 이 돌발주제에 속합니다. 쇼핑하는 장소에 대한 문제와 쇼핑 중 어려움을 겪었던 일 등 개인적인 질문뿐만 아니라, 우리나라의 쇼핑 경향과 변화에 관해 묻기도 합니다.

미리 생각해보기

나의 쇼핑 빈도와 쇼핑 장소 | 최근 구매한 품목 | 물건 구매 후 만족하지 않았던 경험 | 과거와 현재 쇼핑 경향의 차이 | 쇼핑과 관련한 최근 이슈

기출문제   자주 가는 쇼핑 장소

◀》 MP3 134

Tell me about some stores you frequently go to for shopping. What kind of items do they sell? Why do you like to go there? How often do you go there and what do you usually buy?

당신이 자주 쇼핑하러 가는 상점에 대해 말해주세요. 그 상점에서 어떤 종류의 품목을 팝니까? 왜 그곳에 가는 것을 좋아합니까? 그곳에 얼마나 자주 가고, 주로 무엇을 삽니까?

샘플답변

I like to go clothes shopping at a mall near Sillim Station. I shop there every month or so. They have a wide selection of clothes, everything from innerwear to outerwear.

It's nice because the store is large and I can freely look around without the help of salespeople. The store takes up the entire second basement level and the shape is a simple and easy-to-navigate square. The men's and women's sections are clearly divided so there is not much confusion. The clothing is displayed clearly on shelves and on racks. The signs and clothing labels are informative and easy to read.

And there is a spacious fitting room area with 2 or 3 staff members who are quick and attentive. They also offer tailoring service for free within the hour. I often have my pants length shortened there.

▶ **포인트**

문제에서 원하는 대로 자주 가는 쇼핑 장소의 위치와 주요 품목, 가는 빈도를 한꺼번에 밝히면서 시작합니다. 그리고 그곳의 대표적인 특징을 그곳을 자주 가는 이유와 연결시켜 이야기합니다.

AL Expression

go clothes shopping
옷을 사러 가다
easy-to-navigate 찾기 쉬운
quick and attentive 빠르고 정중한

저는 신림역 근처의 몰에서 옷을 쇼핑하는 것을 좋아합니다. 한 달에 한 번 정도는 그곳에서 쇼핑을 합니다. 그곳에는 속옷부터 겉옷까지 다양한 종류의 옷이 있습니다. 가게가 크고 매장 직원들의 도움 없이 자유롭게 둘러볼 수 있어 좋습니다. 지하 2층 전체가 매장인데, 간단하고 찾아보기 쉬운 사각형입니다. 남자와 여자 섹션이 분명히 나뉘어 혼란스러울 게 별로 없습니다. 옷은 선반과 옷걸이에 깨끗하게 전시되어 있습니다. 텍과 라벨은 유익하고 읽기 쉽습니다. 넓은 피팅룸도 있는데, 빠르고 정중한 직원 두세 명이 일하고 있습니다. 또한 영업시간 내에는 무료로 재단 서비스를 제공합니다. 저는 그곳에서 종종 바지 길이를 줄입니다.

I'd like you to explain recent changes in shopping trends. Is it different from past trends? If so, what has changed? It seems like people might be shopping for various reasons, not just for buying products. I'd like to know about it in as much detail as possible.

쇼핑의 경향에서 최근 변화에 대해 설명해 주세요. 과거의 경향과 다릅니까? 그렇다면, 무엇이 변했습니까? 사람들은 단순히 상품을 사는 것뿐만 아니라 여러 가지 이유로 쇼핑을 하는 것 같습니다. 이에 대해 가능한 한 많이 알고 싶습니다.

샘플답변

The way people shop today has changed drastically over the years so that it's almost like night and day. People don't shop for the same reasons as they did in the past.

Back then, shopping was focused on necessity and practicality. For example, people went shopping for basic needs such as food and clothing. Needs outweighed wants. Sure we still shop for those things. But today, more and more people can afford to shop for "wants" in addition to their "needs." So, some people shop to relieve stress. Buying something they want, not need, helps them feel and look better. Others, who like to keep up with the Joneses, shop to keep up with constantly changing trends. This can lead to impulsive buys. And too many impulsive buys can lead to serious financial problems.

Personally, I think people need to be wise and wary when it comes to spending habits.

▶ **포인트**

과거와 현재의 쇼핑의 목적이 달라졌다는 데서 변화를 이야기할 수 있습니다. 과거에는 필요 때문에 쇼핑을 했다면 현재에는 쇼핑의 욕구가 필요를 앞서는 경향이 있는 것 같습니다. 답변의 마지막은 이러한 변화에 대한 의견으로 맺습니다.

AL Expression

like night and day 완전히 다른
keep up with the Joneses 뒤쳐지지 않으려고 하다
wise and wary 현명하고 신중하게

사람들의 쇼핑 방법은 최근 몇 년 동안 완전히 달라졌습니다. 사람들은 과거와 같은 이유로 쇼핑하지 않습니다. 예전에 쇼핑은 필요와 실용에 집중되어 있었습니다. 예를 들면, 사람들은 음식이나 옷 등의 기본적인 필요를 위해 쇼핑을 했습니다. 필요가 욕구보다 컸지요. 물론 지금도 그런 것들을 삽니다. 하지만 요즘은 많은 사람들이 '필요한' 것 외에도 '원하는' 것들을 살 여유가 있습니다. 그래서 어떤 사람들은 스트레스 해소를 위해 쇼핑을 합니다. 필요한 것이 아닌 원하는 것을 사는 것으로 기분이 좋아지고 더 나아 보이도록 합니다. 남에게 뒤쳐지지 않으려는 사람들은 최신 유행을 따라가기 위해 쇼핑을 합니다. 이것은 충동구매로 이어집니다. 그리고 너무 많은 충동구매는 심각한 재정 문제로 이어집니다. 저 개인적으로, 소비하는 습관을 가진 사람들은 현명하고 신중해야 한다고 생각합니다.

+PLUS Mind Map

◦ 쇼핑의 변화
과거와 비교하여 크게 변화한 한 가지를 중심 소재로 선택하고 구체적인 사례를 더해 보세요.

Sometimes people go through difficulties while they are shopping. What are some problems you had while you were shopping? How did you deal with the problem?

쇼핑 중에 때때로 어려운 일을 겪습니다. 당신이 쇼핑 중에 겪었던 문제점은 무엇입니까? 어떻게 그 문제를 해결했습니까?

샘플답변

It's nice to be able to shop and find the things I need. I feel a sense of accomplishment and a sense of independence in doing so. But there were two challenges I had to overcome recently.

First, my light went out in my kitchen area. It was my first time to think about where to find a replacement bulb. The smaller stores only carry small bulbs. But these were the long fluorescent ones. After a week, I finally found what I needed at a large supermarket. It was a big relief.

Second, I like to shop for clothes, but some vendors are too aggressive. As I'm walking around, they suddenly ask me to look at their selection. It surprises me and I feel the pressure to make up my mind quickly. I like to take my time a bit. Now, I found a quieter mall where I can browse around without anyone bothering me.

▶ **포인트**

지갑을 잃어버려서 쇼핑을 할 수 없다는 등의 구체적인 에피소드가 있을 수 있습니다. 딱히 그런 일이 떠오르지 않는다면 쇼핑할 때 일반적으로 겪는 어려움을 준비할 수 있습니다. 원하는 물건을 구하는 것과 나에게 맞는 가게를 찾는 것이 그 예입니다.

AL Expression

only carry　(상점에서) ~만 팔다
feel the pressure to　~해야 하는 압박을 느끼다

필요한 물건을 찾고 쇼핑하는 것은 좋습니다. 그럼으로써 저는 성취감과 독립심을 느낍니다. 그러나 최근에 저는 극복해야 했던 두 가지 난관이 있었습니다. 첫 번째, 저희 집 부엌의 전등이 나가서, 저는 생애 처음으로 전등을 어디에서 구해야 하나 생각했습니다. 작은 상점은 작은 전구만 팔았습니다. 하지만 집의 것들은 긴 형광등이었습니다. 일주일 후에야 저는 대형 슈퍼마켓에서 필요한 것을 발견했습니다. 저는 크게 안도했습니다. 두 번째로, 저는 옷을 사는 것을 좋아하지만, 어떤 판매자들은 너무 공격적입니다. 제가 걸어 다니면서 보고 있으면 갑자기 자기네 옷을 봐달라고 합니다. 그런 일은 저를 놀라게 하고 빨리 결정해야 하는 압박도 느껴집니다. 저는 조금 여유롭게 보는 것을 좋아합니다. 이제 저를 귀찮게 하는 사람 없이 둘러볼 수 있는 더 조용한 쇼핑몰을 찾아냈습니다.

+PLUS Another Question

Q **Tell me about a recent grocery-shopping trip. When and where did you go shopping? Who did you go with? What did you buy? Did anything funny or exciting happen while you were shopping? Please give me a full description.**

최근에 했던 식료품 쇼핑에 대해 말해주세요. 언제, 어디로 쇼핑을 갔습니까? 누구와 쇼핑을 했습니까? 어떤 것을 샀습니까? 쇼핑 중에 재밌거나 흥미로운 일이 있었습니까? 자세히 이야기해 주세요.

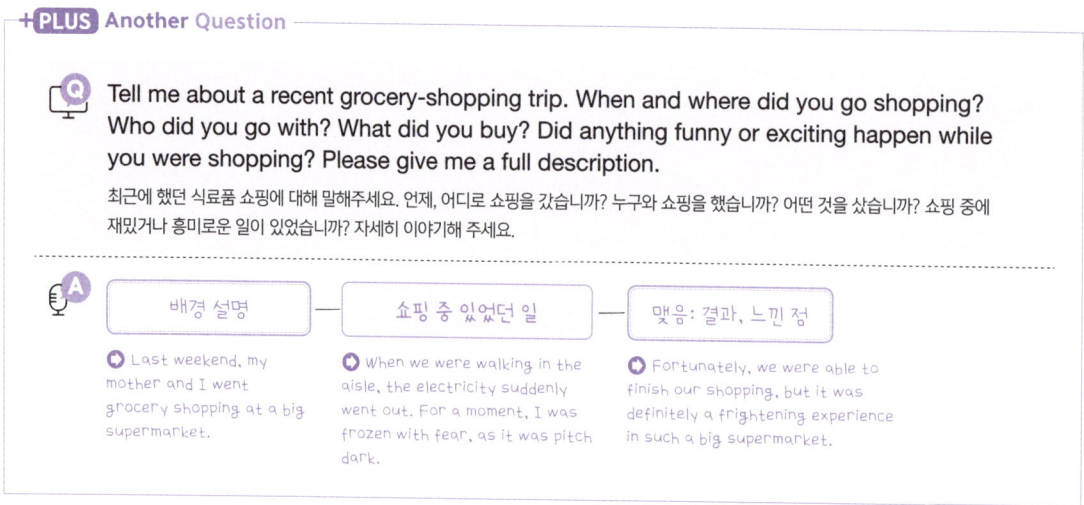

A
배경 설명 — 쇼핑 중 있었던 일 — 맺음: 결과, 느낀 점

🔵 Last weekend, my mother and I went grocery shopping at a big supermarket.

🔵 When we were walking in the aisle, the electricity suddenly went out. For a moment, I was frozen with fear, as it was pitch dark.

🔵 Fortunately, we were able to finish our shopping, but it was definitely a frightening experience in such a big supermarket.

UNIT 18
건강

건강과 관련된 경험과 함께 주변인 중 건강한 사람이 있는지, 그 사람의 생활습관은 어떤지 등 건강한 사람의 특징에 관해 묻는 문제가 빈번하게 출제됩니다. 주변에서 건강한 사람이 떠오르지 않는다면, 건강한 사람이 갖고 있는 일반적인 특징에 대해 정리해 보세요. 또한 건강과 관련된 최근 이슈에 대해서도 생각해 두어야 합니다.

미리 생각해보기

| 건강해지기 위한 나의 노력 | 건강한 사람의 습관 | 건강이 악화되었던 경험 | 사람들이 건강을 위해 하는 활동 | 건강 관련 최근 이슈 |

기출문제 건강이 악화되었던 일
🔊 MP3 137

Have you ever had a health problem? What caused your health to deteriorate? What were the symptoms of your illness? How did you overcome it? Please describe it in detail.

건강상의 문제가 있었던 적이 있습니까? 당신의 건강을 악화시킨 원인이 무엇이었습니까? 질병의 증상이 어땠습니까? 어떻게 극복했습니까? 자세히 설명해 주세요.

샘플답변

Stress is a normal part of life. But, you don't really know the toll it takes on you until it hits you like a ton of bricks.

On the last day of a big project, I was working on the finishing touches. I was tired from late nights at the office and had a terrible headache. But I pushed through and completed everything. As I was handing in my final report, I began to feel lightheaded and started having double vision. And my headache was getting worse. After work, my colleague helped me to get to my doctor. The diagnosis was exhaustion. Luckily, the treatment was easy. I just had to rest. So I called in sick the following day to recuperate.

My takeaway from this experience is to recognize the signals my body is giving me. This way, I can prevent coming down with anything more serious or having to be hospitalized.

▶ **포인트**

건강이 악화되었던 일을 육하원칙에 맞추어 이야기합니다. 그때의 증상과 치료법에 대해 설명하고, 그 경험으로 얻은 교훈을 언급하면서 답변을 마무리합니다.

AL Expression

like a ton of bricks 호되게
finishing touch 마지막 작업
feel lightheaded 어지러움을 느끼다
come down with (병에) 걸리다

우리 삶에서 스트레스는 흔합니다. 하지만 정말 호되게 당하기 전까지는 스트레스가 나에게 어떤 피해를 주는지 잘 모릅니다. 큰 프로젝트의 마지막 날, 저는 마무리 작업을 하고 있었습니다. 늦은 저녁에 회사에 있느라 피곤했고 두통이 심했습니다. 하지만 전 강행했고, 모든 것을 마무리를 지었습니다. 최종 보고서를 제출할 때, 갑자기 어지럽고 사물이 두 개로 보이기 시작했습니다. 그리고 두통은 더욱 심해졌습니다. 퇴근한 뒤, 동료가 저를 병원에 데려다줬습니다. 진단 결과, 탈진이었습니다. 운이 좋게, 치료는 쉬웠습니다. 그냥 쉬면 되는 것이었습니다. 그래서 저는 회복을 위해 다음날 병가를 냈습니다. 이번 일을 통해 제가 얻은 것은 내 몸이 나에게 주는 신호를 알아차리는 것입니다. 이로써 저는 더 심각한 병이 생기거나 병원에 입원하는 것을 예방할 수 있습니다.

Let's talk about a healthy person you know of. Why do you think the person is healthy? What does he or she look like? What are their daily routines like? What do they do or don't they do to keep their health? Tell me everything about the things that make them healthy.

당신이 알고 있는 건강한 사람에 관해 얘기해 봅시다. 왜 그 사람이 건강하다고 생각합니까? 그분은 어떻게 생겼습니까? 그분의 일상은 어떻습니까? 건강을 유지하기 위해서 무엇을 하고, 무엇을 하지 않습니까? 그들을 건강하게 만드는 모든 것에 대해 이야기해 주세요.

샘플답변

I have a good friend who is also the healthiest person I know. He is very much in shape. He eats healthy and loves to exercise.

Usually, when I feel stressed out, I tend to binge on snacks in front of the TV. His way of de-stressing is going on a hike or bicycling. Whenever he has free time, he is out running or in the gym working out! Also, he seems to eat only the food that is good for the body. I have never seen him wanting fast food or having instant meals. He never eats anything if he isn't hungry.

I give him a lot of respect for such high level of self-control. I feel like if I did half of what he did, I would do myself a great favor and become quite healthy myself.

▶ **포인트**

건강하다고 생각하는 주변 인물을 소개하면서 그가 건강하다고 생각하는 이유, 즉 그가 건강을 위해 하는 활동들을 두세 가지로 정리하세요. 마지막에는 그를 보면서 내가 깨달은 것을 추가하면 훌륭한 답변이 됩니다.

AL Expression

binge on snacks 간식을 마구 먹다
high level of self-control 높은 자제력

제게는 좋은 친구가 있는데, 그 친구는 제가 아는 사람 중 가장 건강한 사람이기도 합니다. 그는 체격이 아주 좋습니다. 그는 건강하게 먹고 운동하는 것을 좋아합니다. 보통 저는 스트레스를 받으면 TV 앞에서 간식을 마구 먹는 경향이 있습니다. 그의 스트레스 해소법은 하이킹을 하러 가거나 자전거를 타는 것입니다. 시간이 날 때마다 그는 밖에서 달리기를 하거나 헬스장에 가서 운동을 합니다! 또한, 그는 몸에 좋은 음식만 먹는 것 같습니다. 그가 패스트푸드나 즉석식품을 먹고 싶어 하는 것을 본 적이 없습니다. 배가 고프지 않으면 아무것도 먹지 않습니다. 저는 그의 높은 자제력이 정말 존경스럽습니다. 그가 한 것의 반만이라도 제가 한다면 스스로에게 좋은 일을 하는 것이고, 제 자신이 꽤 건강해지겠지요.

+PLUS Mind Map

⊷ **건강한 사람**

건강한 사람의 특징을 먼저 생각해 보고 답변을 구상하세요.

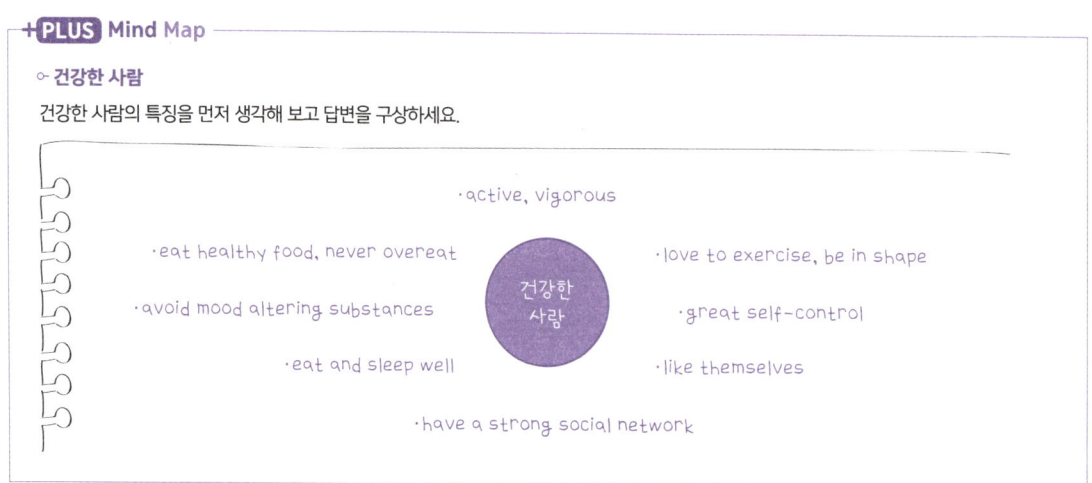

What are some issues people talk about related to our health these days? Why do they talk about that topic? Describe common health-related concerns people have.

요즘 사람들이 말하는 건강과 관련된 이슈는 무엇입니까? 왜 그 주제에 관해 이야기합니까? 사람들이 일반적으로 갖고 있는 건강 관련 문제들에 관해 설명해 주세요.

샘플답변

As standards of living have improved over the decades, people are focusing more on ways to enhance their health.

For example, people are struggling not to be too addicted to their smartphones. The blue light from the phone screens is said to interfere with good sleep. And using social media is worse for mental health because we only see the good side of others' lives.

Obesity or being overweight is a growing problem. Eating too much sugar and junk food is said to be the cause to blame. So people are trying to eat healthier.

Another area of health concern is exercise or lack thereof. Driving everywhere or sitting for too long at a time is bad for posture, circulation, and overall health.

I'd say I also constantly struggle with all these issues. Especially with social media, I found it time-consuming and more distracting than enhancing. So I quit using Facebook, for example.

▶ **포인트**

생활수준이 높아지면서 많은 사람들이 건강에 대해 관심을 갖게 되었습니다. 생활습관과 식습관, 운동습관 등의 이슈로 나누어 답변을 준비하고, 마지막에는 그러한 이슈와 관련된 개인적인 노력을 언급하면서 답변을 마무리합니다.

AL Expression

enhance one's health 건강을 좋게 하다
or lack thereof 또는 (그것의) 부족
struggle with all these issues 이 모든 문제들로 고심하다

수십 년간 생활수준이 올라가면서, 사람들은 건강을 향상시키기 위한 방법에 더 집중하고 있습니다. 예를 들어, 사람들은 스마트폰에 너무 중독되지 않기 위해서 애쓰고 있습니다. 휴대폰에서 나오는 청색광은 숙면을 방해한다고 합니다. 그리고 소셜미디어를 사용하는 것은 타인의 삶의 좋은 부분들만 보기 때문에 정신 건강에 더 좋지 않습니다. 비만이나 과체중의 문제도 증가하고 있습니다. 설탕이나 정크푸드를 너무 많이 먹는 것이 원인이라고 합니다. 그래서 사람들은 건강하게 먹기 위해 노력하고 있습니다. 건강 문제에 대한 또 다른 이슈는 운동 또는 운동 부족입니다. 모든 곳을 운전해서 다니거나 장시간 오래 앉아 있는 것은 자세와 순환, 그리고 전체 건강에 좋지 않습니다. 저 또한 이러한 문제들에 대해 끊임없이 고민하고 있다고 말할 수 있습니다. 특히 소셜 미디어 때문에 제 시간을 많이 잡아먹고, 삶의 질을 높여준다기보다는 삶에 방해가 된다는 것을 알게 되었습니다. 그래서 저는 페이스북을 끊었습니다.

+PLUS Mind Map

⌁ 건강과 관련 이슈

건강 관련 이슈를 생활습관과 식습관, 운동습관 세 가지로 나누어서 구체화시켜 보세요. 마지막에는 그러한 건강 이슈와 관련된 나의 습관이나 노력을 덧붙입니다.

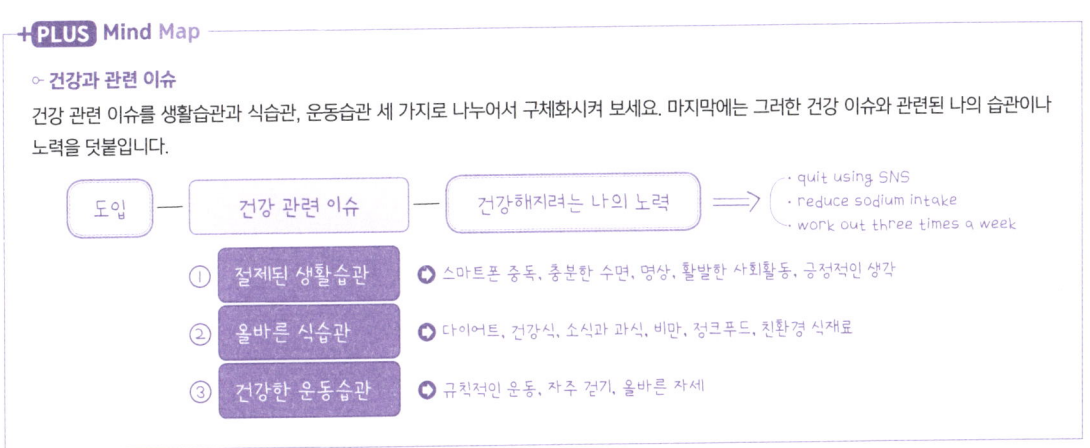

UNIT 19
호텔

호텔이라는 장소와 관련된 응시자의 경험을 묻는 문제가 주로 출제됩니다. 예를 들어, 여행지에서 기억에 남는 호텔에 대해 이야기할 수 있어야 합니다. 여기에 우리나라에 있는 호텔의 모습을 묻는 문제도 출제됩니다. 우리나라 고유의 한옥 호텔에 대해 준비해 보세요.

미리 생각해보기

최근에 갔던 호텔   호텔에서 기억에   우리나라에서 가장   호텔에 도착할 때와   우리나라 호텔의
                     남는 시설   유명한 호텔   떠날 때 하는 일   변화

기출문제　기억에 남는 호텔

◀)) MP3 **140**

Do you have any memorable experiences of a stay in a hotel? When was it and what happened? Why do you still remember that experience? Please tell me the full story from the beginning to the end.

호텔에 머무는 동안 기억에 남는 경험이 있었습니까? 언제였고, 어떤 일이 있었습니까? 왜 아직도 그 경험을 기억합니까? 처음부터 끝까지 말해 주세요.

샘플답변

A few weeks ago, I was traveling in Barcelona, Spain and my husband and I had stayed at a hotel for a week. We had looked for a nice hotel with a good breakfast service. We found out the hotel <u>has a branch</u> in the heart of the city. We had visited this hotel in Singapore 8 years ago and loved our stay there. So we decided to <u>give it another try</u>, this time in Barcelona.

Upon our arrival, we were cordially greeted by the hotel staff. The hotel had been just finished being built last year and it was <u>brand new</u>. When the receptionist heard that it was our first visit to Barcelona and that it was our anniversary, she gave us a room upgrade. We really enjoyed the morning breakfast as well as the luxurious facilities in the hotel. Our pleasant stay at the hotel made everything else seem better. I would definitely go back.

▶ **포인트**

호텔과 관련된 경험 문제가 연달아 콤보문제로 나올 수 있습니다. 기억에 남는 경험에 대한 답변은 당시 있었던 특별한 기억을 중심으로 답변합니다. 샘플답변과 같이 객실 업그레이드 서비스를 받았다거나, 조식이 맛있었다는 이야기를 할 수 있습니다.

AL Expression

have a branch 지점이 있다

give it another try 한 번 더 시도해 보다

brand new 완전히 새 것인

몇 주 전, 남편과 저는 스페인 바르셀로나를 여행하면서 일주일간 어떤 호텔에 머물렀습니다. 저희는 조식이 괜찮은 좋은 호텔을 찾고 있었는데, 시내 중심에 그 호텔이 있다는 것을 알게 되었습니다. 저희는 8년 전에 싱가포르에서 그 호텔에 머문 적이 있었는데, 그곳에서의 숙박이 아주 마음에 들었습니다. 그래서 바르셀로나에서 한 번 더 머물러보기로 했습니다. 저희가 도착하자마자 직원들은 친절하게 우리를 맞이해 주었습니다. 그 호텔은 작년에 막 지어진 새 호텔이었습니다. 접수 담당자는 우리가 바르셀로나를 처음 방문했고, 그날이 우리의 기념일이었다는 말을 듣자, 객실을 업그레이드 해줬습니다. 호텔의 고급스러운 시설들뿐만 아니라 조식도 정말 좋았습니다. 그 호텔에서의 즐거웠던 숙박은 다른 모든 것들을 더 좋아 보이게 했습니다. 저는 꼭 다시 그 호텔을 방문할 것입니다.

I'd like to know about your recent experience going to a hotel. When was it and what hotel did you go to? What did you do there? Who did you go with? Why did you go there?

당신이 최근 호텔에 다녀온 경험에 대해 알고 싶습니다. 언제, 어떤 호텔에 갔습니까? 그곳에서 무엇을 했습니까? 누구와 함께 갔습니까? 왜 그곳에 갔습니까?

샘플답변

I once stayed at a hotel in Tokyo. It was the most memorable of my several hotel stays in that city. I stayed there with my cousin a few months ago. The reason we chose it was the location. It was close to the lively downtown area of Shinjuku.

One memorable feature was the full bathroom in the room. Other hotels I've stayed at in Japan have tiny bathrooms made of molded plastic, like in an airplane. This one had a more normal one, with tiled floors and a shower stall with a glass partition. It felt more like a bathroom in a home than an airplane.

Another memorable feature was the morning buffet. It was the only hotel I've stayed at which offered one. They had high-quality grilled fish and fresh fruits, all in easy-to-manage chunks. I could choose what I wanted without worrying about prices. It was a delicious and nutritious start to our vacationing days.

▶ **포인트**

문제에서 원하는 정보를 육하원칙에 맞추어 말하면서 그곳에 간 이유로 답변을 시작합니다. 호텔에 대한 문제이기 때문에 호텔의 특징을 중심으로 답변합니다. 여행 경험이 아니라, 어디까지나 호텔을 묘사해야 한다는 점을 기억해야 합니다.

AL Expression

lively downtown area 생기 넘치는 중심가
easy-to-manage 다루기 쉬운
without worrying about prices 가격 걱정 없이

저는 도쿄에 있는 한 호텔에서 숙박한 적이 있습니다. 그곳은 그 도시에서 머물렀던 몇몇 호텔 중 가장 기억에 남습니다. 몇 달 전에 사촌과 함께 숙박을 했는데, 저희가 그곳을 선택한 이유는 위치 때문이었습니다. 그곳은 신주쿠의 생기 넘치는 중심가와 가까웠습니다. 기억에 남는 특징 중 하나는 방에 욕조가 있는 화장실이 있었다는 것입니다. 일본에 머물렀던 다른 호텔들에는 비행기에 있는 화장실 같이 플라스틱으로 본뜬 작은 화장실이 있었습니다. 이곳에는 타일로 된 바닥과 유리 칸막이로 샤워실을 갖춘, 보다 정상적인 화장실이 있었습니다. 비행기가 아닌 집에 있는 화장실 같은 느낌이었습니다. 또 다른 기억에 남는 특징 하나는 조식 뷔페였습니다. 제가 머물렀던 호텔 중에 유일하게 조식을 제공하는 곳이었는데, 고품질의 구운 생선과 신선한 과일을 모두 먹기 쉬운 덩어리로 제공했습니다. 저는 가격 걱정 없이 먹고 싶은 것을 고를 수 있었습니다. 맛있고 영양가 있는 휴가의 시작이 되었습니다.

+PLUS Mind Map

⊶ 비교를 통해 특징 부각시키기
호텔의 기억에 남는 특징을 시설과 서비스, 두 가지 면에서 준비합니다. 이때 다른 호텔과의 비교를 통해 특징을 부각시켜 줍니다.

호텔 소개 ── 기억에 남는 호텔의 특징 ── 총평

언제 위치 어떻게 누구와 왜
① 시설
② 서비스 ⊕ 다른 호텔과의 비교

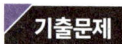

I'd like to know about the hotels in your country. What do they look like? Where are they normally located? Are they different from the hotels in other countries? What kinds of amenities are there? Tell me about the hotels in your country in as much detail as possible.

당신의 나라에 있는 호텔에 대해 알고 싶습니다. 어떻게 생겼습니까? 보통 어디에 위치합니까? 다른 나라에 있는 호텔과 다른 점이 있습니까? 어떤 편의시설들이 있습니까? 당신의 나라에 있는 호텔에 대해 가능한 한 자세히 말해주세요.

샘플답변

In my country, there are various types of hotels. They range from inexpensive motels to luxurious five-star hotels. Most hotels are located near famous landmarks or tourist attractions. They have everything other hotels around the world do.

But if you're looking for something that gives you a more authentic experience, Hanok hotels may be the place for you. These hotels are traditional Korean houses just like the ones Korean people lived in long ago. They have doors and windows made of paper called "han-ji." They have a small garden or yard right outside your room. And at night, you would sleep in "ondol" rooms. These rooms have floor heating, and instead of sleeping on a bed, you sleep on the floor atop plush bedding called "yo."

Staying in a Hanok hotel is a great way to dip your toe in the water of Korean culture while enjoying all the amenities of modern hotels.

▶ **포인트**

우리나라에서만 볼 수 있는 전통적인 양식인 한옥 호텔에 대한 소개를 답변으로 준비할 수 있습니다.

AL Expression

range from A to B　A부터 B까지 있다
authentic experience　진정한 체험
dip one's toe in the water　미리 상황을 살피다

우리나라에는 여러 종류의 호텔이 있습니다. 저렴한 모텔에서 고급스러운 5성급 호텔까지 있습니다. 대부분의 호텔은 유명한 관광지나 관광 명소 근처에 있습니다. 전 세계 다른 나라의 호텔에 있는 것은 다 있습니다. 하지만 특별한 경험을 하고 싶다면, 한옥 호텔이 있습니다. 이 호텔들은 한국인이 오래전에 살았던 것과 같은 한국의 전통 가옥입니다. 거기에는 '한지'라는 종이를 이용해 만든 문과 창문이 있습니다. 방 바로 앞에는 작은 정원이나 마당이 있습니다. 밤에는 '온돌'이라는 방에서 자게 될 것입니다. 이 방은 바닥 난방을 하여, 침대에서 자는 대신 '요'라고 불리는 봉제 침구를 바닥에 깔고 그 위에서 자게 될 것입니다. 한옥 호텔에서 머무르는 것은 현대식 호텔의 모든 편의시설을 즐기면서 한국 문화를 맛볼 수 있는 멋진 방법입니다.

+PLUS Mind Map

∘ **우리나라의 호텔**

일반적인 호텔의 특징과 대비되는 우리나라만의 전통적인 양식인 한옥 호텔에 대해 소개해 보세요.

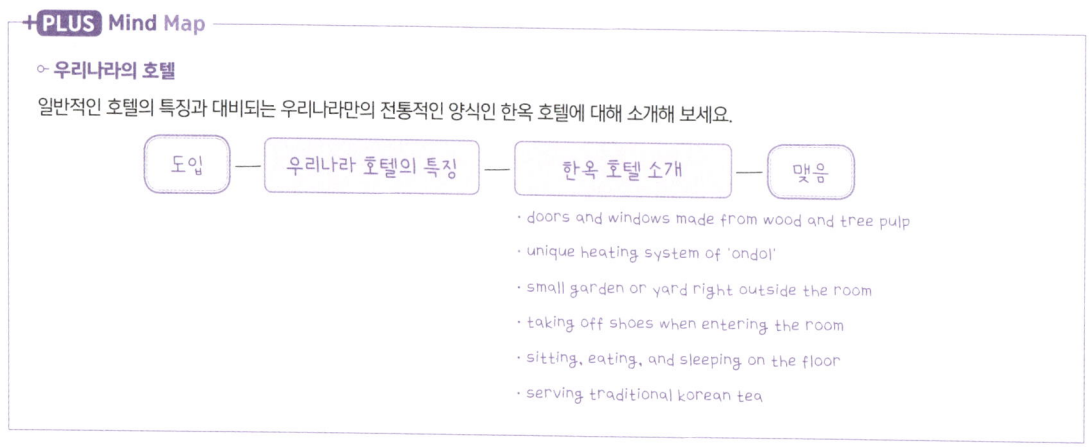

도입 — 우리나라 호텔의 특징 — 한옥 호텔 소개 — 맺음

- doors and windows made from wood and tree pulp
- unique heating system of 'ondol'
- small garden or yard right outside the room
- taking off shoes when entering the room
- sitting, eating, and sleeping on the floor
- serving traditional korean tea

UNIT 20
은행

자주 가는 은행과 한국의 은행 시스템에 대한 질문은 OPIc 초기부터 지금까지 꾸준히 출제되고 있습니다. 은행의 외부와 내부의 모습이나 은행원들이 어떻게 근무하는지 정도는 말할 수 있도록 정리해 둘 필요가 있습니다. 은행 거래를 자주 하지 않아 모르겠다면, 한번 가까운 은행을 방문해 보세요. 은행 관련 경험 문제 역시 출제되고 있으니 도움이 될 것입니다.

미리 생각해보기

| 자주 가는 은행의 모습 | 우리나라 은행원의 모습 | 은행에서 하는 업무 | 우리나라 은행과 다른 나라 은행 | 은행에서 있었던 기억에 남는 일 |

기출문제   자주 가는 은행

🔊 MP3 **143**

I'd like to know about the bank you most often visit. Where is it located? How many tellers work there? What can you see inside and outside of the bank? Please give me a detailed description of the bank.

당신이 가장 자주 가는 은행에 대해 알고 싶습니다. 어디에 있습니까? 얼마나 많은 직원 그곳에서 일합니까? 은행의 내부와 외부에서 무엇을 볼 수 있습니까? 그 은행에 대해 자세히 묘사해 주세요.

샘플답변

I usually go to a bank near my house. A security guard in a uniform is standing just inside the door and also helps people if necessary. There are four ATMs on the left side of the entrance and customers wait patiently in line to use them. Next to the ATM section, around ten tellers are seated in a row and offer different banking services to customers.

Five tellers handle general banking services, and the other five deal with loan related services plus foreign currency. Off to the right, there is a waiting area where magazines and newspapers are available to waiting customers. Also, there is a VIP section hidden behind frosted glass. Not being a VIP, I have no idea what goes on behind the glass.

Overall, the bank is a quiet orderly place and it provides a wide gamut of financial services to local customers.

▶ **포인트**

입구에서부터 내부의 모습까지, 은행에 직접 들어간다고 가정하고 이동하면서 보이는 순서대로 차근차근 설명합니다. 끝은 은행이라는 장소에 대해 자신이 갖고 있는 인상으로 답변을 마무리합니다.

AL Expression

be seated in a row 한 줄로 앉다
frosted glass 불투명 유리
a wide gamut of 광범위한

저는 보통 집 근처에 있는 은행에 갑니다. 유니폼을 입은 보안 요원이 문 안쪽에 서서 사람들이 필요로 할 때 도와줍니다. 입구 왼쪽에는 네 대의 ATM이 있고, 고객이 이용을 위해 참을성 있게 줄을 서서 기다립니다. ATM 구역 옆에는 약 10명의 창구 직원들이 한 줄로 앉아 고객에게 다양한 은행 서비스를 제공합니다. 창구 직원 다섯 명은 일반 은행 업무를, 나머지 다섯 명은 대출 관련 업무와 외환 업무를 처리합니다. 오른쪽으로 가면 기다리면서 잡지와 신문을 볼 수 있는 대기 공간이 있습니다. 또한 불투명 유리 뒤로 보이지 않는 VIP 구역도 있습니다. 저는 VIP가 아니기 때문에 그 유리 뒤에 어떤 일이 일어나는지 전혀 알 수 없습니다. 전체적으로 은행은 조용하고 질서 정연한 장소이며, 지역 고객에게 광범위한 금융 서비스를 제공하는 곳입니다.

Can you tell me about the bank workers in your country? How do they work? What are their main duties? Tell me about it.

당신의 나라의 은행원에 대해 말해줄 수 있습니까? 그들은 어떻게 일합니까? 그들의 주요 업무는 무엇입니까?

샘플답변

Korean bank workers are customer-friendly. Most of them are college graduates and they take pride in their jobs. They help customers open accounts and withdraw or deposit money. They also give financial and investment advice. I've often seen the tellers take time to explain monetary issues to customers. Sometimes the elderly are confused with modern banking technology and the tellers and bank officials seem happy to spend time to make the system clear to them.

There is often the case with ATMs where people have to ask for assistance. If anyone is standing with frustration, a bank official always helps them to reach the point where the person can complete the transaction on their own.

The official business hours of banks are from nine to four, but most of the bank workers continue to work after the doors close as they are required to balance the books.

▶ **포인트**

은행원의 주요 업무를 계좌 개설 및 입출금, 재정 상담으로 요약할 수 있습니다. 구체적인 사례로 고객의 ATM 이용에 도움을 주는 예를 추가하세요.

AL Expression

customer-friendly 고객에게 친절한
monetary issue 금전적인 문제
reach the point where ~한 지점에 이르다
balance the books 결산하다

한국의 은행원은 고객친화적입니다. 대부분이 대학 졸업자이며 직업에 자부심을 가지고 있습니다. 그들은 고객이 계좌를 개설하고 출금하거나 입금하는 것을 도와줍니다. 또한 금융이나 투자 조언을 해주기도 합니다. 저는 창구 직원이 시간을 들여 금융 문제를 고객에게 설명하는 것을 자주 보았습니다. 때로 나이든 분들이 최신 은행 기기에 혼란스러워 하면, 창구 직원과 은행 관계자가 그분들이 시스템을 명확하게 이해하도록 기꺼이 시간을 할애하는 듯 보입니다. ATM과 관련해 사람들이 도움을 요청하는 경우가 종종 있습니다. 누군가 당황해서 서 있으면 은행 관계자는 항상 고객이 스스로 거래를 마칠 수 있는 지점까지 도와줍니다. 은행의 공식 영업시간은 9시부터 4시까지이지만, 은행 직원 대부분은 결산을 위해 문을 닫은 후에도 계속 일합니다.

+PLUS Advanced Vocab

⚬ **우리나라 은행의 모습**

· The banks are mostly located on the first floor of the building and in a crowded downtown area.
은행은 대부분 건물 1층에 위치해 있으며 사람들이 많이 다니는 번화가에 있습니다.

· Korean banks seem to be aiming for a clean and distinguishable interior that stands out them.
한국의 은행들은 회사를 대표하는 깔끔하고 눈에 띄는 인테리어를 추구하는 것 같습니다.

· Basically, I can use free Wi-Fi at the bank and have a simple drink like coffee.
기본적으로 은행에서 무료 와이파이를 사용할 수 있고, 커피 같은 간단한 음료를 마실 수도 있습니다.

· The tellers are often dressed in uniforms, and other bankers who are not tellers are wearing their own suits.
창구 직원들은 유니폼을 입고 일하는 경우가 많고 창구 직원이 아닌 다른 은행원들은 개인 정장을 입고 있습니다.

· To be honest, I do most of transaction work on the bank web, so visiting the branch directly is very rare.
솔직히, 저는 대부분의 거래 업무를 은행 웹사이트에서 해서, 지점을 직접 방문하는 일이 매우 드뭅니다.

· The most common thing I do when I go to the bank is to withdraw cash at the ATM, but also I visit the bank to seek consulting regarding deposits, savings, or loans.
제가 은행에 가서 가장 많이 하는 일은 ATM에서 현금을 인출하는 것이지만, 예금이나 저축, 융자에 관한 상담을 받으려고 방문하기도 합니다.

Do you have a memorable experience in a bank? When was it? What exactly happened? Please tell me about the story of your experience in detail.

은행에서 있었던 기억에 남는 일이 있습니까? 언제입니까? 정확히 무슨 일이 있었습니까? 당신의 경험에 대해 자세히 말해주세요.

샘플답변

There is an experience from last year that I'll never forget. I was waiting patiently for my turn at the bank near my home. A middle-aged lady was being served, and all of a sudden, she began to cry.

I thought they were fighting at first. But I found out that the woman was having a one-sided conversation. She couldn't understand why there was no money in her account and kept saying that she needs money to buy food for her family.

The woman was inconsolable as she spoke of her husband who had died in a car accident just a month before. The teller apologized to other people for the delay and reached for his own wallet, took out 10,000 won and handed it to the woman.

Surprisingly, the woman asked for a little more and the teller's face turned red. I could see the embarrassment on his face and felt sorry for him.

필수 문장

은행에서 일어날 수 있는 사건으로 돈과 관련된 문제가 흔할 것입니다. 자신이 직접 겪지 않고 관찰한 사건이어도 좋습니다. 그 일에 대한 여러분의 생각이나 느낌을 추가하세요.

AL Expression

have a one-sided conversation 일방적인 대화를 하다
inconsolable 슬픔에 가득 찬
see the embarrassment 당혹스러워하는 모습을 보다

결코 잊지 못할 경험이 작년에 있었습니다. 저는 근처 은행에서 참을성 있게 제 차례를 기다리고 있었습니다. 한 중년 여자가 상담을 받다가 갑자기 울기 시작했습니다. 처음에는 그들이 싸우는 줄 알았지만 그 여자가 일방적으로 얘기하고 있다는 것을 알았습니다. 그녀는 자신의 계좌에 왜 돈이 없는지 이해를 못했고, 가족을 위한 음식을 살 돈이 없다는 말을 계속했습니다. 그녀는 남편이 자동차 사고로 한 달 전에 죽은 것에 대해 이야기하면서 슬픔을 가누지 못했습니다. 창구 직원은 일 처리가 늦어지는 것에 대해 다른 사람들에게 사과하고, 자기 지갑에서 1만 원을 꺼내서 그 여자에게 건네주었습니다. 놀랍게도, 여자는 더 많은 돈을 요구했고, 창구 직원의 얼굴은 붉게 변했습니다. 저는 그의 얼굴에 당혹감을 볼 수 있었고, 그가 안타까웠습니다.

+PLUS Another Question

 How is the bank of your country different from the bank of another country? Do you think there is something different? Let me know about the differences you know.

당신의 나라의 은행은 다른 나라의 은행과 어떻게 다릅니까? 특별히 다른 점이 있다고 생각합니까? 당신이 알고 있는 차이점에 대해 알려주세요.

 차이점 I have never used a bank in another country, so I do not know much, but I guess the basic bank system might be similar. I heard that some of foreign banking system is different from Korea as that a customer opens an account and they have to pay a bank fee.

저는 다른 나라의 은행을 이용해 본적이 없어서 자세히는 모르지만, 기본적인 은행 시스템은 비슷하지 않을까 생각합니다. 듣기로는 외국의 은행 시스템은 한국과 다르게 고객이 계좌를 열 때 은행 수수료를 내야 한다고 합니다.

돌발주제 콤보문제

이 책에서 다룬 돌발주제 이외에도 다양한 주제가 문제로 출제될 수 있습니다. 어떤 돌발주제든 앞서 학습한 문제유형을 적용할 수 있습니다. 다양한 주제로 콤보문제를 연습하세요.

[날씨 · 계절] 콤보문제

우리나라의 계절

Can you tell me about the seasons in your country? What is each season like? How is the weat
her in each season?

● 우리나라의 계절과 계절별 날씨

계절별 활동

What kinds of activities do people usually do in your country in each season? What are the most popular activities in each season? Please tell me about it in as much detail as possible.

● 계절별로 우리나라 사람들이 주로 하는 활동

기억에 남는 일

Tell me about a memorable event that you either heard about or experienced firsthand that was associated with weather in some way. Describe the event, when it occurred and all of the details that you remember about it.

● 날씨와 관련하여 기억에 남는 일

[미용실] 콤보문제

자주 가는 곳

You may go to a beauty salon or barbershop. Please give me a detailed account of the beauty salon or barbershop you frequently visit. What does it look like? How many staff are there? Describe the beauty salon or barbershop in as much detail as possible.

● 자주 가는 미용실

고려해야 할 사항

What is more important when choosing a beauty salon or barbershop? Is it a reasonable price or a professional hairdresser? Which do you think is the most important? Give me as many details about your reasons as possible.

● 미용실을 고르는 데 가장 중요하다고 생각하는 것

최근 경험

When did you go to a salon most recently? I'd like to know about all the activities that happened at the beauty salon or barbershop at that time. Please tell me the whole story from the moment when you arrived to the moment that you left the place.

● 최근 미용실에 간 일

[신분증] 콤보문제

사물 묘사

Please tell me about the identification cards you have. When and where do you use each of them?

➊ 내가 갖고 있는 신분증

신분증 발급 절차

What steps are required in order for you to acquire an identification card? What particular procedures do you need to follow? Do you need other items such as a birth certificate, etc. in order to get the card? Please provide a detailed description of what is required for you to get an identification card.

➊ 신분증을 받기 위한 절차와 준비물

처음 경험

Please tell me about the first ID card you got. What was it? When and where did you get it? How did you feel when you got it?

➊ 처음 신분증을 받았던 경험

[경찰] 콤보문제

우리나라의 경찰

Please describe typical police officers in your country. How are they dressed? What does a police car look like? Please describe it in as much detail as you can.

➊ 우리나라 경찰의 모습

경찰의 직무

What kinds of things do the police officers normally do in your country? What are some of their responsibilities? Tell me about it in as much detail as possible.

➊ 우리나라 경찰이 하는 일

관련 경험

Do you have any experiences or memories related to the police? Maybe you had help from a police officer or you might have seen a police officer on TV or in films. Tell me what you remember about the police officer.

➊ 경찰과 관련된 경험

global21.co.kr

여러분의 목표 등급 달성을 응원합니다!